JN303649

老年学要論
－老いを理解する－

編
柴田　博・長田久雄・杉澤秀博

編集委員
柴田　博・長田久雄・杉澤 秀博
野尻 雅美・新野 直明・渡辺修一郎

建帛社
KENPAKUSHA

はじめに

参照していただく必要があります。本書は学際的老年学全体を俯瞰していただくことを目的に作成されたものです。

本書は，老年学をこれから始めようとしている方々にも，すでに社会の第一線で高齢者問題に取り組んでいる方々にも，家庭で高齢者と生活している方々にも役立つことを目的としています。学問の発展のためにも，シニア向けサービス・商品の開発にも，施策・立案にも，世代間交流にも老年学の基本を学ぶことが役立ちます。老年学は21世紀における社会のあらゆるセクターの方々の必修の学問といえるでしょう。

執筆者同士で助言をし合い，専門領域のレベルを保ちつつ，高等学校を終えた方々であればどなたにでも理解していただけるよう，明解で平易な表現をするよう努めました。

多くの方々に御愛読され，御助言，御批判をいただくことにより，本書がより改善されていくことを願っております。

2007年2月

編者を代表して　柴田　博

はじめに

　現在わが国で老年学と訳されているオリジナルの英語はジェロントロ（gerontology）です。この用語は，20世紀の初めに生まれました。体系化れた老年学はまだ一世紀の歴史しかもたないきわめて新しい学問といえます

　20世紀は，人類の平均寿命が歴史上初めて急速に伸びたばかりでなく，高齢者が増え社会が成熟してきた世紀でもあります。そこで，それまでにない新しい学問が必要となったわけです。

　老年学の特徴は学際的といわれます。学際的という用語は，国際的，職際的という用語のアナロジーと考えれば分かりやすいと思います。さまざまな学問が協力し合って成り立っている学問という意味です。さらに，学問の間の壁を取り払っていく役割を担うというニュアンスをも含んでいます。

　19世紀まで，学問は，要素還元的な手法により発展してきました。人間の捉え方もデカルト的心身二元論に基づいていました。しかし，20世紀の成熟社会では，人間を社会的・心理的・身体的側面から統合的に把握することが必要となったのです。

　さらに，平均寿命が50歳を超えるようになった20世紀には，中高年の心身状態や社会問題を一括して扱うのでは不十分になってきました。中年期と年期の問題を独立に取り扱うことも必要となってきたのです。

　このような時代の要請にともない生まれた老年学を構成する学問分野はにわたります。加齢（aging）の学問も高齢者（aged）の学問も含みます学も含み人文学も含みます。

　したがって，これまで，老年学の全体をコンパクトにまとめたテキスくることはなかなか難しい作業でした。しかし，今回，日本で唯一の年学の大学院をもつ桜美林大学の教授を中心に，これに挑戦しました

　各々の領域の詳細に関しては，他の成書や本テキストで引用してい

目 次

第1章 老年学の定義と内容　（柴田　博）

1. 老年学の目的と定義 …………………………………… *1*
(1) 老年学の歴史的役割　1
(2) 老年学の学際性の意義　3
(3) 21世紀の老年学　5

2. 老年学における研究法 ………………………………… *7*
(1) 老年学の3つの研究方法　7

3. 老化概念と高齢者像の変遷―研究方法との関連を中心に―
……………………………………………………………… *14*
(1) 老化概念と高齢者像の変化の要因　14
(2) 1970年くらいまで　15
(3) 1970年以後　16

第2章 人口問題と老年学　（野尻雅美）

1. 世界の人口問題 ……………………………（野尻雅美）… *19*
(1) 世界人口の動向　19
(2) 日本人口の動向　21
(3) 人口の高齢化と要因　23

2. サード・エイジの概念 ……………………（柴田　博）… *27*
(1) はじめに　27
(2) サード・エイジという概念の登場　27
(3) サード・エイジという概念登場の時代背景　28
(4) わが国の人口学からみたサード・エイジ　30
(5) サード・エイジャーの増加の意義　30

第3章 老化の概念と学説　　　（新野直明）

1. 老化の生物学説　　　（新野直明）…33
  (1) 老化の概念　33
  (2) 生理的老化　33
  (3) 老化の測定　34
  (4) 老化学説　35

2. 心理学的加齢の考え方　　　（長田久雄）…38
  (1) 心理学的加齢の理論とモデル　38
  (2) 老化と生涯発達　40

3. 老化の社会学説　　　（杉澤秀博）…44
  (1) 老化の社会的側面に対するアプローチ　44
  (2) 理論の分類方法　45
  (3) 理　論　46
  (4) おわりに　52

4. サクセスフル・エイジング　　　（柴田　博）…55
  (1) はじめに　55
  (2) 活動理論と離脱理論　55
  (3) サクセスフル・エイジングの概念の変遷　57
  (4) サクセスフル・エイジングの今日的概念　58

5. 死　生　学　　　（丹下智香子）…62
  (1) 死生学とは　62
  (2) 自己の死　62
  (3) 死への直面　63
  (4) 死別後の悲嘆　64
  (5) 尊厳死　65
  (6) おわりに　66

第4章 高齢者の健康と生活の質　　　（渡辺修一郎）

1. 高齢者の健康　　　（渡辺修一郎）…69
  (1) 高齢期の健康とは　69
  (2) 高齢期の生活機能　70

(3) 生活機能の実態　74
　　　(4) 国際生活機能分類　74
　　　(5) 主体的・主観的健康　76

2. 寿命と健康寿命 ……………………………（渡辺修一郎）…*79*
　　　(1) 寿　命　79
　　　(2) 健康寿命　84

3. 高齢者の疾病―主として身体的― ……（渡辺修一郎）…*87*
　　　(1) 高齢者の疾病の特徴　87
　　　(2) 自覚症状が多い疾病　88
　　　(3) 3大死因　91
　　　(4) 受療率が高い疾病　92
　　　(5) その他高齢期に多くみられる疾病　94

4. 高齢者の疾病―主として精神的― ………（新野直明）…*98*
　　　(1) 高齢者の精神疾患　98
　　　(2) 認知症（痴呆症）　99
　　　(3) うつ状態（うつ病）　102
　　　(4) せん妄　104
　　　(5) 遅発性パラフレニー（幻覚妄想状態）　105

5. 高齢者のヘルスプロモーション …………（野尻雅美）…*107*
　　　(1) ヘルスプロモーション　107
　　　(2) 健康日本21　107
　　　(3) 高齢者の健康とQOL　108
　　　(4) 高齢者のQOLプロモーション　110

6. 健康長寿をめざす取り組み―運動，栄養，ライフスタイル―
　　　………………………………………………（渡辺修一郎）…*112*
　　　(1) 健康長寿の願い　112
　　　(2) 健康長寿のための予防活動の枠組み　112
　　　(3) 第一次予防（生活機能の維持・増進，特殊予防）　113
　　　(4) 第二次予防（生活機能低下の早期発見・早期治療）　117
　　　(5) 第三次予防（ケアとリハビリテーション）　121
　　　(6) 予防活動の目的と手段の変遷　121

7. ケアとリハビリテーション ………………（柴　喜崇）…*123*
　　　(1) リハビリテーションとは　123

- (2) ケアとは　125
- (3) ケアとリハビリテーションにかかわる職種　126
- (4) ケアとリハビリテーションの補完性　127
- (5) 高齢者リハビリテーションの実施状況　127
- (6) 高齢者に対するケアと
　　リハビリテーションのあるべき方向　130

8. 生活の質（QOL）……………………………（西田裕紀子）…*132*

- (1) QOLとは　132
- (2) QOLの概念　132
- (3) QOLの測定・評価　135
- (4) QOLの概念，測定・評価をめぐって　136
- (5) おわりに　137

第5章　高齢者の心理　（長田久雄）

1. はじめに……………………………………（長田久雄）…*141*

2. 環境の知覚―感覚・知覚の加齢変化と環境との関係―
　　………………………（植松芳信・髙橋　亮・長田久雄）…*143*

- (1) 感覚・知覚の加齢変化　143
- (2) 感覚・知覚の加齢変化への対応　148

3. 知的側面の加齢変化―記憶・認知・知能の加齢変化―
　　………………………（植田　恵・佐藤美和子・長田久雄）…*153*

- (1) 記憶・認知機能の加齢変化　153
- (2) 知的能力の加齢変化　156

4. 知恵と創造性……………………………………（髙山　緑）…*163*

- (1) 熟達　163
- (2) 知恵　163
- (3) 創造性　166

5. パーソナリティの加齢変化
　　………………（今井忠則・鈴木貴子・針金まゆみ・長田久雄）…*172*

- (1) 発達　172
- (2) 人格　174
- (3) 感情　176

　　　　(4) 生きがい　177

6. ライフイベントとストレス
　　　…………………（福川康之・小川まどか・長田久雄）…*183*
　　　(1) 高齢者のストレスとライフイベント　183
　　　(2) 介護のストレス　187

7. 回想と適応 ………………………………（長田由紀子）…*194*
　　　(1) 高齢者にとっての回想　194
　　　(2) さまざまな回想　195
　　　(3) 思い出される過去　196
　　　(4) 回想の活用　197

第6章　高齢者と社会　　　　　　　　　　（杉澤秀博）

1. 高齢者・老化と社会 ……………………（杉澤秀博）…*199*
　　　(1) 老化の社会的側面とは　199
　　　(2) 社会における年齢の役割　200
　　　(3) 高齢者の社会的地位と役割　201
　　　(4) 個人の老化の社会的側面に影響する要因　202

2. 高齢期の社会関係を捉える―概念と測定―
　　　………………………………………（杉澤秀博）…*207*
　　　(1) 社会関係を捉える概念　207
　　　(2) ソーシャルサポートの分類　207
　　　(3) 社会関係を理解するための理論　209
　　　(4) 社会関係はなぜ健康に効果があるのか　214

3. 高齢期の家族・友人 ……………………（杉澤秀博）…*218*
　　　(1) 家族形態の変容　218
　　　(2) 配偶者との関係　218
　　　(3) 子どもとの関係　221
　　　(4) 友人，近隣との関係　222

4. 高齢者の就業と就業からの引退 ………（杉澤秀博）…*225*
　　　(1) はじめに　225
　　　(2) 高齢者の就業動向―マクロ次元の分析　226
　　　(3) 高齢者の退職の時期に影響する要因　229

(4) 検討すべき課題　235

5. プロダクティブ・エイジング……………………（杉原陽子）…*239*
　　(1) プロダクティブ・エイジングの概念と定義　239
　　(2) プロダクティブ・エイジングの実態　242
　　(3) プロダクティブ・エイジングの
　　　　概念モデルと研究動向　246
　　(4) 今後の検討課題　251

6. 社会参加……………………………………………（杉原陽子）…*255*
　　(1) 社会参加の概念と定義　255
　　(2) 高齢者の地域社会への参加状況　258
　　(3) 高齢者の社会参加を規定する要因　262
　　(4) 高齢期における社会参加の意義　264
　　(5) 今後の検討課題　265

7. 高齢者の保健・医療・福祉サービスの利用
　　………………………………………………………（杉原陽子）…*269*
　　(1) サービス利用を規定する要因　269
　　(2) サービス利用と私的支援との関連　271
　　(3) ストレスプロセスとサービス利用　273
　　(4) サービス利用の効果　274
　　(5) 今後の検討課題　276

第7章　高齢社会への対応　　　　　　　　　　　　（柴田　博）

1. 医療・保健と福祉 ……………………………………（芳賀　博）…*279*
　　(1) 高齢化と保健・医療・福祉　279
　　(2) 介護予防の展開　282
　　(3) 高齢者の社会参加と地域福祉活動　288

2. 老年学の教育 …………………………………………（柴田　博）…*292*
　　(1) はじめに　292
　　(2) アメリカ　292
　　(3) わが国の老年学教育　294

■索　引……………………………………………………………………*298*

第1章 老年学の定義と内容

1. 老年学の目的と定義

(1) 老年学の歴史的役割

　老年学（gerontology, ジェロントロジー）はまだ100年の歴史しかもたず，人口学と共に人類のもっとも新しい学問である。もちろん，古くから不老長寿の研究や高齢者の生理に関するさまざまな記載はあったが，それは老年学という1つの学問体系の一部として行われていたわけではなかった。

　1903年，パスツールの後継者であり，自身優れた研究者であったロシアのメチニコフ（Metchinikoff）は gerontology と thanatology（死生学）という2つの用語を提唱したが，これがその後の研究を活性化するインパクトとなった[1]。ちなみに geront は老人を意味するギリシャ語である。現在，ジェロントロジーを老年学とすることを避けようとしてさまざまな邦語訳が提案されている。1世紀の間にその目的や定義が大きく変化したことを考慮してであろう。しかし，原語である英語の gerontology（老人の学問）という用語の意義も尊重されるべきである。gerontology の邦語訳をめぐるわが国の独善と狂騒の背景には，無意識的な ageism（エイジズム，高齢者差別）が潜んでいる可能性がある。

　老年学の目的には従来，加齢（aging）の研究と高齢者（aged）の問題の研究の双方が含まれていた。しかし，筆者は，もっとも新しい老年学の目的は，高

齢者が増加していく社会全体の問題を解決していくための学問として成長していくべきであると考えている。

　Kastenbaum[1]は老年学を加齢と高齢者の双方の問題を研究する学問とする立場から，老年学に次のような定義を与えている。①加齢変化の科学的研究，②中高年の抱える問題についての科学的研究，③人文学（humanities）の立場からの研究（歴史，哲学，文学など），④以上の成果を成人や高齢者に役立つ意識に応用すること。

　以上に関して少し解説する。①の加齢（aging）の科学的研究は2つに分けて考えるのが一般的で，生物の生まれてから現在までを齢（age）という。その種のライフスパンの長さに応じ，年齢（age in years），月齢（age in months），週齢（age in weeks）などで表わす。ライフスパンの短い生物は，日齢や時間齢でも表わす。現在から死までを余命（further life expectancy）という。生まれから死に至るすべての期間を寿命（life expectancy）と呼ぶ。広義の加齢変化の研究は，このすべての期間の研究である。生まれたときから死の遠因となるような変化が始まっていることもある。筋肉や骨は，20歳代をピークとしてその後減少していく。

　一方，狭義の加齢変化は生物が成長・発達を終え，成熟してから生体に起こる変化のことであり老化（senescence）と呼ぶ。これを観察する方が，生涯の加齢を観察するよりも期間は短くて済み，問題解決のための即効的データが得られる。したがって老年学研究の初期の段階には加齢（aging）より老化（senescence）の研究が優先される。

　②はいわばagedの研究であり，①のagingの研究と異なった意義をもっている。中高年に達した人々の中における問題を特定する研究である。多くの社会調査はこの目的のために行われている。問題の所在が明らかになれば，その解決のための手立てや施策の確立が可能となる。

　③の人文学の研究は，わが国の老年学の研究でもっとも遅れている。それは，人間の正常老化を扱うことのできる唯一の学会が日本老年社会科学会と名乗って半世紀近く経過したことにもよる[2]。再現性と普遍性を条件とし，測定可能

老年学要論

−老いを理解する−

編
柴田　博・長田久雄・杉澤秀博

編集委員
柴田　博・長田久雄・杉澤　秀博
野尻　雅美・新野　直明・渡辺修一郎

建帛社
KENPAKUSHA

はじめに

　現在わが国で老年学と訳されているオリジナルの英語はジェロントロジー（gerontology）です。この用語は，20世紀の初めに生まれました。体系化された老年学はまだ一世紀の歴史しかもたないきわめて新しい学問といえます。

　20世紀は，人類の平均寿命が歴史上初めて急速に伸びたばかりでなく，高齢者が増え社会が成熟してきた世紀でもあります。そこで，それまでにない新しい学問が必要となったわけです。

　老年学の特徴は学際的といわれます。学際的という用語は，国際的，職際的という用語のアナロジーと考えれば分かりやすいと思います。さまざまな学問が協力し合って成り立っている学問という意味です。さらに，学問の間の壁を取り払っていく役割を担うというニュアンスをも含んでいます。

　19世紀まで，学問は，要素還元的な手法により発展してきました。人間の捉え方もデカルト的心身二元論に基づいていました。しかし，20世紀の成熟社会では，人間を社会的・心理的・身体的側面から統合的に把握することが必要となったのです。

　さらに，平均寿命が50歳を超えるようになった20世紀には，中高年の心身状態や社会問題を一括して扱うのでは不十分になってきました。中年期と老年期の問題を独立に取り扱うことも必要となってきたのです。

　このような時代の要請にともない生まれた老年学を構成する学問分野は多岐にわたります。加齢（aging）の学問も高齢者（aged）の学問も含みます。科学も含み人文学も含みます。

　したがって，これまで，老年学の全体をコンパクトにまとめたテキストをつくることはなかなか難しい作業でした。しかし，今回，日本で唯一の学際的老年学の大学院をもつ桜美林大学の教授を中心に，これに挑戦しました。

　各々の領域の詳細に関しては，他の成書や本テキストで引用している論文を

参照していただく必要があります．本書は学際的老年学全体を俯瞰していただくことを目的に作成されたものです．

　本書は，老年学をこれから始めようとしている方々にも，すでに社会の第一線で高齢者問題に取り組んでいる方々にも，家庭で高齢者と生活している方々にも役立つことを目的としています．学問の発展のためにも，シニア向けサービス・商品の開発にも，施策・立案にも，世代間交流にも老年学の基本を学ぶことが役立ちます．老年学は21世紀における社会のあらゆるセクターの方々の必修の学問といえるでしょう．

　執筆者同士で助言をし合い，専門領域のレベルを保ちつつ，高等学校を終えた方々であればどなたにでも理解していただけるよう，明解で平易な表現をするよう努めました．

　多くの方々に御愛読され，御助言，御批判をいただくことにより，本書がより改善されていくことを願っております．

2007年2月

編者を代表して　　柴　田　　博

性を前提とするのが科学である．したがって科学会からは人文学は排除されてしまう．心理学においてすら，フロイトやユングの研究は人文学と考えるべきであろう．人文学を排除することは人類の文化の半分を排除することになる．

　④の応用の研究領域は応用老年学といわれるが，2005 年 10 月に設立された日本応用老年学会まで，あまり老年学の応用を学問的に取り扱ってこなかった．老年学の応用にはシニアマーケットの開拓，サービス・商品の開発などの産業老年学（industrial gerontology），学校教育や社会教育などの教育老年学（educational gerontology）も含まれる．

（2）　老年学の学際性の意義

　先にあげた老年学の研究は各々の領域毎に個別的にも行われるが，老年学はその全体を包括した学際的学問である．この学際的という用語は日本語となったのはきわめて近年になってからであり，広辞苑（新村出編）にも 1983 年の第 3 版に初めて登場したくらいである．この学際的の相当語は multidisciplinary あるいは interdisciplinary であるが，古い英和辞典には載っていない．相当する日本語が存在しなかったためである．学際性の意義は国際性や職際性のアナロジーとして考えると理解しやすく，辞書的には，さまざまな学問が関連したり協力し合ったりすることを意味する．

　わが国では共に学際的と訳されるが，英語圏では multidisciplinary と interdisciplinary では若干のニュアンスの違いがある．multidisciplinary は比較的単純にさまざまな学問が関連したり協力し合ったりの意である．しかし，interdisciplinary には学問の領域の壁を取り払っていくというニュアンスを込めて使用する学者も多い．なぜ 20 世紀になって細分化された諸学問領域を統合するという新しい発想をもつ老年学が登場したのか，その歴史的意義について考えてみることが大切である．

　周知のとおり，ギリシャ時代には諸々の個別的学問は哲学という大きな傘となる学問の下位に位置していた．医学以外の博士をすべて PhD（doctor of philosophy）と総称するのはその名残りである．その後，科学的な学問にとっ

ては長い暗黒時代が続いた。16世紀に入り，時代の要請はデカルトとその方法論を生み出すに至った。合理主義の創始者ともいえるデカルトの心身二元論は，近代科学の発展に大きく寄与した。デカルトは，神の存在を完結的無限者として承認した後，それがけっして「人間に観念を送り込まないもの」として棚上げしてしまう。すなわち人間の存在を宗教的くびきから解放したのである。

さらに人間における心身二元論を説き，精神は身体から独立したものであり，精神と独立に身体が存在しうることを説いた。精神を除象された人間は機械のアナロジーとなる。人間が機械と同じであればそれは部分（要素）に分解（還元）することができ，また部分を集めれば全体になることを意味する。これが要素還元主義の原理である。この原理により近代科学は前進してきた。医学の解剖学は臓器→組織→細胞→分子（遺伝子など）へ限りなく要素還元を続けてきた[3]。

しかし，この分析的方法による要素還元主義に限界が見えてきたことも確かである。哲学的にはフッサールを始祖とする現象学，また医学では心身医学（精神身体医学）が台頭してくる。いわば，学問の便宜上，バラバラにしてしまった人間を統合的にみよう，あるいは切り離してしまった心と身体を総体的にみようということになったわけである。21世紀は，いわば細分化された学問を再統合するための世紀といえるかもしれない。学問領域の壁を取り払うことを含意するinterdisciplinaryな老年学が20世紀の初めに登場してきたことは大変意義深いことと考えられる。

本書の中で展開される加齢学や高齢者問題の研究は，人間の心と身体をバラバラに扱ったのでは成り立たない。また，心と社会の問題も，従来は心理学と社会学に分離されて扱われてきた。しかし，老年学においては，その壁を大きく取り払った社会心理学という新しい学問的方法が大きな力を振るっているのである。

ともあれ，これまで分析的な方法で得られた知見を再構成する（つまり，部分を集めて全体と認識する）のみでは，新しい老年学を促進することにはならない。量的研究に加え，質的研究の重要性が認識されつつあるが，これも認識論の系譜としては現象学の展開とみることができよう。

（3） 21世紀の老年学

Kastenbaum[1]の定義にあるように，20世紀の老年学は，個人であれ集団であれ，主として中高年自身を扱う学問であったといえよう。しかし，21世紀の老年学は高齢者がふえていく社会全体の問題を特定し解決していくための学問に脱皮していく必要がある。したがって筆者は老年学の扱う領域を表1-1のように考えたいと思う。これはKastenbaumの内容に世代間問題[4]を加えたものである。

老年学の目的の1つに，高齢社会の円滑な運営ということが入ることは当然である。世代間の信頼と支え合いなしに高齢社会の円滑な運営はあり得ない。それは，世代間のさまざまな情緒的（精神的）支え合いについてもいえる。また，NEET問題，若年世代の国民年金掛け金の不払い問題などのきわめて具体的問題についてもいえるのである。

21世紀は共生の時代といわれる。自然と人間，民族間など，さまざまな共生が求められている。いずれにせよ，1つの社会の世代間の共生はそのベースとなるべきものである。世代間の信頼は高齢者の若い世代へのサポートなしには不可能である。子育て支援，絵本の読み聴かせ，食育（2005年7月食育基本法成立）などの高齢者の社会貢献が求められている。アメリカでは数年前にJournal of Intergenerationed Relationshipsが創刊されている。

表1-1　老年学の領域

1. 加齢の科学的研究（生物学的，心理学的，社会学的）
2. 高齢社会の問題の発見と解決のための研究
3. 人文学的研究（哲学，歴史，文学，宗教等）
4. 1.2.3の応用（産業老年学，教育老年学）
5. 世代間の問題

◇文　献◇

1) Kastenbaum R：Gerontology. In：The Encyclopedia of Aging 1991, Maddox G F et al（eds）, Springer Publishing Company, 1987, p288-290.
2) 柴田博：社会老年学のあり方，老年社会科学　2004；26：351-358.
3) 柴田博：老人性痴呆成因へのアプローチ，日本の科学者　1987；22：684-689.
4) 藤原佳典他：都市部高齢者における世代間交流型ヘルスプロモーションプログラム："REPRINTS"の1年間の歩みと短期的効果．日本公衆衛生雑誌2006；53：702-714

2. 老年学における研究法

老化や高齢者問題に関する社会調査の方法に関し，以前と比較し，選択肢が多くなってきており，したがって留意すべき点もふえている。たとえば，量的研究法を選ぶか質的研究法を選ぶかなど以前はあまり悩まなくてよかった。しかし，最近では，その選択からスタートしなければならない。

さらに，対象の規模や期間の大小はともかくとして，観察型の研究法を選択するか介入型の研究法を選択するかも選択しなければならない時代になってきた。しかし，本節では，紙面の都合があり，主として観察研究における老年学に特有の問題について述べることにする。研究法に無知なため，不毛に終わっている調査・研究は枚挙にいとまがない。

たとえ扱っているテーマが健康や疾病であっても人間社会の中で観察や介入が行われる場合は，それは社会調査ということになる。後述するように，社会調査には，動物や人間のパーツを対象とする研究ではあり得ない諸問題が発生する。さらに同じ前向き的研究でも，疾病の原因を特定するための疫学研究では無視してよい問題が，老化のための縦断研究では存在するのである[1)2)]。

（1） 老年学の3つの研究方法

1）横断研究法

この方法はある時点における中高齢者に内在する問題を特定する，つまり第1節で述べた老年学の目的（第1節の表1-1）の②の目的などに用いられる。図1-1にそのダイアグラムを示した。このダイアグラムは1990年における対象の5歳間隔毎の区分を示している。

この研究方法のもっとも大切な点は，調査対象（サンプル，標本）が明らかにしようとしている母集団（population）をいかに代表しているかである。たとえば，7割以上が都市で生活している日本人全体（母集団）を問題にするとき，対象として人口移動のほとんどない山間部の農村を対象（サンプル）とするこ

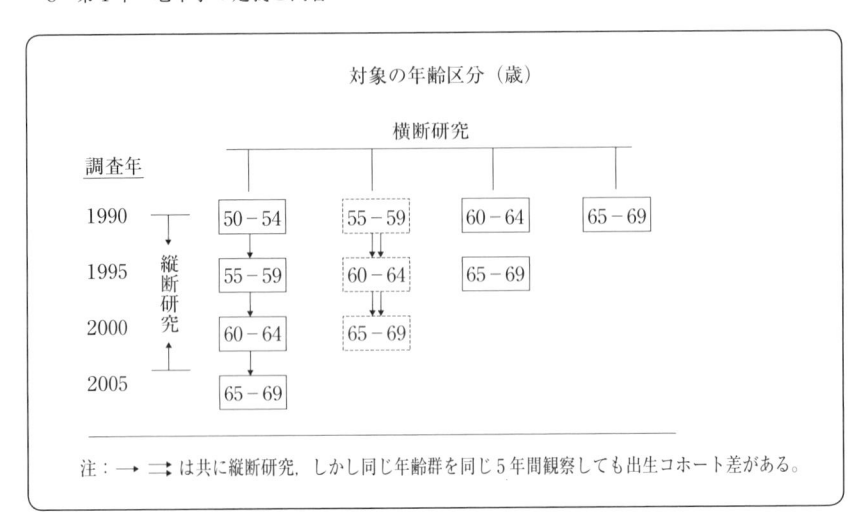

```
                  対象の年齢区分（歳）
                    横断研究
 調査年      ┌─────┬─────┬─────┬─────┐
 1990      │50-54│ 55-59│60-64│65-69│
           │  ↓  │  ↓  │     │     │
 1995   縦 │55-59│60-64│65-69│
        断 │  ↓  │  ↓  │
 2000   研 │60-64│65-69│
        究 │  ↓  │
 2005      │65-69│

注：→ ⇒ は共に縦断研究．しかし同じ年齢群を同じ5年間観察しても出生コホート差がある．
```

図 1-1　横断研究と縦断研究のダイアグラム

とは妥当でない．

　対象のどのくらいの割合が調査に応じたか（回答率，受診率）もその調査の質を左右する．必要とされる回答率の高さは，その調査の目的によって異なり，そのバイアスは常に意識されていなければならない．たとえば，寝たきり高齢者の有症率調査では，回答率が80%あっても安心はできない．寝たきり高齢者は65歳以上住民のせいぜい5〜6%であるから，未回答者の中にそのすべてが含まれる可能性は否定できないからである．未回答者の特徴を考察するための何らかの手立てが必要となる．

2）縦断研究法

　この研究法は第1節の老年学の目的の①のために必須である（第1節の表1-1）．この縦断研究には広義の前向き研究（コホート・スタディ）と狭義の縦断研究がある（図1-2）[3]．前者は，主として疾病や障害の発生要因を特定するための方法（いわゆる疫学の前向き研究）である．ミニマムのデータセットを得るためには，対象全体の基礎調査（ベースライン）は1回のみでよい．その後の観察はエンドポイント（死亡，疾病や障害罹患，転居など）のみでよいのである．

2. 老年学における研究法　9

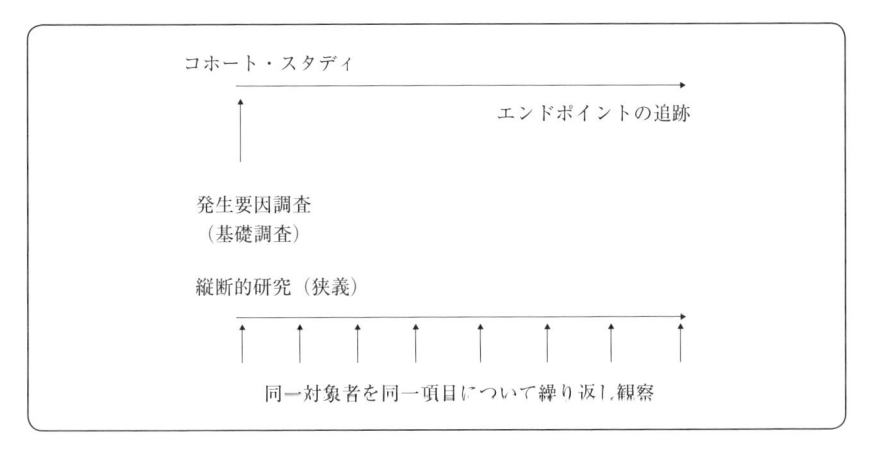

```
                    コホート・スタディ
           ┌─────────────────────────────→
           │                エンドポイントの追跡
           ↑

      発生要因調査
      （基礎調査）

      縦断的研究（狭義）
           ┌───────────────────────────┐
           ↑  ↑  ↑  ↑  ↑  ↑  ↑  ↑  ↑
           同一対象者を同一項目について繰り返し観察
```

図1-2　コホート研究と縦断研究（狭義）の模式図
出典：葛谷文男，下方浩史：老化に関する縦断的研究マニュアル．診断と治療法，1996．

たとえば基礎調査（ベースライン）で高血圧の人がその後脳卒中に罹患するか否かが問われるのであり，血圧を追跡調査で測定されることは研究として求められていない。

この広義のコホート研究法は老年学の中でも用いられる。しかし，老年学に特有なのは図1-2の狭義の縦断的研究である。老化の特徴は疾病と異なり，普遍的（Strehler,1962）ということである[1]。したがって老化の研究はその測定項目が身長であれ，認知能力であれ，生活満足度であれ，基礎調査（ベースライン）で測定されたものがくり返し測定されなければ成立し得ないのである。

このような縦断研究はライフスパンの長い人間を対象とする場合，多くの日時も費用も必要とする[4]。研究の歴史が浅く縦断的研究の成果がまだ実っていない間は，老化のモデルを横断的研究法，つまり，異なった年齢間の差を加齢による変化とみなす方法によってつくらなければならない。その際のバイアスを考慮しておく必要がある。

図1-3は人間の身長が加齢によりどのくらいちぢむかを観察することを例とした横断研究と縦断研究の違いを示している。横断研究では40歳の身長A（2005年，平均）と80歳の身長B（2005年，平均）の差を変化とみなすことにな

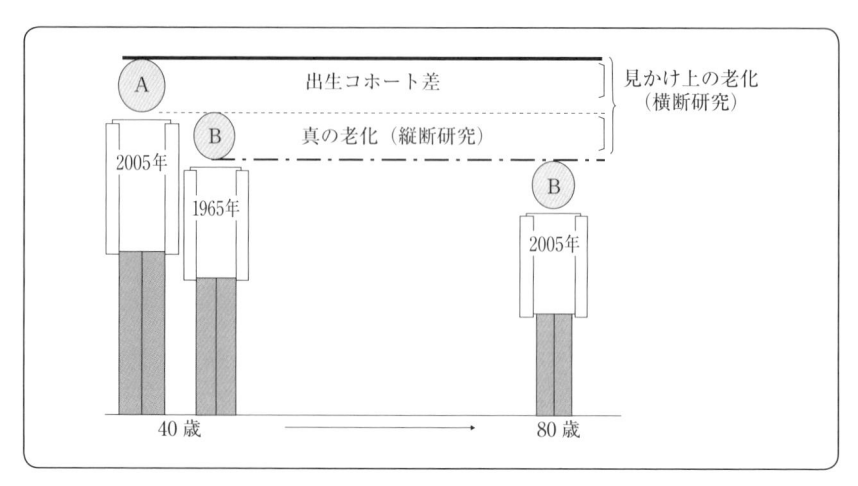

図1-3　見せかけの老化（横断研究）と真の老化（縦断研究）の違い
ヒトの身長のちぢみをモデルとして
出典：柴田博編著：老年学入門．学際的アプローチ．川島書店，1993．

り，（A→B）の分40年間でちぢむというモデルとなる．しかし，B（80歳）の身長は40年前の40歳のときには現在の40歳のA身長（2005年）より小さく1965年のBの身長しかなかったはずである．

　もし，Bを40年間縦断的に観察しえたとすれば，真のちぢみ，すなわち（B（1965）→B（2005））のデータを得られたはずである．このように，新しく生まれた人に大きくなっている老化のパラメーター（身長，認知能力など）に関しては，縦断研究による値より横断研究による値は，真の加齢変化と出生コホートの値を加算してしまうため大きな値となる（図1-3）．別ないい方をすれば，老化を誇張してみることとなる[1)2)]．多くの老化モデルは，この横断的観察によってつくられていることを念頭におく必要がある．一方，新しく生まれた人ほど小さくなっているパラメーター（たとえば家事労働時間など）に関しては，図1-3と逆に，縦断研究によって得られる値の方が大きくなる．この問題の詳細は割愛する．

　老化の縦断研究に特有の留意点をあげておく．①図1-4に示したように，縦断研究（狭義）の分析は，観察し続けることのできた対象（パネル）でしかで

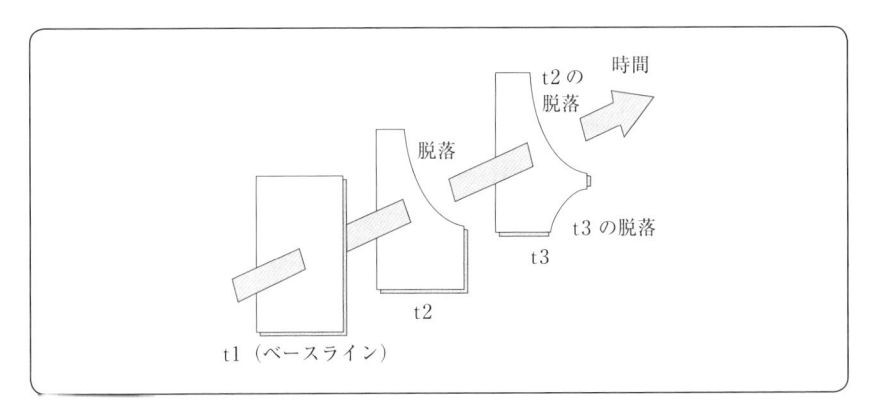

図1-4　縦断研究のパネルの時系列的変形
出典：柴田博：運動疫学の目的と方法．Research in Exercise Epidemiology 1999；1：2-7

きないのである。ベースラインの対象が100人いても，途中で50人脱落すれば，50人の変化しか分析できない。脱落のうち，死亡などは不可避的なものである。しかし，観察過程における拒否などは得られるデータに大きなゆがみを与える。表1-2，1-3は，筆者たちの研究結果である。会場を設定して行ったベースラインと5年後の調査を双方受診した（継続受診群）に比し，2回目未受診群の老化がより進行していることが分かる。2回目未受診群は，家庭訪問により会場におけると同じ方法で測定したものである。この脱落群の老化の進行がより早いことを無視すると横断研究と対照的に縦断研究は老化のスピードを過小評価することになる。②次の留意点は，ベースラインで測定された項目の方法を変更してはならないことである。これが血液サンプルや心電図のようなものであれば保存しておいて再測定することができる。しかし，認知能力や生活満足度などは，調査時点の状態を再現することができない。ベースラインで用いた尺度の妥当性が観察の終えた10年後には学問的に否定され研究が無に帰するという悲劇は希でない。③縦断変化に出生コホート差のあることも知っておくべきである。図1-1のダイアグラムのうち，55-59→60-64と同じ年齢群の加齢変化でも1990→1995年の変化と，1995→2000年の変化では内容が異るのである。出生コホート差は，ベースラインのパラメータのみでなく，

表1-2 血清アルブミン平均値

		初回調査	2回目調査
男	継続受診群	4.4 ± 0.8	4.5 ± 0.2
	2回目未受診群	4.4 ± 0.3	3.8** ± 0.8
女	継続受診群	4.5 ± 0.3	4.8 ± 0.2
	2回目未受診群	4.4 ± 0.4	4.0** ± 0.8

$**P < 0.01$ (M ± SD)

出典:柴田博:地域老人の健康に関するコホート研究―とくに追跡調査における脱落群の特徴 民族衛生 1985;51:127-139

表1-3 移動能力 (locomotion) の低下している者の比率

		初回調査	2回目調査
男	継続受診群	12.0%	15.0 %
	2回目未受診群	10.4%	33.3**%
女	継続受診群	21.0%	17.5 %
	2回目未受診群	19.4%	52.9**%

$**P < 0.01$ (M ± SD)

出典:柴田博:地域老人の健康に関するコホート研究―とくに追跡調査における脱落群の特徴 民族衛生 1985;51:127-139

パラメーターの加齢変化のし方にも現れる。多くのデータは新しい出生コホートほど老化の進行が遅くなっていることを示している。

3) 時系列的研究法 (定点観測)

縦断研究も時系列的な研究と呼ばれることがあるが,ここでは,横断研究のくり返し,つまり定点観察的研究法について述べておきたい。この調査は,たとえば,寝たきりや認知症の有症率の推移をみるための調査,また,国民栄養調査などがこれにあたる。この時系列的なトレンドには出生コホート差と共に時代の効果も影響する。加齢変化の結果を正しく評価するためにも必須の調査

法である。たとえば，筆者たちの縦断的研究で，70歳を超えて牛乳や魚などの食品の摂取頻度が増加した[2]。これなども加齢効果を時代効果が上回ったための結果と考えられる。

この時系列的研究に大切なことは，毎回調査に同じ尺度を用いること，また，サンプルの選定方法を変えないことである。変える場合にもトレンドが観察できるように工夫する必要がある。一度調査を受けた対象はサンプルに入れないことが原則である。調査による介入（教育）効果の入ることを避けるためである。縦断研究を行っている対象地域でトレンドを観察している研究も希にみられるが，もっとも避けるべき選択である。

◇文　献◇

1) 柴田博：老化の研究方法，老年学入門，学際的アプローチ（柴田博，芳賀博，長田久雄，古谷野亘編）川島書店，1993，p5-10.
2) 柴田博：運動疫学の目的と方法，Research in Exercise Epidemiology 1999；1：2-7.
3) 葛谷文男，下方浩史：老化に関する縦断的研究マニュアル，診断と治療法，1996.
4) Shibata H：An overview of the Tokyo Metropolitan Institute of Gerontology Longitudinal Interdisciplinary study on Aging (TMIG-LISA1991-2001), Journal Aging and Physical Activity 2000；8：98-108.

3. 老化概念と高齢者像の変遷——研究方法との関連を中心に——

（1） 老化概念と高齢者像の変化の要因

　すでに述べたようにジェロントロジー（老年学）は，その用語が出現してからまだ1世紀の歴史しかない若い学問である。そして，この100年間に老化の概念や高齢者像を大きく変化させることに寄与してきたことを認識しておく必要がある。その寄与は，老年学を取り巻く諸学問の発展，とくに認識論やそれのもたらす研究法の進化という社会現象とも密接に関係したのである。

　一口にいうと，ジェロントロジーの初期の段階には，人間の加齢変化はきわめて否定的に捉えられていた。人間は成長・発達期を終え成熟・安定期に入ったときが，あらゆる意味で人生のピークであり，その後は老化・退行していくプロセスとして捉えられていた。老化は人間の能力のみでなく人格も劣化させていくと考えられていたのである。

　このような概念が形成された頃の研究方法には3つの特徴があった。1つは，人間の能力や人格を総合的に観察するのではなく，要素還元的に観察していたことである。たとえば，臓器をみると，老視は40歳くらいから始まり，聴力の低下も50歳くらいから始まり，皮膚の老化は20歳代から始まる。すべての臓器の機能を合計したものが人間の全体的機能であるとするデカルト的視点に立つと，人間は40歳くらいから坂を転げ落ちるように老化していくことになる。

　2つ目の特徴は，主として観察される対象が，サービスや手立てを受けることに急を要している病者，障害者，経済的弱者である。このような高齢者の中の特殊な層があたかも高齢者全体を代表するように錯覚されてしまう。

　3つ目の特徴は，まだ縦断研究の成果が実っておらず，横断研究によってのみ老化モデルがつくられていたことである。第2節で述べたように，多くの老化の変数は新しく生まれたコホートほど大きくなってきている。このような変

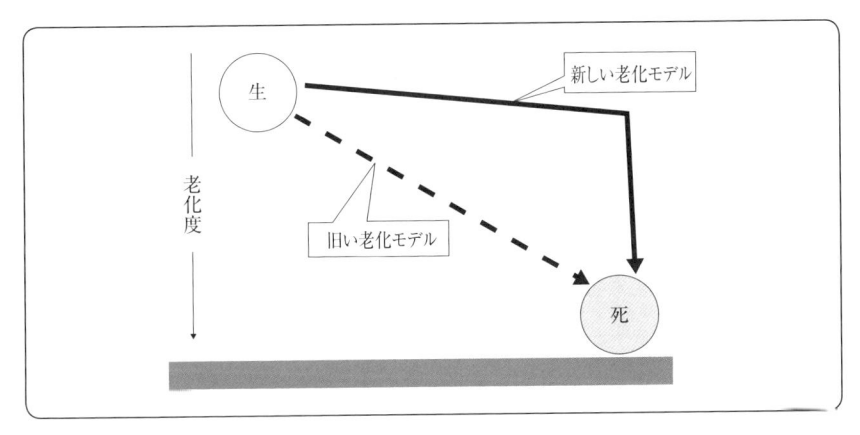

図1-5 老化の新旧モデル
出典：柴田博：中高年健康常識を疑う，講談社選書メチエ，2003．

数は，横断研究のみのモデルでは老化を誇張して捉えることになってしまう。

人間の能力や人格を総合的に捉えるようになり，自立した高齢者の実態が調査されるようになり，縦断研究の成果が実ってくるにつれ，老化概念や高齢者像に変化が生じてきた。現在では，図1-5に示したように，人間の能力はかつて考えられていたように坂を転げ落ちるように老化するものではなく，死の直前まで保たれるということが分かってきた。これを，人口学者は直角型の老化[1]と呼び，知能の研究者は終末低下という[2]。さらに，人間のある種の能力と人格は高齢期になっても発達し続けるという生涯発達理論が老年学のキーコンセプトとなってきたのである[3]。このような老化に関する概念は，1970年あたりを境に大きく変化してきた。もちろん，ある時期を境に画然と概念が変化したわけではないが，便宜的に2つの時代を区分して概念の変遷を概観してみたい。

（2） 1970年くらいまで

1962年のストレーラー（Strehler）の老化の基準にこの時代のコンセプトが象徴されている。それは次の4つである[4]。

① 普遍性：生命のあるものすべてに起こる現象である。
② 固有性：出生・生長・死とともに個体に固有のものである。
③ 進行性：突発的なものでなく，徐々に個体に出現する変化である。
④ 有害性：老化現象にもっとも特徴的なものに機能低下がある。機能は直線的に低下し，死の確率は対数的に増加する。

とくに，老化を有害であると断じているところにこの時代の考え方の特徴がある。

この時代には，多くの縦断研究が始まったばかりである。もっとも早い時期にスタート（1955年）したDuke大学の縦断研究もまだ成果を出していない[5]。1958年からスタートしたBaltimore縦断研究もまだ成果を出し得ないでいた[6]。むしろ，この研究の代表者であったショック（Shock）の若年期から高齢期に至る各種生理機能の横断的観察にもとづく老化モデルが広まっており，老化に関する誇張されたコンセプトを助長する役目を果たしていた[7]。

（3） 1970年以後

1970年Duke大学の研究成果が1955〜1965年の縦断研究の成果をまとめた著書を上梓した[5]。この本のタイトルがNormal Agingということで大きなインパクトを与えた。前述のStrehlerの老化は有害であるとする基準に対して真っ向勝負を挑んだことになる。この本はその後の老化に対するポジティブなコンセプトを創出する上できわめて大きな役割を果たした。

1980年直角型の老化モデルがフリーズ（Fries）により示された。人類の生存曲線が次第に直角型になってくるのは，疾病や障害が次第に高齢になってから発生する，すなわち，病気や障害の発生が後送りになるためである。しかも，人間には100歳超が限界寿命となっているため，生存曲線が一定の年齢に収斂していくことになる[1]。生存曲線から時系列的な人間の老化の遅延の法則を導いたのである。

人間の知能が加齢と共に坂を転げ落ちるように劣化するのではなく，死の数年前まで保たれるという考え方を終末低下という。この考え方は，とくに知能

のうちの流動性能力（動作性能力）ではなく，結晶性能力（言語性能力）に顕著である。この終末低下の概念はクリーメイアー（Kleemeir, 1962）やバルテスとラボーヴィー（Baltes & Laboouvie, 1973）などにより早くから提出されている[2]。しかし，この理論が，老年学の他の領域の老化概念にまで影響を与えるようになるのは1980年代に入ってからである。生涯発達の考え方も，老年学のさまざまな領域に影響を与えてくるのは1980年代に入ってからである[7]。

　高齢者の生涯機能の分布に関してもシュロック（Schrock, 1980）により画期的な偏差値のモデルが提出された[8]。図1-6は筆者がこのモデルを日本に適合するように修正したものである。高齢者の8割は自立しており，右に位置するセグメントほど他のセグメントをサポートする能力が高いことを意味している。高齢者集団全体として他の世代に依存しているわけではなく，相互扶助があれば，自立した集団なのである。筆者たちの著書は，これらの老化概念の変化をいち早く察知して世に啓発しようとしたものである[9]。やがて高齢者の就労を含めた社会貢献能力も問題とされるようになってくる[10]。

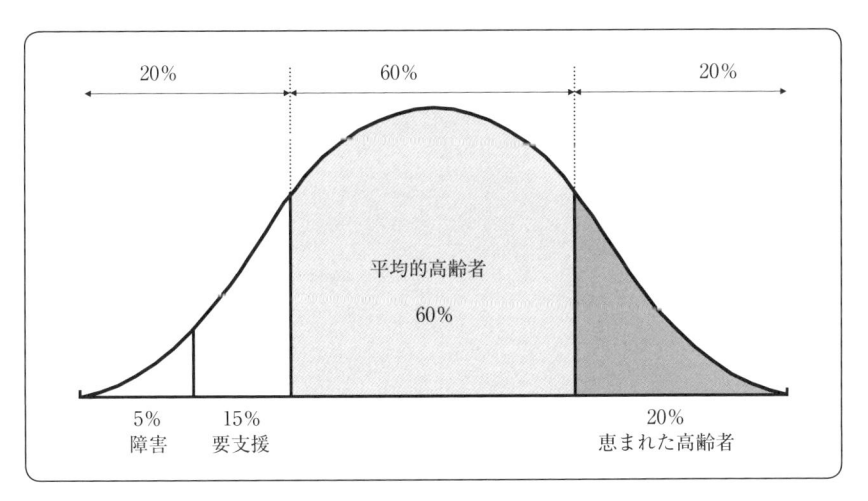

図1-6　高齢者の生活機能（老化度）の偏差値モデル
（1981年のSchrockのモデルを日本に合わせてアレンジ）
出典：柴田博：生涯現役スーパー老人の秘密，技術評論社，2006.

◇文　献◇

1) Fries J F : Aging, natural death, and compression of morbidity. New England Journal of Medicine　1980；303：p130-135.
2) 下仲順子：老年心理学, 培風館, 1997.
3) D, C キンメル著, 加藤義明監訳：To Be Adult, To Be Old ―高齢化の心理学―, ブレーン出版, 1995.
4) Strehler B L : Time, Cell, and Aging. Academic Press, 1962.
5) Palmore E ed：Normal Aging, Duke University Press. Durham N.C, 1970.
6) Shock N W et al eds：Normal Human Aging, The Baltimore Longitudinal Study of Aging, NIH Publication No, p84-2459, 1984.
7) 柴田博編著：老人保健活動の展開, 医学書院, 1992.
8) Schrock M M：Holistic Assessment of The Healthy Aged. A John Wiley Medical Publication, New York, 1980.
9) 柴田博, 芳賀博, 古谷野亘, 長田久雄：間違いだらけの老人像, 川島書店, 1985.
10) R. J シェパード著, 柴田博, 新開省二, 青柳幸利監訳：シェパード老年学, 大修館書店, 2005.

第2章 人口問題と老年学

1. 世界の人口問題

(1) 世界人口の動向

1) 世界人口の増加

世界人口は1650年頃には5.5億人と推定されていたが，18世紀の半ばに先進国の遂げた人口転換を契機に増加率を高め，1800年には9.5億人，1900年には16.5億人，1950年には25億人になった。人口爆発という激しい人口増加が起きたのは第二次世界大戦以後で，2000年には61億人に達した。

国連は1990年に世界人口の将来推計を公表し2050年に100億人になるとしたが，1990年代に入って増加率は予想外に低下したため，2000年の世界人口を基準人口として2002年に将来推計をし直し90.8億人と見込んでいる[1]（表2-1）。これを先進地域と開発途上地域とに分けてみると，先進地域の人口は2025年に12.5億人となるも，2050年には12.4億人に減少するとしている。一方，開発途上地域では2025年に66.6億人，2050年には78.4億人と増加の推計である。

両地域の推移を出生率と死亡率からみると，先進地域では出生率が低い上に，増加した老年人口の死亡率の上昇により，人口の減少が考えられている。一方，開発途上地域においても，中国，韓国のように出生率が極端に低下している国

表2-1 世界人口の動向

		1950年	1975年	2000年	2025年	2050年
総人口	世界	25.2億	40.7億	60.9億	79.1億	90.8億
	先進地域	8.1億	10.5億	11.9億	12.5億	12.4億
	開発途上地域	17.1億	30.3億	48.9億	66.6億	78.4億
	日本	0.836億	1.115億	1.270億	1.248億	1.122億
高齢化率	世界	5.2%	5.7%	6.9%	10.5%	16.1%
	先進地域	7.9%	10.7%	14.3%	20.8%	25.9%
	開発途上地域	3.9%	3.9%	5.1%	8.6%	14.6%
	日本	4.9%	7.9%	17.2%	29.1%	35.9%
純再生産率	世界	1.65	1.57	1.12	1.00	0.95
	先進地域	1.27	0.91	0.75	0.82	0.89
	開発途上地域	1.86	1.81	1.21	1.03	0.96
	日本	1.19	0.87	0.64	0.80	0.90

注1：純再生産率は純に1950-1955年，…，2045-2050年
注2：先進地域とは，ヨーロッパ，北部アメリカ，日本，オーストラリアおよびニュージーランドからなる地域をいう。
出典：UN, World Population Prospects：The 2002 Revision

もあり，またアフリカなどにおける飢餓や，エイズなどの感染症により死亡率が上昇している国があり，将来推計は低位推計をたどる可能性が十分にある。
　これらの予測が最終的にどのようになるかはいまだに流動的であり，地球の人口支持力との関連で人口限界を予測することになるが，その動態の内情にはかなりきびしい面がある。

2) 世界人口の高齢化

　国連の2004年将来人口推計（中位推計）[1] によると，世界人口の増加の速度は弱まりつつあるという。これと引き換えに人口構成の変化，すなわち高齢者人口の占める割合が徐々に大きくなってきていることに注目が集まるようになった。世界人口の中で65歳以上の人口の占める割合（高齢化率）は，1950年に5.2%（1.3億人）であったが，2000年には6.9%（4.2億人）となり（表2-1），現在，2006年には7%台に乗っていると思われる。信じがたいことではあるが，このことは世界全体がすでに高齢化社会に入っていることを示している。
　さらに国連の2004年将来人口推計より，世界主要国の2000年と2050年の

高齢化率をみると，イタリアは18.2%が35.5%，スウェーデンは17.3%が24.7%，日本は17.2%が35.9%にと，2000年の日本は上位第3位にあるのが，2050年には世界一の高齢化率になり，もっともきびしい超高齢社会になると予測されている。同様に経済の発展途上にあるアジアの隣国の中国の状況は6.8%が23.6%，韓国は7.4%が34.5%とわが国に迫る勢いであり，明らかに急速な高齢化の進展である。現在，低値にある発展途上国も2050年にはブラジルが5.4%から19.2%，ナイジェリアが3.0%から5.7%，メキシコが4.8%から21.1%とそれぞれの国がそれぞれに高齢化に向かっている。これらの差は今後の合計特殊出生率に差があることに基づいているが，いずれの国においても，人口の置き換え水準2.08をはるかに下回ると予測されている。

国連は2004年にこれらの状況のもと，今や世界人口は急速に高齢化が進んでいると警鐘を鳴らした。人口高齢化の主たる原因は平均余命の延伸であるが，後に述べる人口転換（(3)で述べる「第1次の人口転換」）によって生じた人口増が高齢者になることにより，高齢化は一段と加速化されていく。先進国だけでなく，インド，ブラジル，エジプト，メキシコなどといった人口の大量増加が予測されている国々でも，出生率は低下しはじめ，高齢化の急速な進行が目前に迫っている。2050年には先進地域では高齢化率25.9%の超高齢社会となり，開発途上地域は高齢化率14.6%の高齢社会となる。

このような予測により高齢社会の先進国である日本の対応に世界が熱い目を注ぎはじめている。

（2）日本人口の動向

1）日本人口の減少

日本の総人口を国勢調査からみると[2]，2000年は1億2,693万人で，2004年は1億2,769万人となっている。これまでの人口推移をみると，1920（大正9）年の第1回国勢調査では5,596万人であり，85年経った2005年に2倍強に増加した。年平均増加率は2.9%の高い年もあったが，1980年以後は1.0%を割り，2004年には0.1%の増加とほぼ静止状態となった。2005年の国勢調査報告で

は1億2,777万人であり,いまだにわずかな人口増加である。しかしながら,2005年の人口動態統計によるとこの年の死亡数は出生数を21,408人上回っており人口減少社会に入ったとしている。このように矛盾はあるもののわたしたちは今総人口のピークから減少の中に立っていることは確かである。

2002年に国立社会保障・人口問題研究所は日本の将来人口に関して推計を発表したが,総人口のピークは高位推計で2009年,中位推計で2006年がともに外れ,低位推計の2005年が現実となった。

日本は世界でも有数の長寿国で,平均寿命は2005年に男78.53歳,女85.49歳である[2]。今後,大きな伸びは期待できないことから,死亡率が高まるようになり,かつ出生率が下がり続ければ,いよいよ本格的な人口減少社会の到来となる。

2) 日本人口の高齢化

国勢調査報告のうち人口変動の基本的要因である出生,死亡に直接関係があるものは人口の性・年齢別構成であり,この構造を人口学的基本構造といい,これを視覚的に捉え図示したものが人口ピラミッドである。

わが国の2005年10月1日現在の人口ピラミッド[2]は図2-1のとおりで,過去1世紀の社会情勢の影響を受けた出生・死亡の状況を直に反映したものになっている。1971〜1974(昭和46〜49)年の第2次ベビーブーム期をピークとして出生数が年々減少し,第3次ベビーブーム期がないままに徐々にピラミッドの裾が狭まり,現在では逆ピラミッド型になっている。

年齢構成を年齢3区分の構成よりみると,2005年は年少人口(0〜14歳)は13.6%,生産年齢人口(15〜64歳)は65.3%,老年人口(65歳以上)は21.0%の割合となり,少子化もまた高齢化も世界一である。年少人口の割合は下げ止まりの傾向がみられず,老年人口の割合は上昇の一途である。したがって,超少子・超高齢社会である人口減少社会をいかに円滑に乗り切るかが,21世紀のわが国の最大の人口問題となっている。

1. 世界の人口問題   23

```
(老年人口) 65歳以上
(生産年齢人口) 15～64歳
(年少人口) 0～14歳
```

男　女

66歳：
日中戦争の動員による
昭和13年, 14年の出生減

59, 60歳：
終戦前後における出生減

56～58歳：
昭和22～24年の
第1次ベビーブーム

39歳：
昭和41年（ひのえうま）
の出生減

31～34歳：
昭和46～49年
第2次ベビーブーム

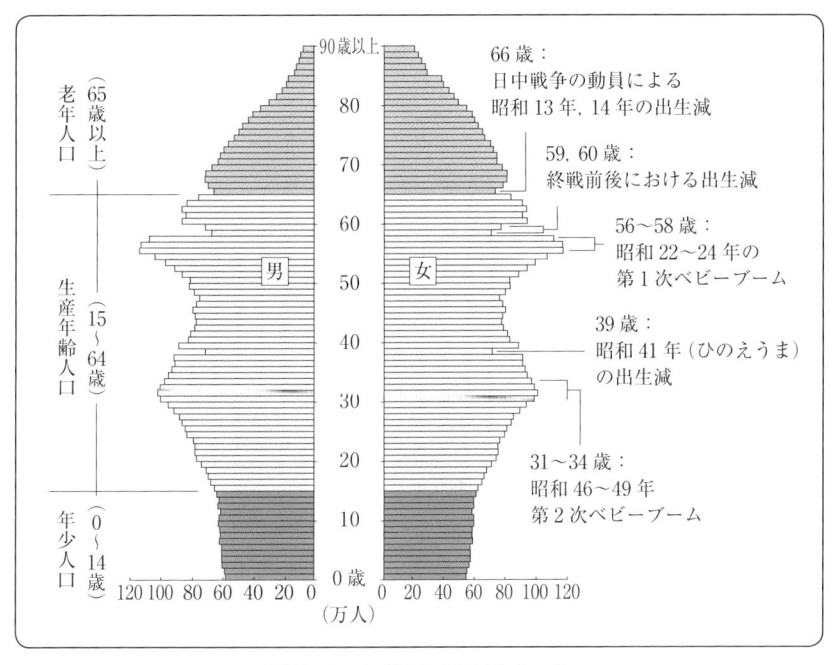

図2-1　わが国の人口ピラミッド

注：90歳以上人口については，省略した。
　　出典：総務省統計局「平成17年国勢調査抽出速報集計結果」

（3）人口の高齢化と要因

1）人口転換

　人口転換とは人口現象にみられる社会の近代化とされ，高出生率・高死亡率が低出生率・低死亡率の社会に移行する過程[3]をいう。ヨーロッパ諸国では18世紀から20世紀にかけて経験した現象で，スウェーデンにおいては1750年代の初めより始まり1930年代に最終段階に到達している。日本の場合には死亡率の低下は1880年頃から始まり，出生率の低下は1920年以降にみられたが，1950年以降に死亡率と出生率がともに急激に低下し，1960年には人口転換を完結している。

　この人口転換を近年，「第1の人口転換」というようになった（図2-2）。こ

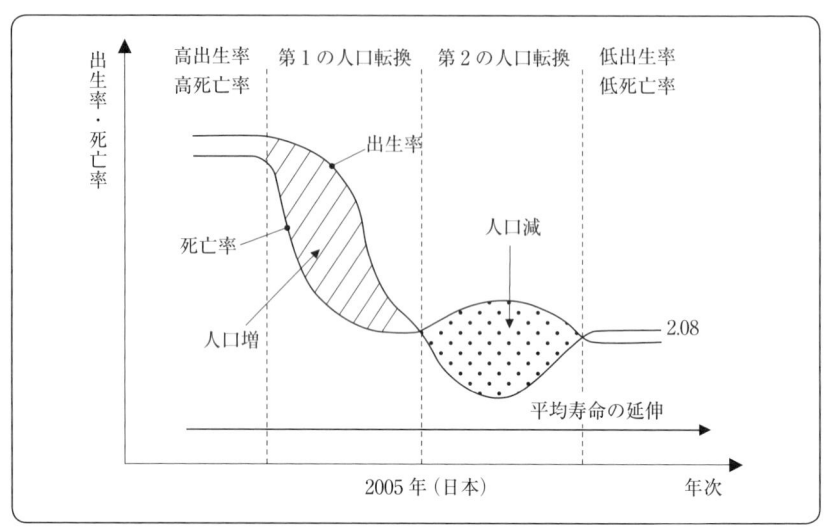

図2-2 人口転換の概念図

の「第1の人口転換」にスウェーデンでは180年かかったが，わが国では40年（ないし80年）で完結し，その速さにおいて世界の注目を集めた。この結果はいくばくかの人口増（団塊の世代）を残して終結した。

　低出生率・低死亡率の段階になると人口は安定し静止人口になると考えられていた。しかし，早い時期に「第1の人口転換」を成し得た欧米諸国をみると，出生率が人口の置き換え水準（合計特殊出生率が2.08以下）をはるかに下回る低下傾向が続き，一方，低くなった死亡率は「第1の人口転換」で増えた人たちが死亡することにより逆に高まり，結果として人口減少社会への道を歩んでいる。この過程が「第2の人口転換」[4]といわれるようになった。

　このように少子社会は，平均寿命の延伸により少子高齢社会となり，やがて人口減少社会となる。そして合計特殊出生率が2.08を回復したときに，安定した超高齢社会となる。合計特殊出生率が2.08に保たれ，平均寿命を90歳とすると，死亡率は0.11となり，高齢化率は28％に収れんすることになる。この時の人口規模がどの程度になるかがこれからの重大な関心事である。

2) 少子高齢化社会

　人口の少子化とは，母が産む子の数が減少していくこと，すなわち合計特殊出生率が低下していくことである。わが国の出生率および合計特殊出生率は1950年以降，ともに低下し続けていることからすると，1950年以降は少子化社会である。そして年少人口（0～14歳）が老年人口（65歳以上）を下回ったのが1997年で，それ以降は少子社会である。

　将来人口を予測する合計特殊出生率が置き換え水準の2.08を下回ったのが1974年であり，それ以後は出生率の回復はまったくなく，2005年には1.25となり，これまでの最低値を更新した。これらのことから子どもの数はさらに減少することになり，少子社会は進行する一方である。

　人口の高齢化率とは65歳以上人口の全人口に占める割合である。人口集団で65歳以上の高齢者の割合（高齢化率）が7％を越すと高齢化社会，14％を越すと高齢社会，21％を越すと超高齢化社会，28％を越すと超高齢社会という。わが国では1970年に高齢化社会に，1994年に高齢社会に，2005年に高齢化率21.0％の超高齢化社会に突入している。

　少子高齢社会とは，少子化と高齢化が併存する社会のことで，わが国は目下その渦中にある。そして，2005年から人口減少社会に入ったようである。

　国立社会保障・人口問題研究所の「日本の将来推計人口」(2006年推計)[5]によると，2055年（平成67年）には中位推計で8,993万人，低位推計では8,411万人になると予測されている。その減少は合計特殊出生率が2.08に達するまで続くことになる。人口減少社会は，その過程において少子高齢社会におけるよりも，より深刻な課題を，社会に与えることになる。

3) 人口の高齢化の要因

　「第1の人口転換」を説明する理論を人口転換理論[3]ということは先に述べた。前近代社会は高死亡率・高出生率であったが，死亡率は，産業革命とともに工業化・都市化が進み，医学の進歩や公衆衛生の発達，医療保障制度の発達，所得水準の上昇，生活習慣の変容，乳児死亡率の低下などにより低下した。しかし，出生率は依然として高水準にあったために，人口は増加した。このよう

にして急激に増加した人口をわが国では団塊の世代（昭和22～24年生れ）という。その後，死亡率を追うように出生率が低下する。その背景として，晩婚化・晩産化，小家族の希望，家族計画実行の普及，伝統的生活や習慣全般の崩壊など，がある。さらに死亡率の変化が出生率の変化に影響していることも考えられる。

「第1の人口転換」を終えた先進国では出生率は安定するとの予測であったが，引き続き低下した。一方，死亡率は横ばいから一時的に高くなる。この結果は人口減少を招き，また平均寿命の延伸が著しいことより，相対的に高齢者人口割合が高くなる。これが先に述べた「第2の人口転換」である（図2-2）。出生率が引き続き低値を更新している理由としては，女性の高学歴化と就業率の向上，結婚適齢期（特に男性）の未婚率の上昇，子育て環境の未整備などが考えられている。

◇文　献◇

1) World Population Prospects：The 2004 Revision Population Database, UN 2004.
2) 国民衛生の動向　2006年版，厚生統計協会，2006；53 (9)
3) 野尻雅美編著：最新保健学―疫学・保健統計―，真興交易医書出版部，2006.
4) エイジング総合研究センター編著：少子高齢社会の基礎知識，中央法規出版，2006.
5) 国立社会保障・人口問題研究所：日本の将来推計人口（平成18年12月推計），結果の概要，2006.

2. サード・エイジの概念

(1) はじめに

　古典的な人口の年齢区分に関しては，前節で詳しく述べたとおりである。しかし近年，これと異なる年齢区分によるサード・エイジ (third age) という用語が，論文や著書に登場するようになってきた。本節では，この用語の由来，概念，目的に関して整理しておく。

　このサード・エイジという用語は，古くから版を重ねている老年学関係の研究書やテキストにはまだ登場していない。したがって，あまり重要でないという研究者が存在しても不思議ではない。しかし，サード・エイジを扱った論文や著書を読んでいくと，この用語には従来の人口学や老年学の言及し得なかった問題提起があり，本書のような新しい老年学のテキストではきちんと取り扱うべきと考える。

　筆者の考えでは，このサード・エイジの概念は，生涯発達理論 (lifespan development theory) に後押しされて出てきたものである。周知のとおり，かつてのように老化を退行としてではなく，生涯発達と捉える考え方が世界を席巻しつつある。生涯発達は，人間の能力面（ライフスキル，知恵あるいは英知）にも人格面（円熟，知恵あるいは英知）にも認められるということが明らかにされてきている[1)2)]。サード・エイジの始まりは50歳とする場合が多いが，この年齢は，かつては，退行の始まりとされていたのである。

(2) サード・エイジという概念の登場

　わが国においてサード・エイジの概念を理論的に取り扱った最初の学者は小田[3)]である。それ以後，サード・エイジを扱った著書はいくつか出されているが，学説史を踏まえてこの用語の概念を取り扱っているのは，小田一門のみといってよい。

欧米では1970年代から80年代にかけてこの用語は一般に用いられるようになっていたが，老年学の中にきちんと位置づけられるようになったのは，1980年代の後半になってからである。特に，今日的概念を明確にしたのはラスレット（Laslet, 1996）[4]である。彼は，誕生から死までの人間のライフコースを「依存・社会化・未熟・教育の時代」であるファースト・エイジ，「成熟・自立・生殖・稼ぎと貯蓄・家族と社会への責任の時代」であるセカンド・エイジ，「達成の時代」であるサード・エイジ，「依存・老衰・死の時代」であるフォース・エイジの4段階に区分した。

このライフコースの4段階区分は，何歳からサード・エイジというかといった暦年齢に対応させてはいない。しかしウオーカー（Walker）[5]は，実際的には50歳から75歳までの期間を指して使われることが多いとしている。また，40歳以降とみなす説も出されている[6]。同時に必ずしもフォース・エイジを区分することをしない考え方も多くなってきている。油谷・辻中も50歳以上全体を第3の世代として一括して取り扱っている[7]。長いライフスパンの中でみると，多くの人々にとって終末期は一瞬とまでいわないまでも，きわめて限定された期間に過ぎない[1]。この終末期を第2の成長期ともいえる[6]サード・エイジの中に含めて一向に差し支えないと考える学者が増加しても不思議はない。

（3）サード・エイジという概念登場の時代背景

Walkerはサード・エイジの概念が登場し一般に認められるようになってきた要因として次の6点をあげている。
①多くの人々が健康で長生きできるようになってきたこと
②過去に比べ退職者の生活水準が向上してきたこと
③退職者の平均年齢が低下し，現在では定年前に退職する人も少なくないこと
④公的年金などの退職後の生活に対する保障が十分でない場合には，退職後も収入を得るための種々の活動を続けることが必要であるということが認識されるようになってきたこと
⑤サード・エイジ世代のライフスタイルが消費者運動家（consumerist）により

広められ，人々がそれに関心をもつようになってきたこと
⑥サード・エイジ世代の人々の間に，高齢者がサービスを受けることへの権利意識の広がりやエイジズムとの戦い，若い世代との利害の対立など共通の目的や言い分など，サード・エイジャー（third agers）としての自己意識が成長してきたこと

老年学（gerontology）の歴史的発展段階にも後押しされている。gerontology という用語は1903年，メチニコフ（Metchinikoff）により命名されたきわめて新しい学問である。1960年代まではもっぱら，老化を劣化・退行として扱っていた。しかし，1970年代に入り，老化をポジティブに捉える概念が台頭してくるのである。生涯発達理論もそのプロセスの中で生み出されてきたものである。加齢・老化に関するコンセプトが変化すれば，人口学的な年齢区分にも変化が加えられるのは当然の成り行きである。

サドラー（Sadler）[6]は，サード・エイジを40歳以後としているが，それまでの加齢変化の5つのDに代わり5つのRをキーワーズとして提唱している。この提唱は明らかに加齢変化や老化に関する新しい考え方に基づいている。5つのDとは，Decline（衰退），Disease（病気），Dependency（依存），Depression（抑うつ），Decrepitude（老いぼれ）のことである。5つのRとは，Renewal（再生），Rebirth（復興），Regeneration（新生），Revitalization（復活），Rejuvenation（若返り）のことである。

この Sadler の著書[6]の副題となっているこのRを実現するための6つの原則は以下のとおりである。

原則1．熟考と冒険のバランスをとること
原則2．現実的な楽観主義を発展させること
原則3．肯定的なサード・エイジのアイデンティティを創出すること
原則4．労働の再定義。労働と遊びのバランスをとること
原則5．個人的自由と親交とのバランスをとること
原則6．自分をも他人をも思いやる人生の構築

小田[3]は，サード・エイジにおけるライフスキル資源を開発・拡張するこ

との必要性を強調している。そのための仕組みとしてイギリスの退職前教育研究機関の役割を紹介している。ライフスキルは，個別的能力に加え，思考能力，情緒過程における感情コントロールの能力，行動過程における活動能力の統合的能力と理解すべきであろう。

（4）わが国の人口学からみたサード・エイジ

油谷・辻中[7]は，1998年の時点においてわが国の将来人口の予測を行い，2005年に20歳以上人口の過半数を50歳以上人口が占めることの意義を述べている。その意義の内容については後述するが，彼等はこの人口現象の先陣を切るのが日本であり，欧米諸国は日本より遅れてこのような人口構造をもつようになると指摘している。表2-2は，油谷・辻中の年齢区分[7]に従い，もっとも新しい人口静態統計から，各年齢区分の人口割合を計算したものである。彼等の予測どおり，2005年の国勢調査は成人人口の過半数を50歳以上人口が占めるに至ったことを示している。

（5）サード・エイジャーの増加の意義

油谷・辻中は，これまで紹介してきたサード・エイジ論とは異なった見地か

表2-2　第1, 2, 3世代別人口割合

年	年齢区分	～19歳	20～49歳	50歳以上	全年齢
1930		46.8%	38.0%	15.2%	100.0%
1970		32.8	47.7	19.5	100.0
1995		22.8	43.3	33.9	100.0
2000		20.5	40.9	38.6	100.0
2005		18.7	38.2	43.1	100.0
2025		16.1	34.2	49.7	100.0
2050		14.8	31.0	54.2	100.0

出典：2005年までは総務省統計局の国勢調査，2025, 2050年は国立社会保障・人口問題研究所「日本の将来推計人口」（平成14年1月推計）による各年10月1日現在の推計人口（中位推計値）

ら，50歳以上の増加する社会の問題点を指摘している。彼等は，0～19歳までの人生の第1期は第2期（20～49歳）になるためのトレーニング期と考えている。第2期は，社会と家族への義務と責任の時期と考えている。第1期と第2期には，人々は基本的には1つの家族の中にいる。つまり同じ世帯の中に存在している。例えば，夫婦と子供2人という世帯，これを標準世帯と呼ぶ。この標準世帯は第1期と第2期がリンクしている組み立ての概念である。この標準世帯は，個人消費や住宅投資という，いわゆる民間需要をもっとも底で支えている。子供を育てていくことと，その収入を得る働き手の労働力再生産のための休養や安らぎ，心身の修理のためのコストであり分析は容易である。

50歳以上の人口が増加することは，いわば義務と責任を負った標準世帯から解放された人々の増加を意味する。彼等の言葉では50歳以上の第3期は自己責任と自由の年代ということになる[7]。しかし，この年代の人口の増加が何をもたらすかについての予測は，過去の分析ほどには明解ではない。世界に先駆けて経験しようとしているわが国の将来予測であるので，そう簡単ではないことは理の当然である。

ともあれ，この年代は自分の個と向き合うことになり，死も意識しなければならない。成功と権力への競走ゲームから解放され，新しい価値観を獲得しなければならない。それに従い新しい生産性も生まれてくるであろう。ノンプロフィット（非営利）とかミニマムプロフィック（最小利益）という概念もあり，ワークシェアリングの必要も出てこよう。ワークシェアリングは同世代においてのみでなく，異世代間にも求められる。

経済的活動から解放された年代の新しい社会貢献も問題となってくる。第2期までは有償労働による社会貢献が主であるが，50歳以上ではインフォーマルな社会貢献が次第に置き変わっていく[1)2)]。

山口[8]は，欧米でサード・エイジという用語がかなり広まっていることを知らぬまま，独自に開発した用語としてサード・エイジという用語を用いている。全国の45～74歳の日本人2,000名の調査から，サード・エイジは，元気で，お金があり，おしゃれであり，情報に敏感で，自律的で，残すよりも自分

のためにお金を使うなどの結論を導いており,大きな層をなす消費者として位置づけている。一方,村田[9]は,シニアの消費者の多様性はニーズを把握できないシニア向けのサービス・商品の開発を失敗させるであろうと警告している。シニアビジネスに関する山口,村田の双方の見解をよく吟味する必要があろう[8,9]。いずれにせよ,サード・エイジのライフスキルの向上を含む広い意味での余暇開発事業[10]は,プロフィット(利益)の効率はともかくとして大きなシニアビジネスとなっていくであろう。

◇文　献◇

1) 柴田博:中高年健康常識を疑う,講談社選書メチエ,東京,2003.
2) 柴田博:生涯現役「スーパー老人」の秘密,技術評論社,東京,2006.
3) 小田利勝:退職に関する新たな視点とサード・エイジの生活課題,神戸大学発達科学部研究紀要　1998;5(2);117-133
4) Laslet, P : A Fresh Map of Life (2nd edition), MaCmillan Press, UK, 1996.
5) Walker, J ed.:Changing Concepts of Retirement, Arena (Ashgate Publishing Limited), UK, 1996.
6) Sadler,W : The Third Age : 6 Principles of Growth and Renewal After Forty, Perseus Books, US, 2000.
7) 油谷遵・辻中俊樹:50以上の世界―「標準世帯」の終わりから,みき書房,1998.
8) 山口峻宏:サード・エイジ:日本活性化の鍵―未開の巨大市場サード・エイジへの企業対応,同友館,1999.
9) 村田裕之:シニアビジネス―「多様性市場」で成功する10の鉄則,ダイヤモンド社,2004.
10) 瀬沼克彰:長寿社会の余暇開発,世界思想社,2006.

第3章　老化の概念と学説

1. 老化の生物学説

（1）老化の概念

　老化の概念には，広義のものと狭義のものの2つがある。広義の老化は，生まれてから死ぬまでの生涯の全変化をさし，加齢（aging）と呼ばれるものである。それに対し，狭義の老化は，成熟期以降の退行期の変化を示すもので，いわゆる老化，老衰（senescence, senility）である。このため，老化を一言で定義するのは難しいが，老年学，老年医学の分野では，狭義の老化を意識したもの，たとえば「老化とは，加齢に伴い誰にでも起こる諸機能の低下，減退であり，死の確率が増す過程（現象）」という考え方が一般的のようである。本章でも，原則的にこの考え方で老化を捉えることとする。

（2）生理的老化

　老化は，疾病，事故，栄養，生活環境など様々な要因の影響を受けると考えられるが，これらの外因により規定されない老化，すなわち，大きな病気や事故がなく，寿命をまっとうした場合の老化を生理的老化（正常老化）という。
　生理的老化の特徴として，ストレーラー（Strehler）は次の4つをあげている[1]。
1）普遍性：全ての生命体に認められる現象であり，（同一の種に属する個体は）

ほぼ同様の経過を示す。
2）内在性：個体に内在するものである（ある程度，遺伝的に規定されている）。
3）進行性：進行性であり，後戻りしない。
4）有害性：個体の機能を低下させるものである。

　以上の4条件を満たす変化が（生理的）老化であり，最終的に機能の低下から死につながる。また，病気などによる機能の低下や寿命の短縮は，すべての人に起こるわけではないので，生理的老化ではなく病的老化と呼ばれる（ただし，高齢になると，多数の人が似たような症状，訴えを呈することもあり，生理的老化と病的老化を簡単に分けることができない場合もある）。

　人間の生理的老化について，皺が増える，髪が白くなる，背が曲がるなど，経験的な事実としては多くのことが語られているが，系統的，科学的には解明されていないことも多い。そのため，個人，あるいは，集団を長年，追跡的に調査し，形態や機能の生理的変化を明らかにしようとする，長期縦断研究が実施され，生理的老化に関する結果が蓄積されている。わが国でも，東京都老人総合研究所による「中年からの老化予防総合的長期追跡研究（TMIG‐LISA）」[2]，国立長寿医療センター研究所疫学研究部による「老化に関する長期縦断疫学調査（NILS-LSA）」[3] などの大規模な研究が行われている。

（3）老化の測定

　老化について研究し，その進行を少しでも遅らせる対応策，予防法などを考えるためには，老化の程度を正確に測定・評価することが重要になる。普段の生活では，暦年齢で老化度を評価することが少なくない。しかし，老化に伴う心身機能の変化は，基本的には低下の方向を示すものの，個人差が非常に大きい。また，栄養，生活習慣，環境など多くの外的要因が影響を与える。そのため，単純な暦年齢のみで，正確かつ客観的に老化を測定することは難しい。下方は，望ましい老化指標の条件として，次の4つをあげ，老化を総合的に評価するには多くの生体機能を含む数多くの指標が必要と述べている[4]。①測定方法が確立しており，測定法が簡便で，費用が安く，誤差が少ない。②測定に苦

痛や障害を伴わない。③正常人では加齢とともに有意に変化し，理想的にはその変動が直線的であり，変動に性差が少ない。④他の老化指標との相関が低く，機能の変化を代表する独立した指標である。

近年，しばしば使われる老化の指標に生物学的年齢がある。これは，生体のもつ種々の機能，たとえば，生理機能，知的機能，運動機能などを基準として推定される年齢である。暦（生年月日）という外的基準による暦年齢とは異なり，臓器や組織の機能など，個体に特有な内的基準による年齢と考えることができる。この生物学的年齢は，1つの指標（機能）から判定することもできるが，重回帰モデルなどの多変量の統計モデルを用いて，複数の指標を同時に考慮しながら推定する方法も検討，利用されている。

（4）老化学説

個体，器官，組織，細胞などの老化が起こる原因，あるいは老化の機序については多くの学説がある。武田は，老化学説として，消耗説（wear and tear theory），ストレス説（stress theory），生活代謝率説（living rate theory），プログラム説（program theory），エラー破綻説（error catastrophe theory），体細胞突然変異説（somatic mutation theory），自己免疫説（autoimmune theory），代謝産物原因説（waste product theory），生物時計説（biological clock theory），内分泌説（endocrine theory），遊離基説（free radical theory），架橋結合説（cross-linking theory）の12種類をあげている[5]。

また，三木は，老化学説をプログラム説とエラー蓄積説の2つに大別し，以下のように説明している[6]。

1) プログラム説：老化が遺伝子レベル（遺伝因子）により制御されているという考え方。動物は種により固有の最大寿命を有すること[注1]，ヒトの細胞に寿命があること[注2]，遺伝的早老症（progeroid syndrome）[注3]があること，老化遺伝子[注4]，テロメア[注5]，アポトーシス[注6]の研究など遺伝が老化を制御することを示す研究事実があること，などがこの説を支持する。
2) エラー蓄積説：数々の障害や老化物質の蓄積（遺伝外因子）がDNAやタン

パク質に発生することで老化が起こるという考え方。以下の説がある。①磨耗説：放射線や化学物質によりDNAに損傷が起き、その蓄積が寿命を決定する。②活性酸素説：フリーラジカル（遊離基）が原因[注7]。③架橋結合説：加齢に伴いタンパク質分子間に科学的な結合（架橋）ができ、細胞機能が障害される。④誤り説：DNAの複製や損傷修復時に塩基配列を誤って写し、その結果、異常タンパク質集積、細胞機能障害が出現する。⑤老廃物蓄積説：加齢に伴う変異酵素や変異タンパク質（リポフスチン、アミロイドなど）の出現・蓄積による。⑥自己免疫説：免疫機構の破綻などによる。

　以上のように老化学説は多種存在するが、どれか1つの説で老化の全体を説明するのは困難であり、複数の説（あるいはすべての説）を取り入れる必要があるだろう。また、老化に、遺伝要因と非遺伝要因（環境要因）の両者が関与することは確実と考えられる。遺伝要因については、現状では、まだ介入困難な部分が多い。しかし、環境要因に対しては、生活習慣の改善、疾病の予防など介入が可能であり、結果として、老化の遅延や寿命の延長などが期待できるだろう。

■注：

注1）寿命の限界値（限界寿命）は動物の種によりほぼ決まっているといわれる。限界寿命にはある程度法則性があり、体重、脳重量などを用いた推定法が考案されている。代表的なものにザッハー（Sacher）の式がある。

注2）ヒトの体細胞を培養しても無限には分裂できず、50〜70回分裂すれば限界で、もはや分裂できない。いわゆる細胞寿命と考えられる。

注3）遺伝的早期老化症候群の略。老化現象の促進（小児期、若年期など早期に老化現象が出現、進行）と短命を呈する。ウェルナー症候群、ハッチンソン・ギルフォード症候群（プロジェリア）、コケイン症候群の3疾患が含まれる。40歳〜64歳のヒトが介護保険の認定を受ける際に必要な特定疾患の1つである。

注4）老化現象の発現、進行、あるいは、抑制に関わる「老化関連遺伝子」、高齢者に多い高血圧、虚血性心疾患などの疾病と関係する「老年病関連遺伝子」、長生きと関係

する「長寿遺伝子」などが，老化遺伝子として研究されている．アルツハイマー病に対するアポリポタンパクE遺伝子のように，すでにその関係が確立されたものもある．

注5) テロメアは，染色体の両末端にある保護構造であり，細胞分裂によりDNA複製が行われる度に短縮し，一定の長さ以下になると細胞は分裂を停止してしまう．そのためテロメアは「細胞内時計」，「分裂時計」などといわれ，細胞寿命を規定するものとして注目されている．

注6) 不要な細胞や危険な細胞が，自発的に死亡していく現象．「プログラムされた細胞死」，「細胞の自然死」，「自発的な細胞死」などといわれる．生物の発生過程においては，決まった時点と部位で細胞死が起こり形態が変化する．感染細胞など生命に危険な細胞は，自らプログラムを起動して自滅するように死んでいく．これらの現象は，アポトーシスの例である．

注7) フリーラジカルは，生体が酸素を消費すると産生され，他の物質に作用して過酸化物を生じ，この蓄積が老化につながると考えられる．

◇文　献◇

1) Strehler BL, et al.：General theory of mortality and aging. Science 132：14-21, 1960.
2) Suzuki T, Shibata H：An Introduction of the Tokyo Metropolitan Institute of Gerontology Longitudinal Interdisciplinary Study on Aging（TMIG-LISA, 1991-2001）. Geriatrics Gerontology International 2003；3：S1-S4.
3) Shimokata H. et al：A new comprehensive study on aging - the National Institute for Longevity Sciences, Longitudinal Study on Aging（NILS-LSA）. Journal of Epidemiology 2000 10（Supple1）：S1-S9, 2000.
4) 下方浩史：老化度の判定．老年医学テキスト(日本老年医学会編)，メジカルビュー社, 2005, p13-15.
5) 武田雅俊：(4) 老化学説．老化の生物学と精神医学（武田雅俊著），診療新社, 2003, p29-45.
6) 三木哲朗：老化の定義と老化学説．老年医学テキスト（日本老年医学会編），メジカルビュー社, 2005, p7-9.

2. 心理学的加齢の考え方

（1）心理学的加齢の理論とモデル

　心理学的加齢の理論やモデルに関して述べる前提として，老年心理学の研究史に関して簡単に触れておきたい。長嶋[1]は，エジプト，ギリシャ，ローマの古代より20世紀に至る老年心理学の研究史を展望して，以下のように紹介している。古代より老化や高齢者の心理に対する関心がもたれてきている中で，Birrenは，最初の心理学的側面からの老化の科学的研究は，ケトレーが1835年に表した『人間とその能力の発達』だとしている。しかし，老年心理学（Geropsychology）という言葉が用いられるようになったのは1970年であり，本格的な実証科学的アプローチの歴史はさらに日が浅い，と指摘している。また長嶋は，日本においては，大正時代に心理学者の松本が老年，老化の問題に関心をもち，1925年に出版された『知能心理学』の中で老年心理学に関する研究成果の一部を取り上げた。その後，松本の研究を引き継いだ橘が，1971年に『老年学―その問題と考察』を刊行した。この著書が，今日の老年心理学に連なる研究書の嚆矢と考えられる，としている。

　以上のように，加齢や高齢者の心理学的研究の歴史が浅いこともあって，現在のところ明確な心理学的老化，加齢の理論が提唱されているとはいえない。もし理論的主張がみられたとしても，少し厳しく捉えれば，これは日常で生じる現象を常識的に説明するという閾を大きく超えるものではないように思われる。また，身体的老化や年齢による社会状況の変化を背景として，心理的機能の加齢変化として捉えられる現象はさまざまな側面に認められるが，これらの多くは二次的加齢現象と考えられる。したがってこうした場合には，生物学や社会学の理論や学説が一次的説明原理となることがありえる。この例としては，感覚機能の加齢変化が主として末梢感覚器の老化によって説明されることや，高齢者の友人との交流や社会的活動の減少が離脱理論によって説明される，と

いうことがあげられよう。

　感覚機能と比較すれば，記憶や学習，感情や欲求，さらに認知機能や知能，人格といった心理学的側面は，中枢，末梢の神経系や各種の器官などの身体的基盤との関連がより複雑であり，身体的側面の老化との対応関係を明確に説明することは困難である。また，友人との交流や社会活動の減少を，人格などの要因を含めて心理学的に理論化することは容易ではない。さらに，心理学的老化，加齢の理論化が困難である背景には，すべての側面が加齢によって共通の方向に変化するとはいえないという事実も指摘し得る。

　第5章で詳しく述べるように，たとえば，動作性知能や流動性能力あるいは実験的に研究された場合の記憶機能には加齢による成績の低下が認められているのに対して，言語性知能や結晶性能力は，老年期に至るまで低下が少なく，むしろ緩やかに上昇する側面もあるという結果が得られている。加えて，心理機能各側面の相互作用も複雑であり，ある機能が他の機能を補償し，あるいは逆に低下させるとするという関係を想定することもきわめて重要である。このように，心理的加齢過程は複雑であるからこそ，老化，加齢を説明するための独自の理論が提唱されるべきであるともいえよう。しかし現在までのところ，心理的諸側面を完全に包括する理論は確立されているとはいえない。

　このような中で，認知機能の加齢に関するモデルの1つとして，一般遅延化モデルがある。これは，認知機能の遂行成績が加齢によって測度が遅くなることに共通性が見い出されるという考え方である。このモデルは，ブリンリー・プロットという手法でデータを表すと，課題間で高齢者の反応の遅延は若者と等しい割合で生じており，高齢者に常に若者よりも一定の遅延がみられることが示されたことなどが背景となっている[2]。このようなモデルや理論に対しては，さまざまな論争や課題が伴うものではある[3]が，心理的加齢・老化のモデルや理論を構築する試みは今後も必要であろう。そのためにも，正しい方法に基づいて心理機能各側面における基礎的データを蓄積することが不可欠である。

　これまで述べた視点とは異なる心理的加齢に関する理論的枠組みは，生涯発達という考え方であろう。以下では，生涯発達に関連する説を紹介する。

（2）老化と生涯発達

時間が生物に及ぼす影響には，2つの側面が考えられる。1つは，成長，発達であり，もう1つは老化である。心理学では，近現代の科学的研究の黎明期から，成長，発達の側面に主として関心が置かれてきた傾向があるように思われる。ゲゼルやピアジェなどの代表的な発達心理学者の研究も，その中心は乳幼児期から青年期に至る発達の過程であった。これは，子どもが順調に成人に達することが必ずしも容易ではなかった時代の要請としては当然のことだったと考えることができるかもしれない。これに対して，最近では発達研究の枠組みで，成人期および老年期の心理的特性や加齢の過程を捉えようとする立場が盛んになってきている。

先述したように，生物学的老化は，受精から死までの全生涯の変化を指す立場（aging）と，成熟以降の衰退を指す立場（senescence）とがある[4]。ヒトは，生物学的には20歳前後で成熟を迎えるので，人生80年時代ともいわれる今日では，狭義の老化の定義に従えば，成人期の60年間は衰退期ということになる。身体の機能が20代から低下することは事実であるとしても，成人期が衰退や喪失，機能低下一色の期間であるということは，現実問題として受け入れ難いものではなかろうか。

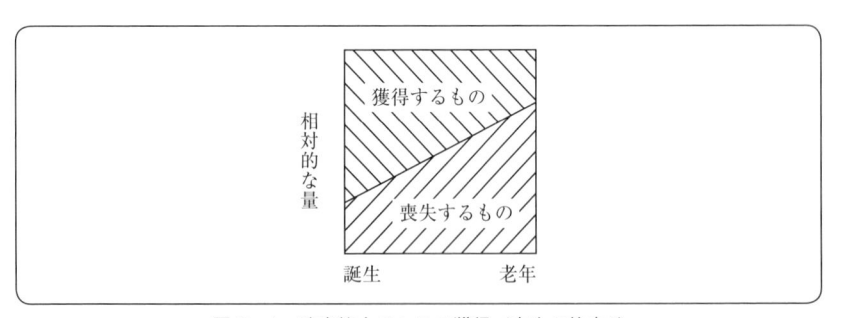

図3-1　適応能力における獲得／喪失の比率[5]

出典：Baltes, P.B.：Theoretical propositions of life-span developmental psychology： On the dynamics between growth and decline. Developmental Psychology, 1987；23；611-626.（鈴木忠訳：生涯発達の心理学　1巻　認知・知能・知恵．（東洋，柏木惠子，高橋惠子編集・監訳），新曜社，1993，p173-204.）

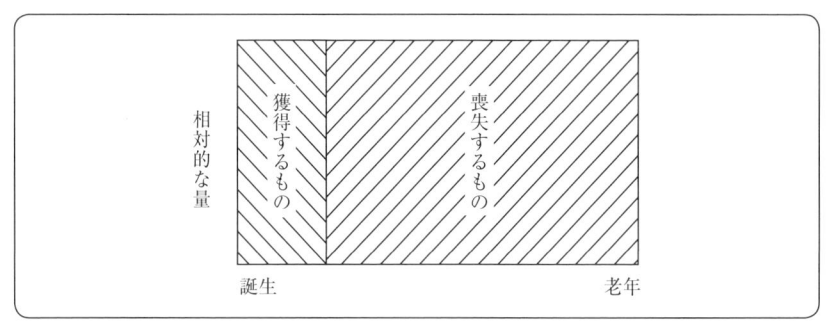

図3-2 二分法で考えた獲得と喪失

バルテス（Baltes, P. B.）[5]は，生涯にわたる適応能力の獲得と喪失の比率を図3-1のように示している。すなわち，生物学的成熟に至るまでは獲得，その後は喪失という図3-2のような二分法ではなく，生涯のどの時期にも程度の違いはあるものの獲得と喪失が認められ，各時期の適応は獲得と喪失の力動的相互関係の結果と考えられるということである。そして，獲得の過程に注目し，発達という枠組みで人間の一生を捉えようとする生涯発達の考え方を提唱している。上述し，また第5章にも詳述されているが，実際に言語性知能や人格という心理学的領域に関しては，実証的にも成人の後期まで発達が確認されている。バルテス[5]はまた，生涯発達心理学を特徴づける理論的諸観点を要約し，獲得と喪失としての発達に加えて，生涯発達，多方向性，可塑性，発達が歴史に埋め込まれていること，パラダイムとしての文脈主義，学際的研究としての発達研究という概念を提示している。

図3-3は，年齢を横軸に設定し，縦軸の機能・形態の加齢変化を単純に示したモデル図である。実線は，身体的機能の年齢変化のように，成人期に低下がみられる例を示している。破線は，言語性知能の加齢変化のように，高齢になっても必ずしも低下が顕著ではない機能の例である。点線は，一般的老化の過程を下回った低下が認められることを表現しており，典型的には要介護，要支援の状態を意味している。一点鎖線は，たとえば人格のように，質的変化も含めて生涯にわたり成熟に向けた発達的変化が生じる可能性のある側面を表している。作業的仮説ではあるが，実線と破線の間に，心身諸機能の標準的加齢

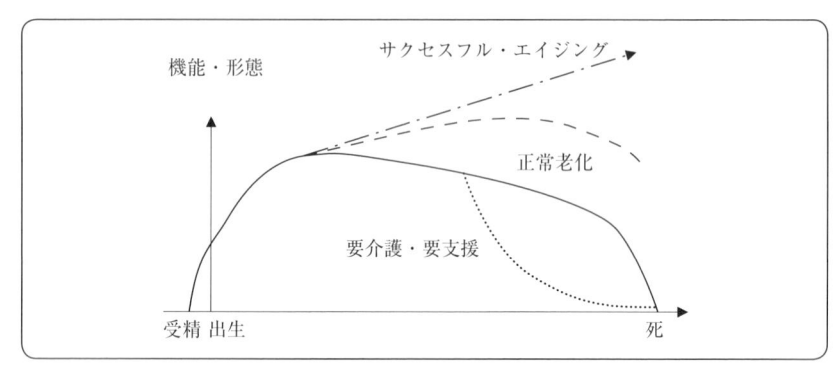

図3-3 機能・形態の加齢変化の単純なモデル図

変化過程,すなわち正常老化が,また実線より上の部分にサクセスフル・エイジングが位置づけられるかもしれない。老年学の目標の1つとしては,要介護,要支援から正常老化,サクセスフル・エイジングという方向で発達と加齢の支援法を考えることも重要といえよう。

　生涯発達に影響を及ぼす要因は,従来,発達心理学で考えられている遺伝と環境の相互作用を基盤としてはいるが,成人の発達には,社会的文脈における本人自身の主体的選択などが重要性をもつため,バルテス[6)7)]は,図3-4のように生涯発達に対する3つの影響を想定し,その強さがそれぞれ時期によって異なるという仮説を提唱している。標準年齢的影響には生物学的個体発生に由来する影響と年齢段階にほぼ対応した社会化の影響が含まれる。標準歴史的影響は,歴史および世代に関連する歴史的文脈に結びついている生物学的および環境的な影響であり,たとえば,物質的・環境的・社会的変化,戦争・経済不況のような大規模な社会的動乱,社会階層,家族構成や職業構成などの変化,疫病の大流行,育児様式の歴史的変化,その他のコホート差などである。非標準的影響は,生物学的,環境的な個人特有の生活事件の影響である。

　生涯を視点に含めた発達の理論的枠組みはこれまでにもいくつかあるが,その代表はエリクソンの説であろう。その詳細は第5章に譲るが,こうした枠組みで成人期や老年期を捉えることは有用である。しかし,心理的側面に老化による衰退や喪失が存在することは事実であるので,心理学的老化,加齢を統合

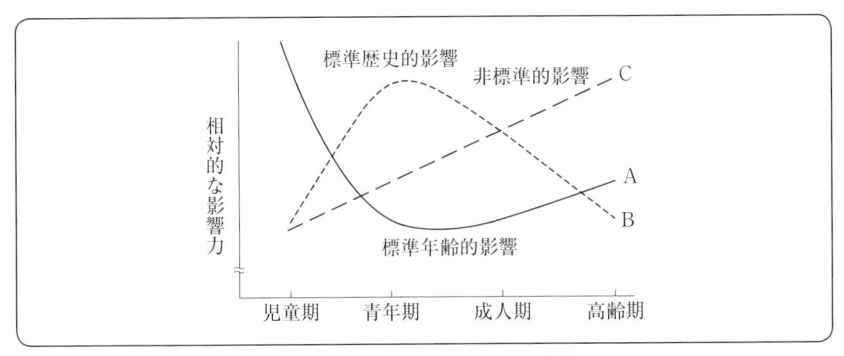

図3-4 相対的な影響力の発達的変化[6)7)]

出典：Baltes, P.B., Reese, H.W., Lipsitt, L.P.：Life - span developmental psychology. Annual Review of Psychology, 1980；31；65 - 100. 村田孝次：生涯発達心理学の課題，培風館，1989，p.50 - 59.

的かつ明確に説明するための理論的枠組みが提唱されることも望まれるのではなかろうか。

◇文　献◇

1) 長嶋紀一：老年心理学（井上勝也，長嶋紀一編），朝倉書店，1990，p15 - 32.
2) 権藤恭之：老年心理学（下仲順子編），培風館，2002，p48 - 49.
3) Hartley, A.：Changing Role of the Speed of Processing Construct in the Cognitive Psychology of Human Aging. In：J. E. Birren & K.W. Schaie (Eds.), Handbook of the Psychology of Aging. 6th Edition. Academic Press, San Diego, 2006, p.183.
4) 芳賀博：老年学入門（柴田博，芳賀博，長田久雄，古谷野亘編著），川島書店，1997，p21.
5) Baltes, P. B.：Theoretical propositions of life-span developmental psychology：On the dynamics between growth and decline. Developmental Psychology 1987；23；611 - 626.（鈴木忠訳：生涯発達の心理学　1巻　認知・知能・知恵（東洋，柏木惠子，高橋惠子編集・監訳），新曜社，1993，p173 - 204.）
6) Baltes, P. B., Reese, H. W., Lipsitt, L. P.：Life - span developmental psychology. Annual Review of Psychology 1980；31；65 - 100.
7) 村田孝次：生涯発達心理学の課題，培風館，1989，p50 - 59.

3. 老化の社会学説

（1）老化の社会的側面に対するアプローチ

　老化の社会的側面を研究する学問領域として，社会老年学（social gerontology）と老年社会学（sociology of aging）の2つがあるが，まずこれらの違いからみてみることにしよう。この2つの学問領域は，「社会」と「老年」の順序が入れ替わっているだけであり，大きな違いがないと思われるかもしれない。確かに，両者は老化の社会的側面に着目している点で共通している。しかし，そのアプローチの方法に違いがある。社会老年学には，社会学，経済学，心理学，政策学，歴史学などさまざまな人文・社会諸科学が位置づけられる。つまり，社会老年学は学際的な学問領域であり，多様な方法論によって明らかにされた知見を統合することを通じて，老化の社会的側面に対する理解を深めるとともに，それらを現実の問題解決や政策立案に応用していく学問領域といえる[1]。それに対し，老年社会学は，社会老年学を構成する学問領域の1つであるものの，そのアプローチの方法は社会学であり，社会学的な枠組みから老化を理解するとともに，そこで明らかにされたことを社会学の理論の発展・展開に役立てていこうとする領域といえる。この節では，老年社会学を中心とする老化の理論について紹介することにしたい。

　ところで，理論というと難しいと身構えてしまう人も多くいる。理論とは何か，なぜ必要かについて触れておこう[注1]。わたしたちは，日常の生活を送る中でさまざまな体験をしている。研究を例にとれば，調査や観察を通じて老化に関する個別の事実を知ることができている。しかし，これらの体験や事実は断片的・個別的なものであり，そのままではそのもつ意味や価値を理解することができない。これらの体験や事実がなぜ，どうして生じたのか，それを説明できて初めて，これらの情報が蓄積され，実践にも役立てることができるようになる。このような作業を一般化というが，理論は体験や事実がどうして生じ

たのかを説明をするために重要な役割を果たしている。

（2）理論の分類方法

理論を単に羅列しても，その理論がどのような問題関心に基づき，何を，どのように理解しようとしているのかは明確にならない。いくつかの分類軸に基づき理論を配置し，示した方が，その特徴を理解するために有効といえよう。分類のための基準として，モーガン（Morgan）らは以下の3つを示している[1]。

第1の方法は分析レベルによるものであり，個人の老化を対象とするか，集団の老化を対象とするか，それとも両方を視野に納め，両者の関係を分析しているかで分類する。個人の老化についてはミクロ理論，集団の老化に対してはマクロ理論，さらにミクロとマクロを結びつけるものはミクロ・マクロの理論とも呼ばれている。詳細は後述するが，ミクロ理論には個人の老化に焦点をあて，老化への適応にアプローチした活動理論などが位置づけられる。マクロ理論には，高齢者の社会的地位が近代化に伴って低下していくとする近代化理論などが含まれる。離脱理論は，社会のシステムを維持するという視点から，社会が高齢者の離脱を促し，高齢者もそれに呼応して社会から離脱するという理論であり，個人と社会との関係に焦点をあてているということで，マクロ・ミクロ理論として位置づけられる。

第2の方法は，ヘンドリックス（Hendricks）[2]が，理論の進化・発展に対応させて世代という概念を導入し，整理するという方法である。それによれば，老化の社会学には3つの世代があり，第1世代は個人の適応に着目した理論，第2世代の理論は構造的なプロセスや社会組織に着目したもの，第3の世代は第1世代の個人と第2世代の構造を合成したもの，として位置づけられている。この世代の特徴としては，構造をよりダイナミックで政治的に認識すると同時に，人々を社会状況やかれら自身の生活を組み立てている意図的な主体としてみている点にある。

第3の方法は，理論の土台となっている社会学理論に基づき分類するというものである。老年社会学が社会学的な枠組みや見方から老化の社会的側面を解

明し，理解する領域であることから，いうまでもなくそこには社会学的な理論が適用されている。

以下では，対象とする分析のレベルに焦点をあてて理論を分類しつつも，その発展・展開の過程や土台となっている社会学の理論を意識しながら理論を紹介してみよう。

（3）理　　論

1）ミクロ理論

米国における老年社会学の初期の研究において，キーポイントであった概念は老化に伴う役割喪失に対する「個人の適応」であり，個人レベルの特性との関連で適応のダイナミズムを解明しようというものであった。個人のレベルに着目するミクロ理論として最初に提示されたのが活動理論であった。また，その流れを汲みつつも独自に発展した理論としては継続性理論が位置づけられる。

a. **活動理論**（activity theory）　アッチェリー（Atchley）ら[3]は，ハビガースト（Havighust）とロソー（Rosow）を引用しながら，この理論を要領よくまとめている。これによれば，①病弱や障害による制約がないならば，高齢者は中年と同じ心理的・社会的ニーズをもっている，②老化とともに起こる社会的相互作用の減少は，社会の側が高齢者を避けた結果であり，多くの高齢者はこのような離脱を望んでいない，③それゆえ，活動理論によれば，好ましく老いている人は活動を維持し，社会生活の縮小に抵抗する，④好ましく老いている人はまた，可能な限り中年期の活動を維持する，あるいは断念せざるを得ない活動については代替を見出す，としている。この理論においては，好ましく老いている人か否かを判断する物差しが必要となるが，モラールや生活満足度というサクセスフル・エイジングの測定指標は，この物差しとして用いられてきた。

実は，活動理論は相互作用論の枠組みが土台にあるといわれているものの，活動がなぜ生活満足度などサクセスフル・エイジングの指標の向上に関係す

3. 老化の社会学説　47

るのか，そのプロセスを明確に示した研究はほとんどない。理論枠組みを示した研究は 1972 年のレモン（Lemon）らによるものに限られている[注2]。

　実証研究では活動性が高く健康な人は，活動性が低く，病弱な人と比較して生活満足度やモラールが高いことが明らかにされているものの，活動をフォーマル，インフォーマル，単独という活動に分類した場合，インフォーマルな活動のみが満足度に有意な効果があること，活動的であることへの価値は生活経験，性格，経済や社会的な資源によってさまざまであること，老化に伴う活動レベルの低下の一部は高齢者の自発的な選択によっていること等，活動理論に相反する知見も少なくない。この活動理論の思想的な背景には，活動性に高い価値を置く，アメリカ中産階級に支配的な価値があるとする指摘があることから[6]，この理論が適用できる範囲が限定的であることが示唆されている。

b. 継続性理論（continuity theory）　　この理論は当初，パーソナリティが成人期においては安定しているという理由から，後述する離脱理論を批判するために，活動理論の研究者によって提唱された理論である[5]。現在において，継続性理論として紹介されているのはアッチェリーによるものであり，その問題意識は，健康，機能，あるいは社会環境の各側面の広範囲にわたる変化にもかかわらず，高齢者の多くが，思考，活動あるいは社会関係のパターンにおいてかなり安定しているという，彼自身の研究を含む観察結果から導き出されたものである。この理論の中心は，老化に伴う変化に適応することを可能にする思考の枠組みや行動のパターンを，高齢者がライフコースの中で開発するという点にある[7]。この理論は，アッチェリーによれば初期の継続性理論とは大きな相違があるとしている。すなわち，活動理論からくる継続性理論の基本は平衡にあり，喪失した活動や関係についてはそれと同等のもので代替されるということにある。それに対し，アッチェリーの継続性理論は進化（evolution）を仮定しており，進化によって，混乱や不安定な状態を起こすことなく，自分の経験の中に老化に伴う変化を統合させることができるとしている。アッチェリーの理論は，成人期における継続的な発達という

視点を提供しているフィードバックシステム理論に依拠している。

2）マクロ理論

マクロ理論はヘンドリックスの世代論によれば第2世代といわれる理論であり，社会構造の変化が老化過程にどのような影響をもたらすかを強調することで，個人の適応にあまりにも大きい比重が置かれていた老年社会学の理論への批判を含んでいた。ここでは，年齢層化理論と近代化理論の2つを紹介することにする。離脱理論については，世代論という視点に立つならば提唱された時期を重視することになるため，個人に着目したミクロ理論として位置づけられることになる。しかし，離脱理論の理論的な特徴は個人レベルよりも社会構造をも視野におさめた点にあることから，本稿ではマクロ理論に位置づけ紹介することとしたい注3)。

a. **離脱理論**（disengagement theory）　　この理論が提唱された背景には，人々が活動を維持し，活動に関与し続けることによってのみ高齢期における適応や満足，幸せが達成できるという「老化に関する黙示的な理論（an implicit theory of aging）」（いわゆる活動理論のことであり，この理論は明確な理論的な根拠を示していない）に対する批判がある。離脱理論の提唱は，老年社会学にとって重要な節目であり，政策，実践的な意図とは異なる，最初の総括的で，明確で，かつ学際的な理論であるとされている[8]。この理論の提唱者はカミング（Cumming）とヘンリー（Henry）[9]であり，彼らの提案は次のように要約することができる[10]。老化についてはそれが経験される社会システムの特徴から離れて理解することはできない。すべての社会は，社会秩序を維持するために力を高齢から若い人に移転するための方法を必要とする。すなわち社会システムは，高齢者を社会から離脱させたり，分離させたりするメカニズムを制度化することによって，老化の問題に対処する。高齢者の側でも活動のレベルを低下させるため，より受動的な役割を模索したり，他者との接触を少なくしたり，内的な世界に没頭するようになる。つまり，職業や親といった役割の喪失に対して離脱という適応行動をとることで，高齢者自身も自己の価値の感覚を維持することが可能となる。以上のように高齢者の離脱は社

会にとっても高齢者にとってもよい結果をもたらすという命題を引き出している。

この理論の特徴は以下の2点にある。第1は，この理論が提唱される以前の理論（活動理論）は個人に焦点をあてていたのに対し，個人と社会の関係に焦点をシフトさせた点にある[10]。このことからミクロとマクロの橋渡しの理論として位置づけることも可能である。第2の特徴は，理論枠組みが明確であり，個人と社会システムはそれぞれ均衡状態にあることを求めて適応するという機能主義といわれる古典的な社会学の枠組みを導入している点にある[12]。

離脱理論の妥当性については，特に高齢者の側が社会のニーズに呼応して自ら離脱するか否かを中心に検討がなされた。すなわち，離脱がすべての高齢者に対して起こるのか，離脱が高齢者にとって幸福であるのか，あるいは生物的要因よりも社会的要因によって起こるのか，また，どのような社会，また時代でも起こるのかという問いに基づき，特に活動理論の立場に立つ研究者との間で論争が展開され，そのなかでこの理論と矛盾する知見も数多く集積された[11]。先に紹介した活動理論とこの離脱理論のいずれが妥当性が高いかについては，現在においてはいずれに与するものでなく，「老化過程は種々の変数によって規定されているのだから，そのパターンは多様である」といった常識的な帰結となっている[6]。

b. 近代化理論（modernization theory）　離脱理論は，高齢者の離脱の要因を機能主義の立場から社会秩序の維持という規範に求めている点に特徴がある[注4]。そのため，離脱の形式は文化的に異なる様相を呈するものの，どのような社会でも最終的に高齢者全員が離脱することになる。それに対し，近代化理論は社会の発展段階という構造的な側面に着目しており，高齢者の地位をそれと関係づけて評価している[10]。

従来から，社会経済の発展の理論として近代化理論は存在していたが，発展の過程を高齢者の地位と関係させた最初のものはバージェス（Burgess）の1960年の論文[12]であった。それは，産業革命によってもたらされた変化は，

高齢者にマイナスの結果をもたらすというものであった。近代化は産業化と都市化で示されるが，産業化という点では，仕事が自宅から工場へ移動するに伴い，自営業が減少する，その結果として高齢者は経済的な自立性を失い，退職を余儀なくさせられることになる。都市化は若年者を農村から都市へと引き出し，結果として拡大家族が崩壊し，高齢者が孤立させられることになる。ただし，この理論は構造主義の視点だけでなく，離脱理論と共通して機能主義の視点や規範的な視点をも併せもっている。すなわち，この理論は，社会システムの維持に貢献するという視点から社会的地位に価値を置いており，都市化や産業化が高齢者から社会的地位を奪うとみているのである[13]。

コーギル（Cowgill）とホームズ（Holmes）[14]は，この理論を無文字社会から近代社会にまで拡大した分析を行っている。さらに，コーギル[15]は，近代化に関連した社会の顕著な4つの変動，すなわち健康技術，経済技術，都市化，大衆教育が高齢者の地位の変化をどのように促すか，そのプロセスを詳細に記述している。歴史的・比較文化的な研究では，近代化以前の社会においても高齢者の処遇に大きな違いがあり，近代化よりも文化による差の方が大きいことを示唆する研究知見が得られており[11]，この理論の有効性については疑問も少なくない。

c. **年齢層化理論**（age stratification theory）　年齢層化の理論は，先に示した近代化理論よりも老化の研究者に大きなインパクトを与えた[13]。カイン（Cain）が1960年前後に発表した論文にこのアプローチが予見されてはいるものの，この理論についてはリレー（Riley）らによって1970年以降に確立されたとみてよいであろう[13]。この理論では，社会経済階級，性，人種と同じように年齢によって人々を層化することが理論的・実践的に有効であると提案している。つまり，分析に際して中心となるのが年齢コホートであり，それは同じ時期に出生し，同じ生活経験を共有している人たちであると定義されている。そして，人々の老化過程というのは，各年齢コホートによるライフコースパターンの変化と各年齢コホートが経験する社会構造の変化という2つのダイナミズムの相互作用が影響しているとしている。

年齢コホート間の違いについては，今の高齢者と以前の高齢者とでは，教育水準，家族歴，就業歴，健康習慣，生活水準，退職の時期あるいは生命予後が大きく異なることが明らかにされてきた[11]。しかし，社会構造については，当初のリレーのモデルでは年齢層化の要素としてその変化も位置づけられていたものの，これを分析の枠組みに位置づけた研究はほとんどない。この理由の1つは，社会構造の概念が広く，多義的であるという点に求めることができる[11]。

この理論については，①社会構造に着目しているにもかかわらず，その影響やそれが何によってコントロールされているかについては十分に解明がなされていない，②分析単位を社会構造においているため，高齢者自身が意思のある主体として現実をどのようにみているかという点を無視している，③年齢コホート内の多様性に対して十分な認識をもっていない，などの批判が出されている[16]。

3) マクロとミクロをリンクする理論

ヘンドリックスによる世代論では，第1世代として個人に着目した理論が，次いで第2世代として社会構造に着目した理論が，直近の第3世代として個人と社会構造の両者に着目した理論が位置づけられている。第3世代の特徴は，第1世代と第2世代の両方を視野におさめただけではない，個人を単に受身の存在としてとらえるのではなく，社会制度や彼ら自身の生活を創造することができる能動的な主体として位置づけていることにある。さらに，一般的・普遍的な理論を仮定するよりも，老化の多面的な側面に注意を払い，領域や状況依存的な理論が可能な概念を提供しようとしている。この世代の理論としては，たとえば，政治経済理論が位置づけられている。

政治経済理論（political economy theories）は，最初，エステス（Estes），オルソン（Olson），カダーニョ（Quadagno）らによって，1970年代後半から1980年代前半の時期に提唱され，1990年代までには老化の主要な理論として認知されるようになった[17]。この理論は，高齢者や社会の老化が，より大きな社会秩序と切り離しては理解できないという観点から，一国や国際経済，国家の役

割，労働市場，階級・性・人種，あるいは年齢による区分などと関連づけながら，高齢者の地位，資源，健康そして老化過程を把握することを狙いとしている。年齢層化理論では，社会構造に着目しているにもかかわらず，社会構造の影響やそれが何によってコントロールされているかについて十分に解明されていないが，この理論はその点に真正面からアプローチしようとしている。

　政治経済理論は，方法論的にはウェーバー，マルクス，フェミニスト，クリティカルという古典的あるいは現在的な理論などを利用する学際的な取り組みといえる。加えて，社会学，経済学，政治学，疫学なども包括的な理論や分析枠組みを組み立てる学問分野として利用している。分析レベルもマクロとミクロの両方を視野に納め，さらにラベリングや構成主義の理論も活用している。このモデルを構成する重要な要素には，①ライフコースを通じ，性，社会階級，人種などによる不平等や抑圧が連動して発生するシステム，②高齢者施策や福祉国家を形成する各種の思想的・構造的利害を明らかにすることを狙いとしたマルチレベルの分析枠組み，がある。分析枠組みも，①地球的規模の金融，脱工業化資本，②国家，③ジェンダーシステム，④高齢化事業体（aging enterprise）と医療産業複合体，⑤市民，の5つのレベルがあると考えられている[注5]。

（4）おわりに

　単に理論を知っているだけでは，理論の妥当性を検証し，その進化・発展に貢献することにはならない。他方，理論を意識せずに，個別の結果や経験のみを蓄積させてもそれは一般化には貢献せず，実践にもそれほど役に立たない。このテキストを読む人は，これから老年学に取り組もうとする人が多いのではないか。本書で紹介したのは，社会学的な理論を適用しつつも，老年社会学領域で独自に理論化されたものを中心に紹介している。しかし，社会交換理論，ストレス・コーピング理論など，高齢者や老化以外の対象にも適用できる理論については紹介しなかった。福祉や保健の実践あるいは老年学の研究に取り組もうとする際には，どのような理論や枠組みを適用・応用することによって自分の経験を説明できるか，その点を意識した研究を心がけてほしい。

■注:

注1) Markson の論文を参考に記述した。

注2) Lemon らによる理論は，古谷野の論文[5]に詳細が紹介されている。

注3) 離脱理論については，個人レベルと社会レベルの両方を視野におさめていることから，ミクロ・マクロ理論に位置づけている研究者もいる。

注4) 高齢者の社会生活からの離脱の要因については，離脱理論のようにシステムのニーズや社会と高齢者の相互合意に求める枠組みも示されている。たとえば交換理論の視点から，離脱については社会参加の費用・利益モデルに基づき高齢者と社会の他のメンバーとの不平等な交換過程の結果であるとする枠組みも示されている[11]。

注5) この記述は，Estes CL の論文[17]を参考にした。

◇文　献◇

1) Morgan L., Kunkel S.: Aging: The social context 2nd ed. Fie Forge Press, Thousand Oaks, CA, 2001.

2) Hendricks J.: Generation and the generation of theory in social gerontology. International Journal of Aging and Human development 1992; 35 (1); 31-47.

3) Atchley R.C., Barusch A.S.: Social forces and aging: An introduction to social gerontology. Wadsworth/Thomson Leaning, Belmont, CA, 2004.

4) Lemon B.W., Bengtson V.L., Peterson J.A.: An explanation of the activity theory of aging: Activity types and life satisfaction among in movers to a retirement community. Journal of Gerontology 1972; 27 (4); 511-523.

5) 古谷野亘．リクセスフル・エイジング．新社会老年学：シニアライフのゆくえ（古谷野亘，安藤敏孝編著），ワールドプランニング，2003, p141-163.

6) 袖井孝子：社会老年学の理論と定年退職．老年社会学Ⅰ　老年世代論（副田義也編），垣内出版，1981, p102-140.

7) Atchley R.C.: A continuity theory of normal aging. The Gerontologist 1989; 29 (2); 183-190.

8) Achenbaum W.A., Bengtson V.C.: Re-engaging the disengagement theory of aging: Or the history and assessment of theory development in gerontology. The

Gerontologist 1994 ; 34 ; 756-763.
9) Cumming E. Henry W.: Growing old : The process of disengagement. Basic Books, New York, 1961.
10) Lynott R. J., Lynott P.P.: Tracing the course of theoretical development in the sociology of aging. The Gerontologist 1996 ; 36 ; 749-760.
11) Quadagno J. S.: Aging and the life course : An introduction to social gerontology 2nd ed. McGraw-Hill, New York, 2002.
12) Burgess E.: Aging in Western societies. University Chicago Press, Chicago, IL, 1960.
13) Marshall V.W.: The state of theory in aging and the social science. In : Handbook of aging and the social sciences 4th ed. Binstock R.H., George L.K. (Eds.), Academic Press, San Diego, CA, 1996, p12-30.
14) Cowgill D., Holmes L.: Aging and modernization. Appleton-Century-Crofts, New York, 1972.
15) Cowgill D.: The aging of populations and societies. Annuals of the American Academy of Political and Social Sciences 1974 ; 415 (29) ; 1-18.
16) Bengtson V.L., Burgess E.O., Parrott T.M.: Theory, explanation, and a third generation of theoretical development in social gerontology. Journal of Gerontology 1997 ; 52B (2) ; S72-88.
17) Estes C.L.: Political economy of health and aging. In : The encyclopedia of aging Third Ed. Vol. II, Maddox GL (Ed. in Chief), Springer Publishing Company, New York, NY, 2001, p807-808.

4. サクセスフル・エイジング

(1) はじめに

サクセスフル・エイジング (successful aging) は老年期において、実り多い満足すべき人生を送り天寿をまっとうするという意味の用語である。しかし、まだ日本語訳は存在しない。その理由は、欧米において、サクセスフル・エイジングの概念が時代と共に大きく変化してきているからである。

また、サクセスフル・エイジングという用語を用いない研究や論争において、実質的にはサクセスフル・エイジングを扱っている場合もある。

本論では、これまで老年学を専門としてこなかった方々にも理解しやすいように、欧米における実り多い満足すべき人生に関する概念の移り変わりを紹介したい。さらに、わが国における"生きがい"概念との類似点や差異についても説明する。最後に、21世紀におけるサクセスフル・エイジング概念のあり方について論及する。

(2) 活動理論 (active theory) と離脱理論 (disengagement theory)

サクセスフル・エイジングの問題を扱うとき、どうしても踏まえておかなければならないのは、1960～70年代にかけての活動理論と離脱理論の論争である。この問題の詳しいレビューは他の優れたモノグラフに譲ることとし[1]、ここでは論点のみを整理しておく。活動理論は要約すれば、壮年期の社会的活動のレベルをそのまま維持することを幸福に老いるための条件とする考え方である。古谷野の指摘するように[1]、この理論は、アメリカの中産階級的確信に基づくもので、多くの支持を集めてきたが、レモン (Lemon) らの研究[2]以外には体系的に述べられたものはない。

Lemonら[2]によれば、加齢による社会生活の変化は社会的地位と役割に表われる。職業生活からの引退などにより、地位・役割の喪失は一般的であるが、

その喪失が少ないか，あるいは新たな役割が得られるならば，他者との関係（活動）を維持することが可能である。人間関係を維持できれば，他者からの肯定的評価を得ることができる。その肯定的な評価を内面化することができれば自我はより肯定的となる。自我が肯定的になれば，生活満足度が大きくなるとする考え方である。社会活動（関係）と主観的幸福感の関係を探究する多くの研究がこの後出されているが，それへの理論的根拠を与えたのが，このLemonらの論文[2]である。

一方の離脱理論は，カミング（Cumming）とヘンリー（Henry）[3]によれば，老化とは，人々が社会を構成している他者との人間関係が不可避的に減っていく撤退と離脱のプロセスと考える。具体的な役割への志向が減り，情緒も乏しくなるといった人格の加齢変化もあり，高齢の社会からの離脱は，いずれの文化をもつ社会にもみられる普遍的現象であるとする理論である。

古谷野[1]は，離脱理論は活動理論よりはるかに体系的だとしつつも，活動理論の公準である，高齢期においても社会的活動が主観的幸福感を高めることを否定した実証研究がきわめて乏しいことを指摘している。さらに，離脱理論の提出した重大な命題である「高齢者を排除する社会系のメカニズム」や離脱理論の普遍性などの検証のないまま，いわば不毛のままに活動理論と離脱理論の論争は終息したことを指摘している。

離脱理論に対する反証として，成人期から老年期にかけてのパーソナリティの安定性・連続性を示す一連の研究があり，これは継続性理論（continuity theory）と呼ばれることがある[1]。一方，Atchery[4]は，職業からの引退にともなう生活の変化に対して，人々は引退前とまったく異なる対処行動をとるのではなく，引退前の行動パターンや生活との連続性・継続性を維持しようとする。一般には，継続を維持していく方が望ましいとされている。この考え方も継続理論と呼ばれるので注意を要する。

以上述べたような活動理論と離脱理論は，現在では，直接的論争という形での展開はない。しかし，サクセスフル・エイジングを考える上で，多くの人々は無意識的にせよ2つの理論のいずれか，あるいはその中間に立脚しているこ

とは疑いようがない。

（3）サクセスフル・エイジングの概念の変遷

この用語が論文に初めて登場したのは1950年であるが、この後しばらく、厳密な定義のないままこの用語は用いられていた。しかし、1987年ロー（Rowe）とカーン（Kahn）[5]は、サクセスフル・エイジングは通常のエイジングと比較して、疾病による心身の老化の程度が低いことと定義している。そのための手立てとして医学、社会学、心理学、また、自律と社会支援などの学際的要因をあげている。

さらに、RoweとKahnは、1997年にサクセスフル・エイジングの概念を発展させ、1998年にはそれをモノグラフにまとめている[6]。これによれば、サクセスフル・エイジングの構成要素として、① avoiding diseases　② maintaining high cognition and physical function　③ engagement with life をあげている。①は日本語でいう老人病の予防ということになり、長寿と関連する。②は認知症や寝たきりにならずに高い生活機能を維持するということになる。③は日本語でいうと社会参画ということになろう。これは1987年の定義に新たに付け加えられたものである。この中にはインフォーマルな社会参加もふくまれ、また就労などの社会貢献も含まれる。

しかし、RoweとKahnの提唱したサクセスフル・エイジングの概念には、生活の質（quality of life；QOL）の必須の構成要素である主観的幸福感が入っていない。すなわち、目的変数（従属変数）が欠落した、説明変数（独立変数）のみのモデルということになる。サクセスフル・エイジングの目的変数が主観的幸福感であった歴史的プロセスを無視した形となっている。

したがって、クローサー（Crowther）ら[7]が、RoweとKahnのモデル（1998）に、positive spirituality を加えて、モデルを修正することを提唱したのは、老年学の流れからみて当然のことといえよう。しかし、主観的幸福感（subjective well-being）ではなく、あえて spirituality という用語を用いる場合、宗教的色彩を含んでおり、日本人をはじめ、無条件に受け入れることのできない民族が

存在するのである。サクセスフル・エイジングにおいて spirituality をどのように扱っていくか，世界的に大きな議論の的となっていくであろう。

　最近，サクセスフル・エイジング論の1つとしてジェロトランセンデンス理論（gerotranscendence theory）が登場してきている。この用語は，老いの超克というべきものであるが，自然や社会と調和しつつ従容として老いを受け入れる考え方である。わが国ではあまり知られておらず，中嶌と小田の優れたレビュー論文を一読されたい[8]。この理論は離脱理論をベースとしているが，離脱理論が社会的引きこもりと結びついているのに対しジェロトランセンデンスは，データによると社会活動と明確に正の相関関係のあることを示している。不毛に終わってしまった活動理論と離脱理論の論争を再燃させ両者の矛盾を止揚することを試みる第三者の理論のようにもみえる。ともあれ，中嶌と小田が指摘するように，わが国における適合性に関してほとんど実証データがなく，今後の若き研究者にとって刺激的なテーマであることは疑えない。

（4）サクセスフル・エイジングの今日的概念

　筆者は，これまでの老年学の歴史を振り返ってみて，サクセスフル・エイジングの構成要素は表3-1のようになるべきであると考えている[9][10]。この中の①長寿は，Rowe と Kahn のモデル（1998）に包含されるであろう。②の生活の質はロートン（Lawton）(1991) のものに従って考えてみた（表3-2）。これには主観的幸福感も構成要素として入っている。③社会貢献に関しては，筆者はその重要性をかなり前から主張してきた[9][10][11]。しかし，サクセスフル・エイジングの構成要素となる（Rowe と Kahn, 1997）にかなり時間がかかった。社会貢献（productivity）には表3-3に示すように，有償労働が入っており，

表3-1　サクセスフル・エイジングの条件

---
①長寿
②高い生活の質
③高い Productivity（社会貢献）

出典：柴田博：中高年健康常識を疑う，講談社メチエ，東京，2003.

これが,旧約聖書の影響を受けている欧米の文化に無条件には受け入れられなかったものと筆者は考えている[9)][10)]。ともあれ,2002年,160ヶ国,4,000名の代表を集めてスペインのマドリードで行われた第2回世界高齢化会議において「高齢者を社会資源として活用すべきである」という政治宣言が採択された。しかも,社会貢献をしている高齢者の寿命が延び,生活の質が向上することが次々に明らかにされている[9)][10)]。社会貢献をサクセスフル・エイジングの構成要素とすることは大方のコンセンサスを得ることであろう。

表3-2 生活の質 (QOL) の概念枠組み

①生活機能や行為・行動の健全性
　(ADL,手段的ADL,社会的活動など)
②生活の質への認知
　(主観的健康観,認知力,性機能など)
③生活環境
　(人的・社会的環境,都市工学,住居などの物的環境)
④主観的幸福感
　(生活満足度,抑うつ状態など)

出典:Lawton MP:A multidimensional view point of quality of life in frail elders, In Birren JE, Lubben JE, Rowe JC, Deutchman DE eds:The Concept and Measurement of Quality of Life in the Frail Elderly, Academic Press, Inc, San Diego, 1991, p4-27

表3-3 社会貢献 (Productivity) の概念枠組み

1. 有償労働 (自営や専門的仕事)
2. 無償労働 (家庭菜園,家政など)
3. ボランティア活動
4. 相互扶助
5. 保健行動 (Self-care)

出典:Kahn RN:Productive behavior:Asessment, determinations and effects, Journal of American Geriatric Society 31:750-757, 1983.

わが国には,生きがいという独自の用語がある。これは,図3-5に示すように,生活の質に社会的役割意識やその達成感が加わったものと考えるべきで

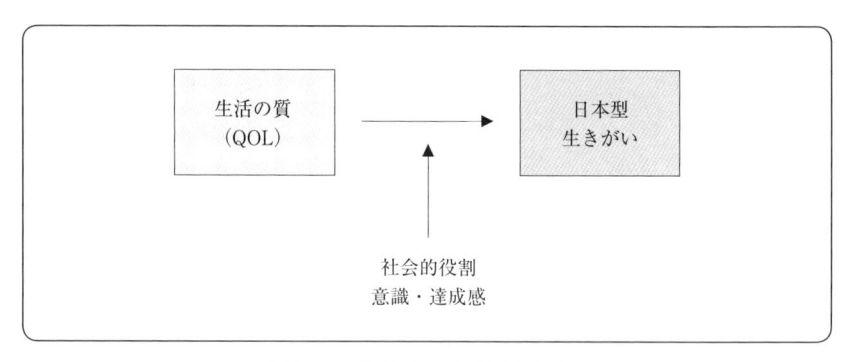

```
┌─────────────────────────────────────────────────┐
│                                                 │
│   ┌──────────┐              ┌──────────┐        │
│   │ 生活の質 │ ───────────▶│ 日本型   │        │
│   │ (QOL)    │              │ 生きがい │        │
│   └──────────┘              └──────────┘        │
│                      ▲                          │
│                      │                          │
│                 社会的役割                      │
│                意識・達成感                     │
│                                                 │
└─────────────────────────────────────────────────┘
```

図3-5　生活の質と日本型生きがい

あろう。そういう意味では，表3-1の構成要素に基づくサクセスフル・エイジングの概念とかなり近似のものと考えてよいであろう[9)][10)]。

◇文　献◇

1) 古谷野亘：サクセスフル・エイジング，幸福な老いの研究（古谷野亘，安藤孝編），新社会老年学，ワールドプランニング，東京，2003，p141-152.
2) Lemon BW, Bengtson VL, Peterson JA：An exploration of the activity theory of aging, Journal of Gerontology 1972, 27：511-523.
3) Cumming E, Henry WE：Growing Old, The Process of Disengagement. Basic Books, New York, 1961.
4) Atchery RC：A continuity theory of normal aging. The Gerontologist 1989, 29：183-190.
5) Rowe JW, Kahn RL：Human aging：Usual and successful. Science 1987, 237：143-149.
6) Rowe JW, Kahn RL：Successful Aging, A Dell Trade Paperback, New York, 1998.
7) Crowther MR, Perker MW, Achenbaum WA et al：Rowe and Kahn's model of successful aging revisited：positive spirituality-The forgotten factor, The Gerontologist 2002, 2：613-620.
8) 中嶌康之，小田勝利：サクセスフル・エイジングのもう1つの観点—ジェロトラセンデンス理論の考察—．神戸大学発達科学部研究紀要2001, 8 (2)：255-269.

9) 柴田博：中高年健康常識を疑う，講談社メチエ，東京，2003.
10) 柴田博：生涯現役スーパー老人の秘密，技術評論社，東京，2006.
11) Shibata H, Suzuki T, Shimonaka Y eds：Longitudinal Interdisciplinary Study on Aging, Serdi Publisher, Paris, 1997.

5. 死生学

(1) 死生学とは

「人間の死亡率は100%」…これは誰が最初に公表したのかは不明であるが，死生学に携わる研究者がしばしば言及する「統計」である。人として生まれた以上，何人たりとも死は避けられない。この普遍性と不可避性を持つ「死」を研究する学問が「死生学」である。

「死生学」とは thanatology の訳語であり，「死学」，「生死学」と訳されることもある。そもそも thanatology とはギリシャ語の「死 (thanatos)」に「○○学」を表す接尾辞「-logy」をつけた造語であり，「死や死に逝く過程に関する研究，特にその心理的・社会的側面の研究」[1] を指している。広義には医学をはじめ哲学や心理学，文化人類学，社会学といった様々な分野における研究を含むものであり，各分野の知見をもとに近年では学校の授業や成人向けの講座で「死生学」や「死への準備教育」を行うところも増えている。

(2) 自己の死

ジャンケレヴィッチ (Jankélévitch)[2] はその著書の中で，第一人称，第二人称，第三人称と，死の人称態を区別して論じている。第一人称の死とは自己の死，第二人称の死とは親しい他者の死，第三人称の死とは「死一般，抽象的で無名の死」を指す。これらは事象としてはどれも「死」であるが，その主観的な意味や問題の焦点は全く異なる。

現代社会では明らかに死は高齢世代に偏在しており，特に老年期の人々にとって死の主題は重要な位置を占めるといえる。若い世代の人では，自己の死＝恐怖（不安）の対象，という図式がまず思い浮かぶかもしれない。しかし，確かに高齢者は死ぬ過程の身体的苦痛や近親者との別離などへの不安は感じているものの，若い年代の人よりも死に対する恐怖が少ないことがいくつかの研

究で報告されている。さらに，筆者らの研究（国立長寿医療センター研究所・老化に関する長期縦断疫学研究，NILS-LSA）においては，単に加齢に伴い死の捉え方が変化するのではなく，自我発達が死に対する恐怖の低さや，死と生の両方に対する肯定的な態度と関連することが解明されている。死と生を対立するものとして捉えている人には意外かもしれないが，死への恐怖と死の受容は一次元の両極をなすというわけではないのだ。人生の中で自己の可能性を最大限に活かす努力をし，自分の生きた証（功績，作品，子孫，思い出など）を残し，自分の人生に満足する人は，人生全体に対して肯定的でありつつも，死を自分の人生の中に位置付けることができるのであろう。

（3）死への直面

上記の知見は，その多くが各種の講座や調査に参加可能であった（概ね）健常な高齢者から得られたものであるが，では死期が近いことがわかった場合に人はどのように反応するのであろうか。老年期のみに注目した研究ではないが，キューブラー・ロス（Kübler-Ross）は死に瀕した患者200人以上に面接を行い，死に直面した際の防衛メカニズムの段階をまとめている[3]。それによると，①不治の病であることを知り「そんなはずはない」と事実を否認する「否認と孤立」の段階，②「どうして私なのか」と怒り・妬みなどの感情が生じ，それを家族や医療スタッフ，神などへ向ける「怒り」の段階，③「少しでも延命してもらえるなら人生を神に捧げる」など，主に神を相手とした「取り引き」の段階，④健康な身体，財産，夢，仕事などの喪失や，この世との永遠の別れに由来する「抑鬱」の段階，⑤痛みが消え，平安の中である程度の期待をもって最期が近づくのを静観する「受容」の段階，と死の過程は進行していく。各段階の継続する期間はさまざまで，順序の変動や複数の段階の同時出現もあるが，多くの患者は周囲からの助けがなくても最終的な受容に到達するとされている。

キューブラー・ロスは受容を諦念や絶望とは異なるが「周囲に対する関心が薄れ，感情がほとんど欠落した状態」としており，心身ともに静止へと向かう

段階とみなせる。これに対して柏木[4]はホスピスで末期の患者に長年接してきた経験から、死を受容して死亡した人には人生に対する積極的な感じや、医療スタッフとの間で人間的な連続性が感じられるとしているなど、キューブラー・ロスのモデルには異論もある。

なお、一般的に自らの死を突きつけられることは非常に大きな衝撃である一方で、自ら死を求める人もいる。警察庁の統計[5]によると、2005年の1年間に1万人以上の高齢者（60歳以上）が自殺により死亡している。これは全自殺者の約1/3にものぼり、早急な対策が必要と考えられる。

(4) 死別後の悲嘆

多くの場合、人は自己の死を迎える前に、家族や友人など数々の身近な他者の死、すなわち第二人称の死に遭遇する。身近な他者との死別後、一般的に①ショックを受け、あの人が死ぬはずがない、という否認の気持ちを抱く状態から、②故人・自分・周囲の人などに対して怒りを感じる状態、③自分がしたこと・しなかったことについて自責の念を抱く状態、④憂うつな気分・睡眠障害・食欲低下・興味の低下などのうつ状態を経て、やがて⑤受容、⑥新しい希望へ、という過程を辿るとされている[4]。この一連の過程をうまく切り抜けられるか否かはさまざまな要因によって影響されるが、故人が高齢の場合や安らかに亡くなった場合、故人の死の前に介護をした場合、死が近いことがわかっていた場合、（家族を含めた）周囲の人からのサポートがあった場合などに、遺族の悲嘆からの立ち直りの状態がよいとされている。

また、死別の悲嘆には故人との続柄による差異も存在しており、一般的にきょうだいとの死別は一時的な衝撃になることはあっても、精神的健康や日常生活に深刻な影響を与えることはあまりないようである。しかし高齢者が生計・家事・介護などの面で依存していた配偶者や子どもと死別した場合、物理的にも心理的にも様々な問題が生じる。特に配偶者との死別は心身の健康への影響が大きく、睡眠障害、意欲・思考力の低下、食欲不振、うつ傾向などの症状がおき、統計で配偶者と死別した人は有配偶者よりも平均余命が短いことも報告さ

れている[6]。

しかしながら，身近な他者との死別体験は負の側面しか持たないわけではない。死別の悲嘆を乗り越えることにより，人格的に成長し，「他人の苦しみにより深い理解と共感を示し，時間の貴重さを認識し，以後の人生における様々な困難にもより成熟した態度で臨むことができるようになる」[7]のである。

(5) 尊 厳 死

近年，脳死や自殺，尊厳死などの第三人称の死をめぐる論争や報道などが頻繁に行われているが，特に「尊厳死」は高齢者には関心のある問題であろう。理想の最期として成人の約2/3は「突然死」を挙げるが[8]，現実には高齢者が死に至るまでに食事，排泄，入浴などに介助を必要とする「要介護状態」や寝たきり状態，あるいは認知症になることも少なくない。2002年の統計[9]によると平均寿命と健康寿命の差，すなわち「肉体的・精神的及び社会的に健全ではない状態」で生きる年数は6年以上に及ぶ。また65歳以上の要介護状態や寝たきり状態の人のうち，約半数でその期間が3年以上の長期に渡っている[10]。

「尊厳死」という考えが出てきたのは，1950～60年代にかけて急速に進歩した人工呼吸器や生命維持装置の開発により，患者が回復の見込みのないままに，ただ生かされ，その尊厳を著しく傷つけている状態が生じたことに起因する[11]。そのような状態を回避するため，日本尊厳死協会は「不治かつ末期になった場合の無意味な延命措置の拒否」，「苦痛を最大限に和らげる治療の要請」，「植物状態に陥った場合の生命維持措置の拒否」を主な内容とする「尊厳死の宣言書」（リビング・ウィル）を医師に提示し，自然な死をとげる権利を確立する運動を展開している。リビング・ウィルは現在（2006年7月）のところ法的な効力を持たないものの，家族がそれを提示した場合95.8％の医師が受容している[12]。すなわち，現在でも本人の意思を明確に示すものが提示できれば概ね死に際して本人の意思が尊重されるようである。尊厳死の法制化に向けた活動も進められており，今後ますます高齢期のQuality of Life（生命／人生／生活の質）の問題を考える際に死の問題も考慮することが重要になると思われる。

(6) おわりに

死の主題は（あるいは生の主題も）常に高い重要度で考え続けられるものではないし，むしろ常に死について考えている状態は精神的な不健康さの表れである。しかしながら，身体的な健康状態が衰えた場合においても「人生」と「死」に肯定的な意味を発見することがサクセスフルエイジングの課題であり[13]，我々はよりよく生きるために，老年期に至るまでに，折にふれ死の問題を扱うことが必要なのである。

◇文　献◇

1) The American Heritage Dictionary of the English Language. 3rd ed., Houghton Mifflin Company, Boston, 1992, p1858.
2) Jankélévitch V.: La Mort, Flammarion, Paris, 1966.（仲沢紀雄訳：死．みすず書房，1978.）
3) Kübler-Ross, E.: On Death and Dying, Simon & Shuster Inc., New York, 1969.（鈴木晶訳：死ぬ瞬間―死とその過程について―，中央公論社，2001.）
4) 柏木哲夫：死を看取る医学―ホスピスの現場から，日本放送出版協会，1997.
5) 警察庁生活安全局地域課：平成17年中における自殺の概要資料； http://www.npa.go.jp/toukei/chiiki6/20060605.pdf
6) 河野稠果：配偶関係別の死亡率と結婚の生命表について．家族心理学年報，1992；10：87-96.
7) デーケン A.：悲嘆のプロセス―残された家族へのケア―．死への準備教育 第2巻 死を看取る（デーケン A., メヂカルフレンド社編集部編），メヂカルフレンド社，1986，p255-274.
8) 小谷みどり：死に対する意識と死の恐れ．第一生命経済研究所ライフデザインレポート 2004.5, 2004；http://group.dai-ichi-life.co.jp/dlri/ldi/report/rp0405.pdf
9) 総務省統計局：世界の統計 2006 人口；http://www.stat.go.jp/data/sekai/02.htm
10) 厚生省大臣官房統計情報部：平成10年 国民生活基礎調査の概況； http://www1.mhlw.go.jp/toukei-i/h10-ktyosa/4-4_8.html

11) 新村拓：死と向い合う―医療史のなかの安楽死―. 国立歴史民俗博物館研究報告 2001；91；63-73.
12) 日本尊厳死協会：http：//www.songenshi-kyokai.com/
13) Wong P.T.P.：Meaning of life and meaning of death in successful aging. In：Death attitudes and the older adult：Theories, concepts, and applications, Tomer A.(ed), BRUNNER‐ROUTLEDGE, Philadelphia, 2000, p23-35.

第4章 高齢者の健康と生活の質

1. 高齢者の健康

(1) 高齢期の健康とは

　健康の定義は社会や個人によってさまざまであり，健康とは多様な概念といえる。世界保健機関 (World Health Organization：WHO) 憲章前文 (1946年) では「健康とは，身体的，精神的および社会的に完全に well-being (良好，安寧) な状態にあることで，単に疾病や虚弱でないということではない」と定義し，さらに「及ぶ限りの最高の健康を享受することは，人種や宗教，政治的信条，経済的あるいは社会的状態により差別されることのない，全人類の基本的人権の一つである」としている[1]。WHOの定義は健康の理想像を示したものといえるが，具体的に健康水準を示すことはできない。また，高齢期には加齢変化を基盤として心身のさまざまな機能障害が生じやすくなり，WHOが定義する健康を達成するのは困難である。WHOの専門委員会は，1984年，機能障害が能力障害に至らない場合にはケア上の大きな問題とはならないことなどから，高齢期の健康指標としては従来の健康指標である死亡率や有病率はあまり有用でないとし，生活機能の自律と自立の重要性を指摘している[2]。自律とは心身を自分の意思でコントロールできることであり，自立とは，他者に依存することなく生活機能を発揮できることである。

さらに WHO は同 1984 年，ヘルスプロモーション委員会において，「健康は，日常生活のための一資源であり，生きる目的そのものではない」とし，ともすれば目的と捉えられがちな健康を，生活の資源とするパラダイムを提唱した[3]。このように国際的にも健康の捉え方に変化がみられるようになった背景には，医学やケア技術の進歩により疾病のコントロールが可能になってきたこと，人々の寿命が延伸してきたことも大きくかかわっている。

（2）高齢期の生活機能

高齢期の健康指標として重視される生活機能にはさまざまの要素がある。中でも Lawton が提唱した，①生命維持，②機能的健康度，③知覚―認知，④身体的自立，⑤手段的自立，⑥状況対応，⑦社会的役割という 7 つのレベル[4]がよく知られている。このうち，身体的自立は基本的日常生活動作（basic activities of daily living；BADL）に該当し，食事，更衣，整容，トイレ，入浴等の身の回り動作および移動動作に関するものである。手段的自立は手段的日常生活動作（instrumental ADL；IADL）に該当し，交通機関の利用や電話，買物，食事の準備，家事，洗濯，服薬管理，財産管理能力などのより複雑な生活関連動作をいう。これらの生活機能を評価するさまざまな尺度が開発されている。

1）基本的日常生活動作（BADL）

a. Barthel Index

リハビリテーション分野で広く使用される。食事，移乗，整容，トイレ動作，入浴，歩行，階段昇降，着替え，排便コントロール，排尿コントロールの 10 項目について，自立の程度を判定する。Shah らの修正 Barthel Index[5]（表 4-1）は，脳血管障害のリハビリテーションの効果の感度をより高めたものであり，わが国でも有用と考えられる。

b. Katz Index

入浴，更衣，移乗，食事の 4 項目について自立の有無を評価する。生活の場で BADL を評価するのに適しているが，介入による効果判定には向いていない。表 4-2 に修正版 Katz Index[6]を示す。

表4-1　修正版 Barthel Index

項　目	1	2	3	4	5
整　容	0	1	3	4	4
入　浴	0	1	3	4	5
食　事	0	2	5	8	10
トイレ動作	0	2	5	8	10
階　段	0	2	5	8	10
着脱衣	0	2	5	8	10
排　便	0	2	5	8	10
排　尿	0	2	5	8	10
車いす移乗	0	3	8	12	15
歩　行	0	3	8	12	15
車いす(歩行不能のとき)	0	1	3	4	5

1：不能
2：ほとんど全介助，介助なしは危険
3：半分は介助，見守りを要する
4：ほぼ自立
5：完全自立(遂行時間は考慮しない)

採点方法（各項目の右記の得点を合計する。100点満点）

表4-2　修正版 Katz Index

入浴	自立	浴槽からの出入り，シャワー，入浴を介助なしに行う。または身体の一部の洗浄についてのみ介助を受ける。
	依存	浴槽の出入り，シャワーで介助を受け，入浴は付き添いを必要とし，身体の2か所以上の洗浄で介助を受ける。または全面的に他者に介助され入浴する。
更衣	自立	自分で行う。または靴ひも結びのみ介助を受ける。
	依存	更衣に付き添いを必要とし，靴ひも結び以外にも介助を受ける。または全面的な介助により更衣を行う。
移乗	自立	ベッドからいすへの移乗を介助なしに行う。
	依存	介助を受けるか，ベッドから出ない。
食事	自立	自分で行う。またはパンにバターを塗る。あるいは肉を切るのに介助を受ける。
	依存	食事に付き添いを必要とし，パンにバターを塗る。あるいは肉を切る以外にも介助を受ける。または全面的に他者より食事をとらせてもらう。

c. 機能的自立度評価法（functional independence measure；FIM）[7]

　米国のKeithらにより開発された介護度の尺度で，「しているADL」を測定する。セルフケア（食事，整容，清拭，上半身の更衣，下半身の更衣，トイレ動作），排泄コントロール（排尿，排便），移乗（ベッド・いす・車いす，トイレ，浴槽・シャワー），移動（歩行・車いす，階段），コミュニケーション（理解，表出），

社会的認知(社会的交流,問題解決,記憶)に関する18項目について,7段階に評価し合計点を算出する。介入による効果など,より細かな変化を評価するのに向いている。

d. 障害老人の日常生活自立度判定基準(表4-3)[8]

地域や施設等の現場で,何らかの障害を有する高齢者の日常生活自立度を,客観的,かつ短時間に判定することを目的として旧厚生省が1991年に作成したもので,「しているADL」の指標である。自立度,要介護度を評価するのに適している。

e. 認知症高齢者の日常生活自立度判定基準(表4-4)[9]

認知症高齢者の日常生活自立度を客観的かつ短期間に判定する目的に作成されたものである。

2) 手段的日常生活動作 (instrumental ADL;IADL)

IADLは1960年代に生まれた概念で,より複雑なセルフケア機能である。IADLの指標としては,LawtonとBrodyによる尺度,Fillenbaumによる尺度などがある。わが国では,古谷野,柴田らが開発した老研式活動能力指標[10](表4-5)がよく知られている。これは,IADLのみならず,より高次の生活

表4-3 障害老人の日常生活自立度(寝たきり度)判定基準

自立度	ランク	
生活自立	J	何らかの障害等を有するが,日常生活はほぼ自立しており独力で外出する 1. 交通機関等を利用して外出する 2. 隣近所へなら外出する
準寝たきり	A	屋内での生活はおおむね自立しているが,介助なしには外出しない 1. 介助により外出し,日中はほとんどベッドから離れて生活する 2. 外出の頻度が少なく,日中も寝たきりの生活をしている
寝たきり	B	屋内での生活は何らかの介助を要し,日中もベッド上での生活が主体であるが座位を保つ 1. 車いすに移乗し,食事,排泄はベッドから離れて行う 2. 介助により車いすに移乗する
	C	1日中ベッド上で過ごし,排泄,食事,着替において介助を要する 1. 自力で寝返りをうつ 2. 自力で寝返りもうたない

※判定にあたっては,補装具や自助具等の器具を使用した状態であっても差し支えない。

表4-4 認知症高齢者の日常生活自立度判定基準

ランク	判断基準	見られる症状・行動の例	判断にあたっての留意事項
I	何らかの認知症を有するが，日常生活は家庭内および社会的にほぼ自立している。		在宅生活が基本であり，一人暮らしも可能である。相談，指導等を実施することにより，症状の改善や進行の阻止を図る。
II	日常生活に支障を来すような症状・行動や意思疎通の困難さが多少見られても，誰かが注意していれば自立できる。		
IIa	家庭外で上記IIの状態が見られる。	たびたび道に迷うとか，買い物や事務，金銭管理などそれまでできたことにミスが目立つ等	在宅生活が基本であるが，一人暮らしは困難な場合もあるので，日中の居宅サービスを利用することにより，在宅生活の支援と症状の改善および進行の阻止を図る。
IIb	家庭内でも上記IIの状態が見られる。	服薬管理ができない，電話の応対や訪問者との対応など1人で留守番ができない等	
III	日常生活に支障を来すような症状・行動や意思疎通の困難さが見られ，介護を必要とする。		
IIIa	日中を中心として上記IIIの状態が見られる。	着替え，食事，排便，排尿が上手にできない，時間がかかる	日常生活に支障を来すような症状・行動や意思疎通の困難さがランクIIより重度となり，介護が必要となる状態である。「ときどき」とはどのくらいの頻度を指すかについては，症状・行動の種類等により異なるので一概には決められないが，一時も目を離せない状態ではない。在宅生活が基本であるが，一人暮らしは困難であるので，夜間の利用も含めた居宅サービスを利用しこれらのサービスを組み合わせることによる在宅での対応を図る。
IIIb	夜間を中心として上記IIIの状態が見られる。	やたらに物を口に入れる，物を拾い集める，徘徊，失禁，大声・奇声をあげる，火の不始末，不潔行為，性的異常行為等	
IV	日常生活に支障を来すような症状・行動や意思疎通の困難さが頻繁に見られ，常に介護を必要とする。		常に目を離すことができない状態である。症状・行動はランクIIIと同じであるが，頻度の違いにより区分される。家族の介護力等の在宅基盤の強弱により居宅サービスを利用しながら在宅生活を続けるか，または特別養護老人ホーム・老人保健施設等の施設サービスを利用するかを選択する。施設サービスを選択する場合には，施設の特徴を踏まえた選択を行う。
V	著しい精神症状や周辺症状あるいは重篤な身体疾患が見られ，専門医療を必要とする。	せん妄，妄想，興奮，自傷・他害等の精神症状や精神症状に起因する問題行動が継続する状態等	ランクI〜IVと判定されていた高齢者が，精神病院や認知症専門棟を有する老人保健施設等での治療が必要となったり，重篤な身体疾患が見られ老人病院等での治療が必要となった状態である。専門医療機関を受診するよう勧める必要がある。

（平成18年4月3日 老発第0403003号「「認知症高齢者の日常生活自立度判定基準」の活用について」より作成）

表4-5 老研式活動能力指標

手段的自立	1	バスや電車を使って1人で外出できますか
	2	日用品の買い物ができますか
	3	自分で食事の用意ができますか
	4	請求書の支払いができますか
	5	銀行預金・郵便貯金の出し入れが自分でできますか
知的能動性	6	年金などの書類が書けますか
	7	新聞を読んでいますか
	8	本や雑誌を読んでいますか
	9	健康についての記事や番組に関心がありますか
社会的役割	10	友だちの家を訪ねることがありますか
	11	家族や友だちの相談にのることがありますか
	12	病人を見舞うことがありますか
	13	若い人に自分から話しかけることがありますか

注：各項目の「はい」が1点,「いいえ」を0点とし，13点満点として生活での自立を評価する。

機能である，知的能動性，社会的役割の尺度についても評価可能な尺度である。

（3）生活機能の実態

　要介護認定を受けている高齢者は2006年2月末現在約345万人で，高齢者の13.4%を占めている。居宅介護サービスを受けている者は高齢者人口の8.1%，特別養護老人ホーム入居者が1.47%，老人保健施設入居者が1.1%，介護療養型医療施設入所者が0.46%となっている。

　一方，要支援の認定を受けている者は約70万人で，高齢者人口の約2.7%となっている。しかし，認定を受けていない要支援状態にある者はもっと多いと考えられる。地域在宅高齢者の老研式活動能力指標の下位尺度である手段的自立の性・年齢階級別平均点[11]を図4-1に示した。75歳以上の後期高齢期において，特に女性の手段的自立が低下しやすいことがわかる。

（4）国際生活機能分類

　WHOは1980年，疾病や死因を分類する国際疾病分類 (International

1. 高齢者の健康　75

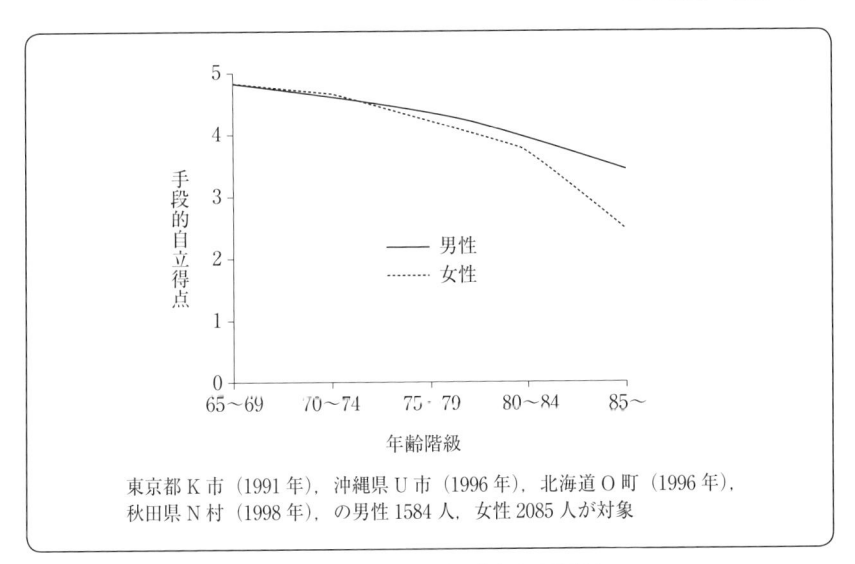

図4-1　性・年齢別手段的自立平均得点

東京都K市（1991年），沖縄県U市（1996年），北海道O町（1996年），秋田県N村（1998年），の男性1584人，女性2085人が対象

出典：芳賀博：高齢者における生活機能の評価とその活用法．ヘルスアセスメントマニュアル（ヘルスアセスメント検討委員会編），厚生科学研究所，2000，p86-112．より作図

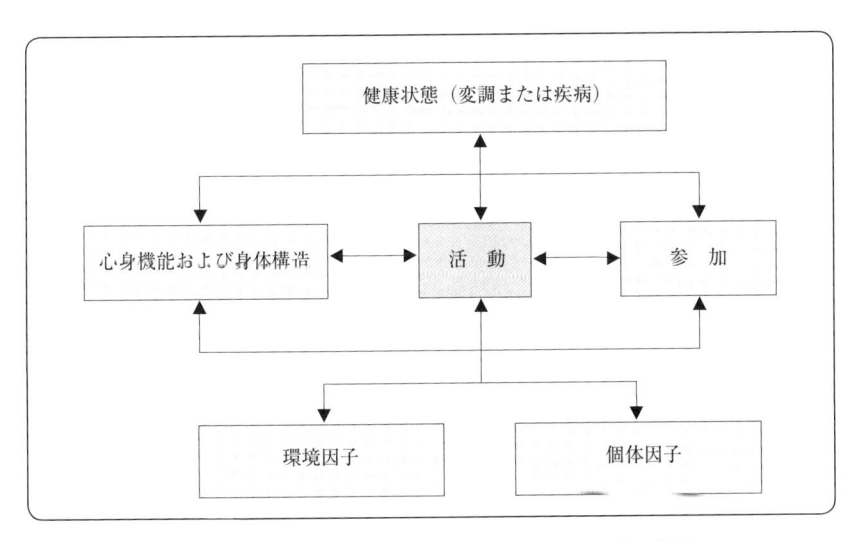

図4-2　国際生活機能分類（ICF）の構成要素間の相互作用

Classification of Diseases and Related Health Problems；ICD) の補助として,障害問題への正しい理解を普及することを目的に,国際障害分類 (International Classification of Impairments, Disabilities, and Handicaps；ICIDH) を発表した。これは傷病などの帰結としての障害の構造を,機能障害,能力障害,社会的不利,と階層的にとらえる見方である。このICIDHに対しては,障害の多様な側面をとらえていない,障害者や福祉関係者などの意見が反映されていないなどの批判が起こり,改定作業が開始され,2001年5月のWHO第54回総会において,改定版として国際生活機能分類 (International Classification of Functioning, Disability and Health；ICF) が採択された[12]。ICFでは,障害の構造を一方向の関係で捉えるのではなく,心身機能・構造,活動,参加,健康状態,環境因子,個人因子の各構成要素が双方向的な矢印で結ばれる相互作用モデルとしている(図4-2)。生活機能の捉え方も,医療モデルから人間と社会環境との相互作用モデルへと発展してきている。

(5) 主体的・主観的健康

身体的,精神的および社会的にwell-being (良好,安寧) な状態を考えると,「よい生活,よい人生」と呼びうるためには,主体的・主観的な健康も重要となる。特に主観的健康感 (健康度自己評価) は,医学的健康指標との基準妥当性とともに生命予後妥当性が高いことが国内外の研究により明らかになっており[13],健康の重要な指標の1つといえる。また,これまで老年学分野で広く用いられてきた自立の尺度は,主に生活の自立を評価するものであるが,人間が生活していく上では,経済的自立および精神的自立も重要である。精神的自立は,自分の意思で物事を判断し,行動する主体的能力である。精神的自立の尺度としては,鈴木と崎原が開発した精神的自立性尺度がある (表4-6)。これは,自分自身が物事を決定し,そのことに対し責任がもてるという態度を表す「自己責任性」,ならびに,自分の生き方や目標が明確であることを示す「目的指向性」の下位尺度より構成されるものである[14]。

表4-6 精神的自立性尺度

次にあげるそれぞれについて，あてはまる番号をそれぞれ1つずつ選んで○をつけてください。

		そう思う	どちらかというとそう思う	どちらかというとそう思わない	そう思わない
目的指向性	1. 趣味や楽しみ、好きでやることをもっている	1	2	3	4
	2. これからの人生に目的をもっている	1	2	3	4
	3. 何か夢中になれることがある	1	2	3	4
	4. 何か人のためになることをしたい	1	2	3	4
自己責任性	5. 人から指図されるよりは自分で判断して行動する方だ	1	2	3	4
	6. 状況や他人の意見に流されない方だ	1	2	3	4
	7. 自分の意見や行動には責任をもっている	1	2	3	4
	8. 自分の考えに自信をもっている	1	2	3	4

◇文　献◇

1) WHO：Official Records of the World Health Organization．World Health Organization, New York, 1946；2；100.

2) WHO：The uses of epidemiology in the study of the elderly．Technical Report Series 706，World Health Organization, Geneva, 1984.

3) WHO：Health Promotion：a discussion document on the concepts and principles. WHO Regional Office for Europe, Copenhagen, 1984.

4) Lawton MP：Assessing the competence of older people. In： Kent DP, Kasttenbaum R, Sherwood S (eds). Research planning and action for the elderly： The power and potential of social science. Human Science Press. New York, 1972, p122-143.

5) Shah S et al.：Improving the sensitivity of the Barthel Index for stroke rehabilitation. Journal of Clinical Epidemiology. 1989；42；703-709.

6) Katz S, Branch LG, Branson MH et al.：Active life expectancy. New England Journal of Medicine. 1983；309；1218-1224.

7) Hamilton BB, Granger CV, Sherwin FS et al.：A uniform national data system for medical rehabilitation. In：Fuhrer MJ ed. Rehabilitation outcomes：analysis and measurement. Baltimore, Maryland：Paul H, Brookes, 1987, p137-147.

8) 厚生省：平成3年11月28日　老健第102-2号　厚生省大臣官房老人保健福祉部長通知，1991.

9) 厚生省労働省：平成18年4月3日　老発第0403003号　「認知症高齢者の日常生活自立度判定基準」の活用について，2006.

10) 古谷野亘，柴田博，中里克治ほか：地域老人における活動能力の測定をめざして．社会老年学　1986；23；35-43.

11) 芳賀博：高齢者における生活機能の評価とその活用法．ヘルスアセスメントマニュアル（ヘルスアセスメント検討委員会編），厚生科学研究所，2000, p86-112.

12) World Health Organization：International Classification of Functioning, Disability and Health. Geneva, World Health Organization, 2001.

13) 杉澤秀博，杉澤あつ子：健康度自己評価に関する研究の展開—米国での研究を中心に．日本公衆衛生雑誌　1995；42(6)；366-378.

14) 鈴木征男，崎原盛造：精神的自立性尺度の作成—その構成概念の妥当性と信頼性の検討—．民族衛生　2003；69(2)；47-56.

2. 寿命と健康寿命

(1) 寿　　命

　個体の生存期間を寿命という。生物学的には，受精から死までの期間といえるが，一般的には，出生から死までの期間として定義される。寿命は，種による差，個体差が大きい。ある生物種の寿命の限界を限界寿命という。限界寿命に対し，ある集団に生まれた人間の平均生存期間の期待値を平均寿命という。

1) 限界寿命

　信頼性の高い最長寿者は，1875年2月21日に生まれ1997年8月4日に122歳で死亡したフランスの女性，ジャンヌ・カルマンさんである。また，信頼性が高い男性の最長寿者は1882年8月16日に生まれ1998年4月25日に115歳で死亡したアメリカのクリスチャン・モーテンセンさんである。この数十年の歴代の長寿世界一記録者の死亡時年齢は110歳から122歳の間に集中しており，人類の最高寿命は120歳程度と思われる。他の動物種ではカメが長寿であり，1965年に188歳で死亡したカメの記録がある。2006年6月22日にオーストラリア動物園で死亡したゾウガメは175歳であった。限界寿命は種ごとにほぼ一定とされている。

　限界寿命を延長させるさまざまな試みが人類以外の種に対して行われている。その1つはカロリー制限である。原生動物からラットなどの哺乳類に至るまで，飽食群に比較すると，栄養失調には至らない程度にカロリー制限を行った群では約1.5倍程度寿命が延長する。これがヒトに応用できるかという議論があるが，暴飲暴食をしていない今日の一般人の生活は，すでにカロリー制限群に相当する生活と考えられる。もし，さらなるカロリー制限を多集団に実施すると20世紀初頭のわが国，あるいは今日の発展途上国にみられるような栄養失調を引き起こし悲惨な結果を招くことになるであろう。その他の試みとしては，動物実験において，体温を低下させる試み，線虫の遺伝子操作などが寿

命を延長させることに成功している。しかし，人間集団にこのような介入を試みるのは無謀であろう。人間の価値観や生活は多様性に富んでいるため画一的な条件を設定するのは不可能であり，また，さまざまな偶発的に生じる傷病などが寿命に大きく影響するからである。

2) 平均余命と平均寿命

　ある年齢の人々の，その後の平均生存期間の期待値を平均余命といい，生命表により算出される。生命表とは，各年齢の生存者が死亡していく状況を示したもので，これを視覚的に表したものが生存率曲線である。生存率曲線とは，時間を X 軸，生存率を Y 軸として，観察時点 t での生存率 S (t) を表したものである (図4-3)。生存率曲線と X 軸と Y 軸で囲まれる面積が平均余命となる。ただし平均余命は，現在の年齢別死亡率が将来にわたって一定不変であるとの仮定のもとで計算される。医療の進歩や生活環境の変化により実際の平均生存期間は平均余命と異なってくる可能性は大きい。

　0歳時の平均余命は，ある集団に生まれた人間の平均生存期間の期待値であり，特に平均寿命という。平均寿命は限界寿命よりはるかに短い。これは，人間の遺伝的体質や生活習慣，生活環境などに多様性があるため，個々人の最大ポテンシャルに大きな変動があることによる。さらに成長や老化の過程で発生する偶発的な傷病や事故による死亡の影響も大きい。特に遺伝的体質の関与は大きいと考えられ，世界最長寿記録者のカルマンさんは，115歳の時に転倒により両側の大腿骨頸部骨折を起こし，117歳まで喫煙習慣があったにもかかわらず122歳まで生きることができた。一方，ウェルナー症候群のような遺伝性早老症の患者は，どのように生活習慣や環境を整え，現代医学の限りを尽くしても50歳程度までにその生涯を終えてしまう。

　わが国の平均寿命は1920年代では男女とも約43年と短く，平均寿命が男女とも50年を超えたのは1947年である。その後平均寿命は著しく延伸し，平成17年簡易生命表によると，男性の平均寿命は78.53年，女性の平均寿命は85.49年と世界でも最高水準になっている。また，平均寿命の性差は，6.96年で年々拡大傾向にある。

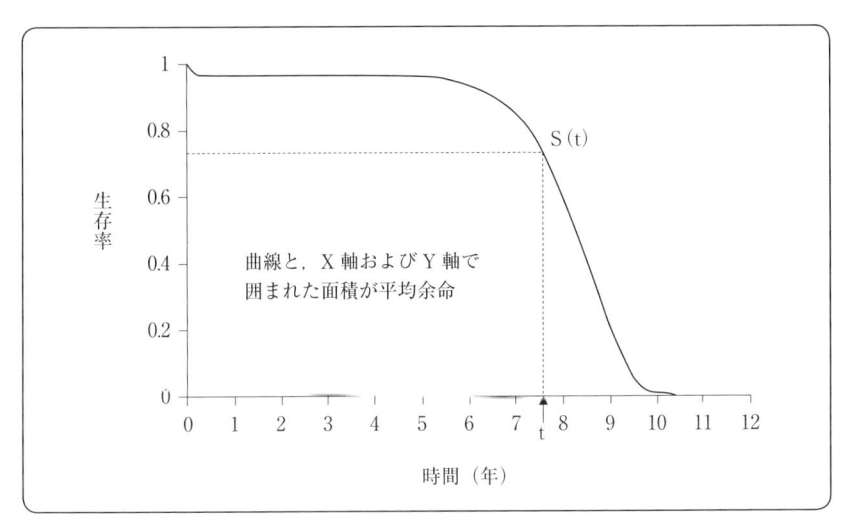

図4-3 生存率曲線と平均余命

曲線と，X軸およびY軸で囲まれた面積が平均余命

平均寿命の延伸の要因として，1965年頃までは，乳幼児期の肺炎，気管支炎や青年期の結核等の感染症による死亡率の低下の寄与が大きかったが，その後は40歳以後の脳血管疾患の死亡率低下の寄与が大きくなり，1980年以降は，高齢期の死亡率低下の寄与が過半数を占めている。このような死亡率の変化は，医療や予防技術の発達だけでなく，上下水道の整備などの環境・衛生面の改善や衣食住等の生活習慣の変化など，社会・経済的要因の影響が非常に大きいことが示されている。

3) 寿命の性差

今日のわが国の平均寿命の性差は約7年と大きいが，20世紀初頭までは世界的にみても平均寿命の性差はほとんどなかった。アメリカ・マサチューセッツ州における1850年から1900年までの平均寿命の性差は2年未満であった。わが国の1921〜1925年の平均寿命も，男性42.06年，女性43.20年と性差は1年程度であった。過去の平均寿命の性差が小さかった原因としては，妊産婦死亡率が非常に高かったことや男児が優遇されていたことがあげられる。WHO加盟国192カ国の2004年の平均寿命の性差をみると，男性の方が長い

のは，ジンバブエ（男37年，女34年），ケニア，ニジェール，カタール，トンガの5カ国のみである。また，性差がないのは，アフガニスタン，ボツワナ，マラウイ，ネパール，ザンビアの5カ国のみで，その他の国はすべて女性の平均寿命の方が長い。最も平均寿命の性差が大きいのはロシア連邦で13年（男59年，女72年）である[1]。

筋力や骨密度などの平均水準は圧倒的に男性の方が優れているにもかかわらず，なぜこのような寿命の性差が生じるのであろうか。女性の平均寿命が長い要因には生物学的要因と社会環境要因がある。生物学的要因では，まず，女性は，X染色体に関連する疾病に対し耐性があること，Y染色体の一部が欠失している男性の平均寿命が長くなることからY染色体上の何らかの遺伝子の発現が寿命の短縮にかかわっていることがあげられる。実際には受精の直後から女性の方が生存率は高く，流産や死産により喪失される胎児の3分の2は男性である。その他の生物学的要因として，女性は，エネルギー代謝量が低いこと，女性ホルモンの好影響を受けること，アルブミンや総コレステロール，HDLコレステロールなど高齢期には高いことが望ましい物質の血清濃度が高いこと，外気温の変動に対する適応がよいことなどが考えられている。社会環境要因では，喫煙や飲酒，過重な労働，ギャンブル，危険行為などが男性に多いこと，女性は，受療行動や保健行動，生活習慣において男性より好ましい傾向にあることなどがあげられる[2]。これらの要因の影響が，痛みなどの自覚症状が多いこと，主観的健康感が比較的悪いこと，筋力や骨密度などが低いことなど，女性の方に多い好ましくない要因の影響を凌駕していると考えられる。

4）寿命を左右する要因

種や性により寿命差があること，一卵性双生児の寿命が近似すること，親と子の寿命が関連することなどから寿命には明らかに遺伝的な要因が関与していると考えられるが，ここでは，介入可能な要因を中心に寿命の関連要因をみる。

寿命の規定要因の研究は，主要死因の危険因子を明らかにする試みに始まる。フラミンガム研究は，アメリカ合衆国の主要死因である虚血性心疾患の危険因子を明らかにする目的で1948年に始められた。研究の過程で，複数の発症危

険因子の効果を評価する多重ロジスティックモデルも開発された。フラミンガム研究では，虚血性心疾患の危険因子として，加齢，血清総コレステロール濃度，喫煙量，収縮期血圧，心電図左室肥大所見などの要因が明らかにされた。また，ブレスロー（Breslow）らは，1965年からカリフォルニア州アラメダ郡で追跡研究を行い，「ブレスローの7つの健康習慣」として，睡眠を7～8時間とること，喫煙をしないこと，適正体重を維持すること，過度の飲酒をしないこと，定期的にかなり激しいスポーツをすること，朝食を毎日食べること，間食をしないことを提唱した。わが国では1951年から1980年まで死因の第1位を占めた脳血管障害に関する研究が多く行われ，脳出血の危険因子として，高血圧，過度の飲酒，重労働，寒冷，血清総コレステロール低値，動物性タンパク質・脂肪の不足，穿通枝系脳血栓の危険因子として，高血圧，動物性タンパク質・脂肪の不足，高ヘマトクリット，皮質枝系脳血栓の危険因子として，高血圧，血清総コレステロール高値，HDLコレステロール低値，耐糖能異常，喫煙，魚介類摂取不足，皮質枝系塞栓の危険因子として心房細動が明らかにされた。

　一方，長寿の要因を明らかにする際には，疾病ではなく人の生死という事象が問題となる。これまで国内外で行われたコホート研究により報告されている主な総死亡の危険因子としては，高齢，男性，主観的健康感が悪いこと，認知機能が低いこと，血清アルブミンが低いこと，喫煙歴・喫煙習慣があること，収縮期血圧が高いこと，心拍数が多いこと，筋力などの身体的体力が低いこと，やせまたは肥満であることなどが明らかになっている。また，血清総コレステロール高値は中年期の総死亡の危険因子であるが，高齢期においてはむしろ低コレステロールが重要な危険因子となることなどが報告されている[3]。その他，配偶者と離婚あるいは死別することも総死亡の危険因子となっており，寿命の性差の縮小は，カップルにとっても家族にとっても社会にとっても望ましいものといえる。

表4-7 要支援・要介護となった主な原因

(単位:%)

要介護度	要支援者	要介護者
脳血管疾患（脳卒中など）	11.8	29.1
高齢による衰弱	22.2	14.9
骨折・転倒	10.5	10.9
認知症	3.3	12.5
関節疾患（リウマチ等）	17.5	8.9
心臓病	6.5	3.7
視覚・聴覚障害	4.7	2.2
呼吸器疾患（肺気腫・肺炎等）	2.9	2.4
糖尿病	3.2	2.3
脊髄損傷	2.7	2.0
がん（悪性新生物）	1.7	1.7
パーキンソン病	0.9	1.8
その他	8.5	6.4
不明	1.8	0.5
不詳	1.9	0.6

注：「総数」には，要介護度不詳を含む。
(厚生労働省：平成16年国民生活基礎調査の概況より作成)

（2）健康寿命

1）健康寿命（健康余命）とは

近年，健康寿命あるいは健康余命という言葉がよく用いられるようになった。もともとは1983年にKatz（カッツ）らが，基本的日常生活動作（BADL）が自立している期間を活動的平均余命（active life expectancy）と定義することを提唱したのに始まる。健康寿命（健康余命）とは，平均寿命（平均余命）の考え方を用いて，健康で自立した生活を送れる平均期間を推定したものである。しかし，健康と不健康は生死のように明確に区別できないため，それぞれの研究者の観点から操作的に健康と不健康を定義して計算されている。障害調整生存年数（disability adjusted life years：DALY），障害調整余命（disabilities adjusted life expectancy：DALE），健康調整平均余命（health adjusted life expectancy：HALE）などの指標がよく用いられる。

表4-8 都市在宅自立高齢者における7年間の生活自立の障害発生の関連要因

変　数	平均値（分布）	ハザード比	95％信頼区間
年　齢	71.6歳	1.06	1.01 - 1.12
性（男／女）	（男47.4％）	3.29	1.64 - 6.60
通常歩行速度	1.22m/s	0.43	0.14 - 1.27
握　力	25.6kg	0.95	0.91 - 0.99
脳血管障害既往	（3.2％）	1.36	0.47 - 3.94
四肢関節痛の有無	（7.1％）	1.96	0.72 - 5.35
健康度自己評価（あまり健康でない以下）	（19.5％）	1.32	0.77 - 2.28
抑うつ尺度（GDS）	7.9	0.98	0.93 - 1.03
知的能動性得点	3.7	1.05	0.77 - 1.43
社会的役割得点	3.5	0.72	0.57 - 0.92
Body Mass Index	22.1kg/m^2	1.28	1.02 - 1.19
血清β2-microgloblin	1.78mg/L	1.28	0.92 - 1.77
開眼片足立ち（60秒以上）	（39.3％）	0.85	0.47 - 1.52
指タッピング	5.76Hz	0.96	0.67 - 1.37
咀嚼力（あまり噛めない以下）	（4.9％）	1.13	0.49 - 2.60

（渡辺修一郎ほか：東京都老年学会誌．2002, 9：67 - 70. より作成）

　DALYは，若年死亡による損失生存年数と障害生存年数（一定の重さの障害を一定期間抱えながら生存する年数）の和であり，理想的平均寿命からの質的乖離年数を示すものである。DALEは，健康余命とDALYを組み合わせた指標である。HALEは，年齢別の死亡率と平均的健康状態とから構成され，健康状態として健康度測定尺度と評価系を組み合わせたものである。WHOは健康寿命の指標として以前はDALEを用いていたが，現在はHALEを用いている。2004年に発表された2002年のわが国の0歳時HALEは，男性72.3年，女性77.7年といずれも世界最長となっている。60歳時HALEは，男性17.5年，女性21.7年となっている。

2）健康余命を左右する要因

　これまでに報告されているBADL低下の危険因子は，高齢，筋力低下，閉じこもり，運動不足，転倒既往，低栄養，やせ，視力低下，聴力低下，認知機能低下，うつ状態，最近1年間の入院歴，脳血管障害既往など数多い。

　国民生活基礎調査によると，要介護の原因としては，脳血管疾患（29.1％）が最多であり，次いで，衰弱（14.9％），認知症（12.5％），転倒・骨折（10.9％）が多い。一方，要支援の原因として最も多いのは，衰弱（22.2％）であり，次いで，関節疾患（17.5％），脳血管疾患（11.8％），転倒・骨折（10.5％）が多い（表4-7）。これらの生活機能を低下させる原因の構造は，寿命を短縮する主要死因の疾病構造とは大幅に異なる。

　都市部在宅自立高齢者の生活自立度が，準寝たきり，寝たきり，死亡のいずれかになった最初の時点をエンドポイントとして，健康余命の関連要因を検討した筆者らの7年間の追跡研究結果[4]では，65歳時健康余命の中央値は，男性で16.1年，女性で18.7年であり，日常生活自立の障害発生の危険因子は，高齢，男性，握力が弱いこと，社会的役割得点が低いこと，体格指数（body mass index；BMI）が大きいことであった（表4-8）。

◇文　献◇

1) World Health Organization：Working together for health, The World Health Report 2006. Geneva, World Health Organization, 2006.
2) 渡辺修一郎，柴田博：寿命の性差　疫学：小金井研究. Geriatric Medicine 2000；38(12)：1751-1756.
3) 渡辺修一郎：寿命の規定要因　在宅自立者の総死亡の危険要因．中年からの老化予防に関する医学的研究（東京都老人総合研究所編），東京都老人総合研究所，2000, p65-70.
4) 渡辺修一郎，熊谷修，吉田祐子ほか：都市部在宅自立高齢者の65歳時健康余命の算出及び健康余命の関連要因の検討．東京都老年学会誌　2002；9；67-70.

3. 高齢者の疾病—主として身体的—

　高齢者の疾病では，死因になることが多いものと，生活機能や生活の質の低下をもたらすものが特に問題となる。死因となることが多いものでは，癌，心疾患，脳血管障害，糖尿病，高血圧症などの生活習慣病のほか，肺炎，自殺の原因となるうつ病などがあげられる。一方，高齢期に生じることの多い特有の病態は老年病（症候群）と呼ばれ，主な病態として，低栄養，認知症，骨粗鬆症，老人性難聴，白内障，前立腺肥大，尿失禁などがあげられる。老年病は長期にわたり生活機能や生活の質を低下させ，患者や介護者の大きな負担となる。

（1）高齢者の疾病の特徴

1）個人差が大
　老化の様相は体質や生活歴により大きく異なる。ステレオタイプ的な見方をせず，個人の機能や病態の把握と評価を正確に行い，状態に応じて対応する。

2）複数の疾病や障害を有する
　心身の老化から複数の疾病や障害を有することが多い。特にインフルエンザなど急性の病態が生じた際に持病の管理がおろそかになると生活機能の低下や重篤な状態を引き起こすことがある。全身的な観察と管理が常に必要である。

3）急変・重篤化しやすい
　多臓器の機能不全が潜在的に生じていることが多く急変しやすい。また，回復力や予備能の低下から重篤化しやすい。特に転倒による外傷など急性の病態が生じた後などは，速やかな治療とともに厳重に経過をみる必要がある。

4）症候が非典型的
　症候やその経過が典型的でないことが多い。糖尿病による口渇感などの症状はほとんどみられず，肺炎を起こしても微熱にとどまることも少なくない。薬剤や他疾患により症候が修飾されていることも多い。症候だけでなく臨床検査結果と照らし合わせ総合的に病状を把握する必要がある。

5）薬剤に対する反応が若年者と異なる

肝機能の低下などにより副作用が出やすいこともあれば，反応性が低下し効果が少ないこともある。投薬開始後や薬種変更後など特に注意深く観察する。

6）予後が社会的環境に大きく影響される

慢性疾患が多く，予後が，治療，リハビリテーションの状況や生活環境などにより大きく影響される。継続的なケアが重要である。

7）精神症状をきたしやすい

喪失体験からうつ症状をきたしたり，低血糖により認知症様症状がみられたり，発熱により幻覚症状がみられたりする。精神症状がみられる場合その原因の診断が重要である。

（2）自覚症状が多い疾病

自覚症状のある者の割合は，15歳から84歳の間，女性の方がやや高率であり，年齢階級が上がるごとに上昇し，65歳以上では約半数を占める。74歳までの前期高齢期では，男女とも筋骨格系の症状が最も多く，次いで，男性では頻尿，せき・痰，女性では，目のかすみ，もの忘れが多い。75～84歳では，筋骨格系の症状に加え，感覚器や認知機能の症状がやや多くなってくる。さらに85歳以上では，聴力や認知機能の症状が上位になってくる（表4-9）[1]。

1）筋骨格系の痛み－腰痛・肩こり・手足の関節痛

高齢者の腰痛は，変形性脊椎症や骨粗鬆症をはじめとするさまざまな骨運動器疾患が原因となる。また，尿路結石や悪性腫瘍，心因性疾患など，骨運動器以外の疾患が原因となることもある。原因疾患の治療が最も重要であり，急性腰痛では安静が必要である。慢性腰痛に対しては原因疾患の種類と程度に合わせ，腹筋や背筋を強化し，脊柱可動域を保つための運動療法が行われる。鎮痛薬の副作用では消化性潰瘍や腎機能障害などが多く，注意が必要である。骨粗鬆症による腰痛にはカルシトニン製剤の筋注がよく行われる。

頸─肩周囲は可動性が大きく，頭を支え上肢を懸垂する役割も担うため，肩こりをはじめとして痛みが発生しやすい。なで肩や円背などの不良姿勢により

表4-9 性・年齢階級別にみた高齢期の有訴者率の上位5症状（人口千対）（平成16年）

	年齢階級	第1位	第2位	第3位	第4位	第5位
男性	65〜74	腰痛 151.1	肩こり 96.3	手足の関節が痛む 93.1	頻尿 84.2	せきや痰が出る 80.6
	75〜84	腰痛 179.4	きこえにくい 126.3	頻尿 126.2	もの忘れする 125	手足の関節が痛む 122.2
	85歳以上	きこえにくい 212.1	腰痛 176.7	もの忘れする 163.8	手足の動きが悪い 161.4	せきや痰が出る 138.3
女性	65〜74	腰痛 194.8	肩こり 170.7	手足の関節が痛む 161.8	目のかすみ 121.1	もの忘れする 100.6
	75〜84	腰痛 240.9	手足の関節が痛む 202.5	もの忘れする 154.9	肩こり 149.4	目のかすみ 133.6
	85歳以上	きこえにくい 196.8	もの忘れする 189.8	腰痛 183.4	手足の動きが悪い 180.3	手足の関節が痛む 178.2

注：症状は複数回答。有訴者は入院者を含まないが，分母の世帯人員数は入院者を含む。
出典：平成16年 国民生活基礎調査の概況

さらに症状が出やすくなる。ストレッチなどの体操療法や理学療法が行われる。

手足の関節痛では，単関節のものでは，変形性膝関節症，痛風発作が多く，多関節のものでは，慢性関節リウマチやその他の膠原病によるものが多い。

2）頻尿

排尿回数が1日8回以上であれば頻尿，就寝後の排尿が2回以上であれば夜間頻尿とされる。初期の前立腺肥大症によるものが多い。脳血管障害やパーキンソン病などの脳脊髄疾患，尿路感染症，糖尿病，水分過剰摂取，利尿剤，寒冷や飲酒などによることもある。尿失禁を伴うこともある。

3）せきや痰

せきの原因は，寒冷，喫煙，腫瘍による圧迫や気道炎症，精神的緊張などさまざまである。痰を伴う湿性せきは，気管支拡張症や副鼻腔気管支症候群などの慢性気道炎症によることが多い。痰を伴わない乾性せきは，急性上気道炎や喘息，肺・気管支がん，間質性肺炎，心因性咳嗽，ACE阻害薬の副作用などによることが多い。胸部X線写真が診断上重要である。湿性せきの治療目標は，

痰の減少と喀出困難の軽減であり，不眠や胸痛などが強くなければ鎮咳薬はなるべく避ける。

4）きこえにくい（聴覚障害）

聴覚障害は，人間関係の悪化や社会的孤立，閉じこもり，危険からの回避の遅れなどの原因となる。加齢，騒音，耳垢塞栓，中耳炎の既往，結核治療歴，糖尿病，抗がん剤，メニエル病などが原因となる。老人性難聴や騒音性難聴，薬剤副作用による感音難聴は治療の効果がないことが多く，補聴器の装着などによりコミュニケーション能力の維持をめざす。

5）もの忘れ（記憶障害）

新しい出来事のエピソード記憶の獲得と再生が障害されやすくなる。しかし，知識や概念などからなる意味記憶や身体で覚えた技能などからなる手続き記憶は障害されにくい。生理的加齢による記憶障害のみでは日常生活に支障を来すことは少ない。加齢のほか，軽度認知機能障害（mild cognitive impairment；MCI），老年性記憶障害（age associated memory impairment；AAMI），アルツハイマー病，脳血管性認知症，うつ病，薬物副作用などが原因となる。その他，甲状腺機能低下症や，コルサコフ症候群，正常圧水頭症などさまざまの病態が記憶障害を来す。早期診断・早期治療が重要である。

6）目のかすみ（視力障害）

視覚障害は視力障害と視野障害に大別される。視野障害の原因では緑内障や脳疾患が多い。視力障害の多くは水晶体が混濁する白内障によるが，老人性縮瞳や角膜乱視，網膜細胞の変化なども影響する。白内障は老人性のものが多いが，糖尿病やステロイド剤副作用なども原因となる。明るい場所では眩しく見えにくい傾向がある。社会生活の必要性により手術が行われる。20分程度で安全に行われる手術である。

7）不眠（睡眠障害）

睡眠障害も多い自覚症状の1つである。高齢期には，深い睡眠相である第3・4相の時間がほとんどなくなることが知られている。その他，日中の活動量の減少や昼間の居眠り，睡眠時無呼吸症候群，薬剤，心理的ストレス，うつ病な

どが原因となる。睡眠薬は転倒やふらつきの予防に配慮し、なるべく作用時間が短く筋弛緩作用が少ないものが使用される。

(3) 3 大 死 因

1) 悪性新生物

高齢期の死因の約3割を占める。細胞性免疫機能の低下により多くなり、罹患率は年齢の4乗にほぼ比例する。多発癌も多く、80歳以上では全悪性新生物の約2割が多発癌である。部位別では、男性では、肺 (22%)、胃 (17%)、肝 (13%)、女性では、胃 (14%)、肺 (13%)、結腸 (10%) が多い (2002年)。

肺癌死亡率は男女とも増加傾向を示し、原因として、喫煙率が1970年代前後に高率であったことが考えられている。胃癌死亡率は1960年頃より減少しており、要因として、食塩摂取量の減少をはじめとする食生活の変化の影響が考えられている。高齢者では隆起型の早期胃癌が多く、発見時に半数は腹部症状がない。部位では幽門前部が過半数を占め、背景として50歳以上の70%程度にみられるピロリ菌 (*H. pylori*) の持続感染の関与が考えられている。肝臓癌の75%以上はC型肝炎ウイルス感染によるが、飲酒と喫煙により性差が生じ、男性の発生率は女性の約2.5倍である。大腸癌、特に結腸癌の年齢調整死亡率は1960年頃より上昇傾向にあったが近年はやや減少傾向になっている。

2) 心疾患

総死亡の約16%を占める。動脈硬化、高血圧、不整脈などにより生じる心不全が多い。心房細動や洞不全症候群などの治療が必要な不整脈も加齢とともに増加する。心筋梗塞や狭心症などの虚血性心疾患の3大危険因子は欧米同様、高血圧、喫煙、高コレステロール血症である。わが国の虚血性心疾患の年齢調整死亡率は低下傾向にある。

3) 脳血管疾患

年齢調整死亡率は1965 (昭和40) 年頃をピークに減少傾向にあるが、いまだ総死亡の13%を占める。また、寝たきりの原因の約3分の1を占め、脳血管性認知症の原因にもなる。もっとも多い脳梗塞の病型では、ラクナ梗塞が

36.3%，アテローム血栓性梗塞が31.1%，心原性脳塞栓が20.4%を占める。年齢調整死亡率には地域差がみられ，東北や関東北部で高く，西日本で低率である。男性，高齢，収縮期血圧高値，糖尿病，心房細動などの不整脈，喫煙，飲酒過多，高コレステロール血症に加え，低コレステロール血症も危険因子となる。

（4）受療率が高い疾病

高齢者で通院者率の最も高い疾病は高血圧症である。次いで，男性の前期高齢者では，糖尿病，腰痛症，狭心症・心筋梗塞が多く，後期高齢期では，腰痛症，白内障，前立腺肥大症が多くなっている。女性では，腰痛症，白内障が多く，後期高齢期では骨粗鬆症も多くなっている（表4-10）[1]。

1）高血圧症

収縮期血圧が140mmHg以上または拡張期血圧が90mmHg以上を高血圧と定義する。高血圧症は脳血管疾患や虚血性心疾患などの動脈硬化性疾患の最大の危険因子である。また，認知症の危険因子でもある。高血圧症の有病率は

表4-10　性・年齢階級別にみた通院者率の上位5傷病（人口千対）　（平成16年）

	年齢階級	第1位	第2位	第3位	第4位	第5位
男性	65～74	高血圧症 223.1	糖尿病 105.6	腰痛症 84.1	狭心症・心筋梗塞 60.3	前立腺肥大症 58.3
	75～84	高血圧症 242.4	腰痛症 118.7	白内障 117.4	前立腺肥大症 99.2	糖尿病 96.6
	85歳以上	高血圧症 202.1	白内障 108.3	腰痛症 105.1	前立腺肥大症 94.8	狭心症・心筋梗塞 79.7
女性	65～74	高血圧症 233.4	腰痛症 119.7	白内障 103.4	高脂血症 95	肩こり症 81.8
	75～84	高血圧症 277.6	腰痛症 163.4	白内障 158.3	骨粗鬆症 101.9	関節症 99.2
	85歳以上	高血圧症 257.4	白内障 136.2	腰痛症 117.1	骨粗鬆症 89.1	関節症 82.2

注：傷病は複数回答。通院者は入院者を含まないが，分母の世帯人員数は入院者を含む。
出典：平成16年　国民生活基礎調査の概況

30歳以上の男性で51.7％，女性で39.3％（2000年第5次循環器疾患基礎調査）と高く，継続的に医療を受けている推計患者数も約700万人と最も多い。収縮期血圧は加齢に伴い上昇するが，拡張期血圧は60歳頃以後下降することが多く，高齢者の高血圧症の多くは収縮期高血圧である。寒冷，塩分摂取過多，肥満，飲酒，ストレスなどが危険因子として知られている。

2）糖尿病

糖尿病は，膵臓から分泌されるインスリンの作用不足により糖処理能の低下を主とする代謝異常を来す疾患である。糖尿病が強く疑われる約740万人の64％が高齢者である（平成14年糖尿病実態調査）。高齢者の糖尿病は運動不足や食生活と大きく関連する2型糖尿病が主である。高齢者では空腹時血糖に比べ糖負荷試験2時間値が上昇する場合が多い。自覚症状が少ない一方，動脈硬化性疾患の合併が多い。また，発熱・脱水により糖尿病性昏睡を来しやすい。

3）高脂血症

総コレステロールは横断的には年齢階層が上がるにつれ上昇し，60歳代で最も高く，以後低下傾向を示す。縦断的にみても総コレステロールは70歳前後から低下する。総コレステロールが220mg/dL以上，LDLコレステロールが140mg/dL以上，HDLコレステロールが40mg/dL未満，中性脂肪が150mg/dL以上のいずれかに該当すると高脂血症とされるが，高齢期の総死亡との関連では高コレステロール血症より低コレステロール血症の方が危険度が大きく，また，後期高齢期では高脂血症治療の有効性のエビデンスはまだ十分でない。食生活指導の際に低栄養を来さないように配慮する必要がある。

4）骨・運動器疾患

高齢者で最も高い有訴者率を示す筋骨格系の痛みの原因としては，男性では，変形性関節症や慢性関節リウマチなどが多く，女性では骨粗鬆症が多い。

骨折は寝たきりの原因として，女性で16％，男性で6％を占める。脊柱椎体，大腿骨頸部，橈骨遠位端，上腕骨近位端，肋骨の骨折が多い。わが国では年間約11万8千人（2002年）が大腿骨頸部骨折を生じており，うち約9割が転倒による。転倒の危険因子としては，運動機能の低下，身体的疾患，薬剤などの

内的要因の他，段差や履物，床の状態などの外的要因が問題となる。

5) 腎・泌尿器疾患

死因の第8位を占める腎不全の原因では，高齢者では，腎硬化症，糖尿病性腎症，閉塞性腎症の頻度が高い。高齢男性の有訴者率の第3位を占める頻尿の主な原因である前立腺肥大症は60歳代で70%にみられ，治療を要するものは，65歳代男性の約8%と推定されている。前立腺癌はアメリカでは男性の癌による死因で2番目に多いが，近年わが国でも増加傾向にある。危険因子として脂肪の過剰摂取，緑黄色野菜の不足などが報告されている。

尿失禁を有する60歳以上の在宅高齢者は約400万人（1993）[2]と推定されている。内訳では女性の腹圧性尿失禁が最も多い。骨盤底筋体操が予防・治療に有効である。施設高齢者では約半数に尿失禁がみられ，機能性尿失禁や切迫性尿失禁が多い。時間排尿などが有効である。

(5) その他高齢期に多くみられる疾病

1) 呼吸器疾患

a. 肺　炎

死因の第4位を占める。2002年の肺炎による死亡85,000人の約9割が高齢者である。細菌性肺炎が最も多く，起炎菌の3分の1以上は肺炎球菌である。市中肺炎の多くはウイルスによるかぜ症候群に続発する細菌性肺炎で，1～5%の死亡率である。院内肺炎は基礎疾患や耐性菌により難治化しやすく，死亡率は15～25%に上る。施設居住者肺炎では誤嚥性肺炎の頻度が高い。

b. インフルエンザ

インフルエンザウイルス感染症で，冬季の肺炎の原因となることが多い。感染力が強く潜伏期が1～3日と短く飛沫感染により感染するため，しばしばハイリスク者が集団生活を営む高齢者施設で大流行し甚大な被害を及ぼす。インフルエンザ予防接種の発病防止効果は高齢者では30～40%と弱いが，入院・肺炎の防止効果は50～60%，死亡の防止効果は約80%と重症

化を防ぐ効果が大きい。近年はインフルエンザ治療薬も普及している。

c. かぜ症候群

　原因ウイルスは200種以上同定されている。冬期には高齢者の約3分の1がかぜ症候群に罹患している。高齢者では副鼻腔炎，中耳炎，気管支炎や肺炎などの合併症を来しやすいため厳重に対処する。

d. 結　核

　わが国の肺結核罹患率は人口10万対25.8（2002年）で先進諸国のうち最も高率で，年間の新登録患者32,828人の約4割は高齢者である。地域差があり，大阪市の罹患率（74.4）は，長野県（12.5）の6倍に上る。

e. 慢性閉塞性肺疾患

　肺気腫が多く，男性喫煙者に多くみられる。

2）感染症

　高齢期には特に細胞性免疫の低下をはじめとする生体防御能の低下や各種疾患の合併により感染症にかかりやすくなる。呼吸器感染症のほか，尿路感染症の頻度が高く，無症候性細菌尿の頻度は男性10%，女性20%程度とされる。その他，ノロウイルス感染症，疥癬症などが問題となる。病原体の再活性化による，結核症，単純ヘルペス，帯状疱疹などもしばしば問題となる。また，高齢や抗癌剤投与などによる感染防御能の低下を背景として，弱毒病原体により日和見感染と呼ばれる感染症がしばしば成立する。感染症成立の3大要因，すなわち，感染源，感染経路，宿主の感受性に対する適切な対策が必要である。

3）消化器疾患

　患者調査による外来受療率は人口10万対951（2002年）と最も高い。

a. 歯および歯の支持組織の疾患

　患者調査による外来受療率は人口10万対696と最も多い。高齢期に多い，唾液分泌や味覚の低下，う蝕や歯周病による歯の喪失などの問題は生活機能が低下した者に多く，その治療状況はよくない。

b. 低栄養

　栄養状態は個人差が大きいが，他の年齢層に比較すると低栄養が多くな

る。各種の疾病，歯の問題，食欲不振，消化吸収能，合成能の低下などが原因となる。栄養指標の1つでもある血清アルブミンは生活機能が低下している群ほど低い。う歯の治療，義歯，運動，栄養学習，摂取食品数の増加，食材選択および調理法の工夫，環境改善などが予防に重要である。食品摂取の多様性を保つため，肉，魚，卵，牛乳，大豆製品，緑黄色野菜，いも類，海藻類，果物類，油脂類の10の食品群を毎日何らかの形で食べることが望まれる[3]。

c. 上部消化管出血

原因では，高齢になるほど胃潰瘍が占める割合が多くなり，70歳以上ではおよそ4割を胃潰瘍が占める。

4）血液疾患

高齢者の血液疾患で最も頻度が高いのは貧血であり，60歳以上の入院患者の23.2％にみられることが報告されている。内訳では，鉄欠乏性貧血が最も多く，その他，悪性腫瘍，感染症，炎症性疾患，腎疾患などに伴う二次性貧血が多い。

5）医原性疾患

医療行為にかかわるすべての病態を医原性疾患という。ハーバード医療研究 (Harvard Medical Practice Study) では医原性疾患は入院患者の3.7％にみられ，原因の27.6％は医療過誤である。65歳未満群に対し65歳以上群では，手術合併症が2.2倍，医療過誤が4.1倍，転倒が10倍と多い。薬剤有害作用の内訳では薬量過多が42％と最多で，次いで薬量過少が16.5％となっている。薬剤有害作用は投薬数と相関し，特に6剤以上の投薬では15％以上に急増することが報告されており，適剤適量を心がけ，極力5剤までにとどめる方が望ましい[4]。

◇文　献◇

1) 厚生労働省大臣官房統計情報部：平成16年　国民生活基礎調査の概況，2005．
2) 北川定謙，ほか：尿失禁にどう対応するか，日本公衆衛生協会，1993．
3) 熊谷修，渡辺修一郎，柴田博ほか：地域在宅高齢者における食品摂取の多様性と高次生活機能低下の関連．日本公衆衛生雑誌　2003；50（12）；1117‐1124．
4) 秋下雅弘：医原性疾患．老年医学テキスト　第2版（日本老年医学会編）．メジカルビュー社，2002，p96‐97．

4. 高齢者の疾病—主として精神的—

（1）高齢者の精神疾患

老化による変化は，身体機能だけではなく精神機能にも現れる。精神機能の老化について表4-11に簡単にまとめた[1]。

高齢者の疾患には，複数の病気が併存する，非特異的な症状を示す，寝たきりにつながりやすいなどのいくつかの特徴があるが，特に精神疾患に関して考えた場合には，以下のような特徴があげられる[2][3]。

①症状が不明確：訴えが曖昧で，何をどのように困っているかわかりにくい
②症状が多彩：多彩な訴えがあり，どれが重要か見極めにくい
③身体的要因が関与：身体症状により修飾される
④脳器質性精神疾患が多い：脳に病変のある器質性脳障害による精神疾患（認知症が代表的）が多い
⑤喪失体験との関係が強い：老年期には，身体機能，社会的役割，人間関係な

表4-11 老化による精神機能の変化[1]

知　能	横断的研究では20歳頃にピークになり30歳頃から漸減。縦断的研究では50歳頃がピークでそれ以降漸減。知能の種類別にみると，流動性知能（記銘，計算など）は30歳以降低下するが，結晶性知能（知識，判断など）は高齢になっても低下しない。
記　憶	加齢の影響を受けやすく年齢とともに低下する。
感　情	感情が平板化し，感動しにくくなる傾向がある。反面，些細なことで涙ぐんだり怒ったりすることもある。自分の身体や身近なものへの関心，執着が強くなる。
意志・欲求	一般に高齢になると減弱する。
性　格	高齢者に多い性格としては，保守的，自己中心的，易怒的，短気，引っ込み思案，義理堅い，頑固，融通性がない，ひがみやすい，などがある。加齢による性格変化は，もともとの性格の一部が先鋭化するものと，性格の偏りがとれて丸くなるという2種類がある。

どで多くの喪失を経験し，これが精神疾患の発症や悪化と関係する

本項では，これらの特徴を有する精神疾患の中で高齢者に多いとされる，認知症，うつ病，せん妄，遅発性パラフレニー（幻覚妄想状態）について簡単に解説を加える。

（2）認知症（痴呆症）

1）概　念

認知症とは，いったん正常に発達した知的機能が持続的に低下し，日常生活に支障を来す状態をいう。精神障害の分類にもしばしば利用される国際疾病分類（International Classification of Diseases and Related Health Problems, 10th revision；ICD-10）[4]の定義では，認知症とは「脳疾患による，慢性あるいは進行性の症候群であり，記憶，思考，見当識，理解，計算，学習，言語，判断など多数の高次脳機能障害を呈する状態」とされる。また，アメリカ精神医学会による診断基準 DSM-Ⅳ-TR[5]では，記憶障害と失語，失認などの認知障害を有し，社会生活に支障があり，意識障害がない状態をいう。せん妄などの意識の障害がないということは，認知症の極めて重要な条件である。

認知症の原因となる疾患はさまざまあるが（表4-12），発生頻度が高く臨床

表4-12　認知症の主な原因

神経変性性疾患	アルツハイマー型認知症，レビー小体病，前頭側頭型認知症（ピック病など），パーキンソン病など
脳血管性疾患	多発梗塞性認知症，ビンスワンガー病など
感染症	脳炎，髄膜炎，クロイツフェルト・ヤコブ病など
内分泌・代謝疾患	甲状腺機能低下症など
腫瘍	脳腫瘍など
外傷	頭部外傷，慢性硬膜下血腫など
中毒	アルコール中毒，一酸化炭素中毒など
その他	正常圧水頭症，多発性硬化症など

的に重要なものは，神経変性性認知症と脳血管性認知症である．神経変性性認知症は，神経細胞そのものが変性し，消失することにより発症するもので，アルツハイマー型認知症を代表とする．脳血管性認知症は，脳梗塞，脳出血などの脳の血管の異常により起こるものである．脳の中に多数の小梗塞がある多発梗塞性が代表的である．

2) 疫　学

わが国の認知症の有病率は，11自治体の調査結果のまとめでは，65歳以上人口の6.3％（男性5.8％，女性6.7％）で，加齢とともに増加し，85歳以上では25％以上になる．原因としては，アルツハイマー型認知症と脳血管性認知症で全体の75～80％を占める．日本では，かつては脳血管性が多いとされていたが，最近ではアルツハイマー型認知症の方が多いとする報告が多い[6]．

3) 症　状

認知症の症状は，ほぼ必発する中心的な症状である中核症状と，体調や環境の影響が大きく必須の症状ではない周辺症状に分けられる．

中核症状は，認知機能障害であり，以下のものが含まれる．

①記憶障害：新しいことを覚えることができない，昔覚えたことを思い出すことができない，など

②見当識障害：日にちや時間，自分のいる場所，親しい人などがわからないなど，時間，場所，人に対する見当識が失われる

③その他：抽象思考の障害，判断の障害，など

周辺症状は，非認知機能障害であり，以下のものがある．

①感情・意欲の障害：抑うつ，意欲の低下や亢進，など

②幻覚・妄想

③問題行動：徘徊，異食，不潔，暴力，など

④人格変化

なお，認知症にみられる，うつなどの気分障害と攻撃性や徘徊などの行動障害を示す名称として，BPSD（behavioral and psychological symptoms of dementia：認知症に伴う行動と心理症状）がある[7]．一般的に，BPSDは，周辺症状とほぼ

同義として使われることが多い。

　また，近年，認知症の前段階の状態として，MCI（mild cognitive impairment；軽度認知機能障害）が注目されている。これは，記憶障害の訴えがあり，標準化された記憶検査で一定以上の記憶力低下があるが，認知機能全般は正常で，日常生活にも支障のない状態である。アルツハイマー型認知症への移行率が高いという報告もある[8]。

4）代表的な認知症

①アルツハイマー型認知症

　前述したように神経変性性認知症の代表的疾患である。進行性であり，ある程度一定のパターンで悪化していく。経過は，前期・中期・後期の3期に分けることが多い。前期は，新しいことを覚える記銘力の低下，ごく最近のことについての記憶（近時記憶）の障害が目立つ時期で，時間についての見当識障害，自発性低下なども起こる。中期には，記憶障害が進み，古いことについての記憶（遠隔記憶）も障害される。場所についての見当識障害，判断力の低下，問題行動や妄想などのBPSDが起こり，日常生活に明らかな支障が生じる。後期には，記憶障害がさらに高度になり，人に対する見当識障害も生じ，極めて基本的な生活でも介護が必要となる。進行につれ活動性が低下し，意思の疎通が不可能になり，最終的には寝たきりとなる。

②脳血管性認知症

　脳血管障害の発症の仕方や部位により症状は異なり，急激に発症，進行するもの，緩徐な経過を示すもの，階段状に悪化するものなどがある。初期には，記憶障害，見当識障害はあるが，人格は保持され判断力なども保たれる，いわゆる，まだら認知症の状態が認められる。感情は不安定で過剰な反応を示し，それまでの性格が強調される。片麻痺や言語障害などの神経症状を伴うことが少なくない。大脳白質の病変により生じるビンスワンガー病は，脳卒中の発作がはっきりせず，初期には人格が保たれるが，徐々に認知症が進行する。なお，脳血管性認知症でも，進行すると，人格の崩壊，自発性の喪失など重篤な症状が起こる。

③ピック病

　50 〜 60代の初老期に発症し，数年〜 10年程度でゆっくり進行する疾患である。初期には記憶障害などは目立たないが，自発性の低下，緩慢な行動，欲求の抑制困難，人格変化があり，自己中心的で家庭生活や社会的活動がとれなくなる。病気が進むと，健忘，認知症症状が強くなる。最終的には精神荒廃状態で死に至る。言語や行動の繰り返し（同じことを何度も繰り返す）がみられるのが特徴的である。画像検査では，大脳の前頭葉，側頭葉に萎縮が強く，前頭側頭型認知症（主な変化が，前頭葉か側頭葉，あるいは，その両者にみられる神経変性性認知症）の代表的疾患である。

④レビー小体病

　大脳皮質にレビー小体が認められる疾患で，神経変性性認知症ではアルツハイマーに次ぐ頻度といわれる。記憶障害で始まり，徐々に進行する。早期に幻覚（具体性の高い幻視が多い）と妄想が出現する。筋固縮や寡動（身体が硬くなり動きがなくなる）を主としたパーキンソン病様の症状が，認知症症状とともに，あるいは早期にみられることがある。

（3）うつ状態（うつ病）

1）概　念

うつ状態とは次の3つを主な症状とする状態である。

①感情の障害：憂うつ，悲しい，寂しい，なさけない，せつない，など，いわゆる落ち込んだ気分（抑うつ気分）になること

②意欲の障害：やる気が出ずに，物事が億劫。そのために，動作も緩慢になること

③思考の障害：思考速度が遅くなり，頭が働かない，判断ができない状態になること（そのため，劣等感，自責の念，被害妄想などが出現することもある）

　高齢期は，心身機能の低下，社会活動や人間関係の減少などが起きやすい，いわゆる「喪失の世代」であるために，うつ状態が出現しやすいといわれる。なお，精神科医が一定の基準を用いて診断をつける「うつ病」は，症状や期間

などについてより厳密な概念であるが，本項におけるうつ状態は，より幅広い状態を示すものであり，「うつ病」という診断がつかない軽症なもの，一過性のものなども含めて考える。

2) 疫　学

これまでの報告では，地域高齢者におけるうつ状態の有病率は，9～44%と幅広く分布し必ずしも一定していないが，認知症などに比べ高い割合を呈している[9]。有病率は，年齢が上がるにつれて高くなり，中年期よりは老年期が，老年期においては前期高齢者（65～74歳）よりは後期高齢者（75歳以上）が，うつ状態の人が多い。また，一般に女性の方が，うつ状態の有病率は高いとされている（表4-13）。なお，精神科医の診断した「うつ病」の割合は中年期に最も高く，うつ状態とはやや異なる年齢分布を示す。高齢者における「うつ病」の有病率は，0.1～5.6%の範囲である[6]。

3) 症　状

高齢期のうつ状態にはいくつかの特徴がある。以下にその特徴をまとめた。
① 軽症にみえるうつが多い：高齢者は，若いときに比べ活動量が少なく，動作がゆっくりになる。そのため，意欲の低下，活動性の低下が目立たない傾向

表4-13　地域高齢者のうつ状態有病率

		K市		N村	
		(N)	有病率(%)	(N)	有病率(%)
全員		(663)	30.2	(706)	24.9
年齢	～74歳	(464)	25.4	(509)	24.4
	75歳～	(199)	41.2	(197)	26.4
性	男性	(314)	24.5	(283)	19.4
	女性	(349)	35.2	(423)	28.6

注：「中年からの老化予防総合的長期追跡研究（TMIG-LISA）」における結果。うつ状態は，老人用抑うつ尺度（geriatric depression scale；GDS）の日本語版により評価し[10]，GDS得点が11点以上の場合にうつ状態ありとした。

がある。また，高齢者がうつ状態になると，不安やイライラが強くなりがちである。その場合，じっとしていられなくて歩き回ったり，周囲の人にむやみに声をかけたりして，一見したところでは，むしろ元気があるように思われることがある。さらに，高齢者のうつ状態では，気分に関する訴え（悲しい，寂しいなど）より，身体的な訴え（痛み，便秘，食欲低下など）が目立つことがある。以上のことから，高齢者では，強いうつ状態にあるのに，精神的な落ち込みが弱いかのように判断されてしまうことがある。

②自殺の危険性が大きい
③認知症様症状がある：もの忘れ，つじつまの合わない会話など，認知症患者のような症状を示すことがある
④身体合併症が多い：うつ状態の治療をする場合には，身体的疾患にも十分に配慮することが重要
⑤環境的要因の影響が大きい：若いときに比べ，特に環境の変化に弱い

（4）せ ん 妄

1）概　念

意識障害の一種で，意識の清明度が低下し，注意の集中や維持ができず，情報を正常に処理できない状態である。

原因により，代謝性（糖尿病，甲状腺疾患など代謝性疾患による），中毒性（アルコール，薬剤による），構造性（脳卒中，脳腫瘍など脳の器質性障害による），感染性（髄膜炎などによる），その他（環境の変化，拘束，痛みなどさまざまなものによる）に分けられる。なお，高齢者では，若年成人では問題のない刺激や負荷（薬物，疾患，環境変化など）により，せん妄が起こることがあるので注意が必要である。

2）症　状

注意力・集中力の低下，思考の混乱，幻覚・錯覚，認知機能の障害（記憶や見当識の障害），活動性の異常（興奮，短気，過敏状態などを示す亢進型が多いが，自発性・反応性低下，無感動となる低下型もある），睡眠障害などがみられる。昼間はほぼ正常だが，夜間に不眠，興奮が増悪するものを夜間せん妄という。

せん妄は，比較的急性に発症し（数時間から数日の間に顕在化する），症状は変動しやすい．せん妄がはっきりする前に，不眠，不安，短気，落ち着きがないなどの前駆症状がみられることがある．

（5）遅発性パラフレニー（幻覚妄想状態）

1）概　念

老年期になってから初めて統合失調症様の幻覚・妄想を発症するが，認知症がない（認知症という診断までには至らない）病態である．この病態については，名称に関して，また，高齢初発の統合失調症と同じ病気かという点に関して議論があり結論はでていない．その問題は，精神医学領域に関する専門的なものなので本書では触れない．有病率は0.3～1.1％という結果がある[6]．

2）症　状

妄想が中心症状である．内容的には，被害妄想，心気妄想，嫉妬妄想，誇大妄想などが多く，体系的・具体的でいかにもありそうな内容になる．幻覚としては，幻聴や体感幻覚などがみられる．人格の崩れは目立たず，社会適応は良好である．女性，非社交的な性格，視力・聴力障害がある，社会的に孤立した環境にある場合に有病率が高いとされている[11]．

◇文　献◇

1) 精神機能の老化．老年精神医学講座　総論（日本老年精神医学会編），ワールドプランニング，2004，p32-35．
2) 武田雅俊：加齢変化と精神疾患．老年医学テキスト（日本老年医学会編），メジカルビュー社，2005，p254-255．
3) 西村健：老年期精神障害の特徴．長寿科学事典（祖父江逸郎監修），医学書院，2003，p354-355．
4) ICD-10　精神および行動の障害―臨床記述と診断ガイドライン（融道男ほか監訳），医学書院，1993．
5) American Psychiatric Association：Quick Reference to Diagnostic Criteria From

DSM-Ⅳ-TR. American Psychiatric Association , Washington, D.C., 2000.
6）大塚俊男：老年期精神障害の分類・疫学．長寿科学事典（祖父江逸郎監修），医学書院，2003，p.355‒356.
7）Finkel SI et al：Behavioral and psychological signs and symptoms of dementia；A consensus statement on current knowledge and implication for research and treatment. International Psychogeriatrics, 1996；8（S3）；497‒500.
8）Petersen R et al：Mild cognitive impairment；Clinical characterization and outcome. Archives of Neurology, 1999；56；303‒308.
9）Niino N et al.：Prevalence of depressive symptoms among the elderly living in an urban and a rural community in Japan. Facts Research and Intervention in Geriatrics. 1997, p71‒76.
10）新野直明：高齢者の精神的健康度をどうみるか─GDS指標の使い方を中心に．生活教育　2000；44；22‒26.
11）小山恵子：老年期精神病．老年医学テキスト（日本老年医学会編），メジカルビュー社，2005，p260‒262.

5. 高齢者のヘルスプロモーション

(1) ヘルスプロモーション

　第1回ヘルスプロモーション国際会議は1986年にカナダのオタワにて開催され,「2000年までに,そしてそれ以降もすべての人に健康を」(Health for All by the year 2000 and beyond) の大目標を達成するためにオタワ憲章[1]を宣言した。
　オタワ憲章によると,ヘルスプロモーション (Health Promotion) とは,人々が自らの健康をコントロールし,改善することができるようにするプロセスである。そこで完全な身体的,精神的,社会的に well-being (幸福な状態) に到達するために,生活様式 (ライフスタイル) の変更を伴うような広い意味での健康教育の方法や制度ならびに社会基盤の整備の必要性があると合意し,これを通して疾病予防ならびに健康増進の可能性を宣言した。
　ヘルスプロモーションの具体化には,1つの前提条件 (平和,住居,教育,食物,収入,安定した生態系,生存のための諸資源,社会的正義と公正),3つのプロセス (①唱道 advocate,②能力の付与 enable,③調停 mediate),5つの活動 (①健康的な公共政策づくり,②健康を支援する環境づくり,③地域活動の強化,④個人技術の開発,⑤ヘルスサービスの方向転換),が有機的に行われることが必要である,と述べられている。モデル (図4-4) を参考にしながら理解を深めて欲しい。

(2) 健康日本21

　オタワ憲章の理念を実現すべく,わが国は平成12 (2000) 年に,2010年を目途として第3次国民健康づくり対策である「21世紀における国民健康づくり運動 (健康日本21)」[2]をスタートさせた。すべての国民が健やかで心豊かに生活できる活力ある社会をめざし,壮年期死亡の減少,健康寿命の延伸,生活の質の向上を目的に掲げている。そのために,①1次予防の重視,②健康づくり支援のための環境整備,③目標等の設定と評価,④多様な実施主体による連

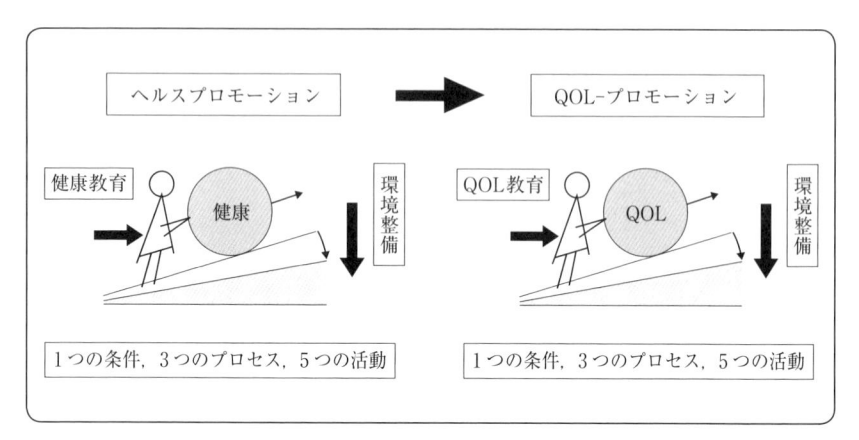

図4-4 ヘルスプロモーションから QOL プロモーションへ

携のとれた効果的な運動の推進,を基本方針にかかげた。この活動は科学的根拠をもとに9分野の生活習慣と生活習慣病への取り組みの方向性と目標を示し,その達成に向けて努力しようという国民運動である。その実効を上げるべく多くの自治体は健康日本21の地方版を作成し展開している。

国はこの施策を強力に推進するために,2002年に健康増進法を成立させ,法的基盤整備を行った。

(3) 高齢者の健康と QOL

健康の定義は,1946年に WHO の憲章前文に唱えられたもの（第4章1（1）参照）が一般的になっている。筆者の健康の定義もこれに準拠している。ところが筆者はこの定義のキーワードである well-being を,特に高齢者に対しては,「良好な」状態ではなく「幸せな」,「満足した」,「安寧な」状態とした方が,より現実的でかつ合理的な解釈であると考えている。

健康をこのように解釈することは,健康を二次元,2軸で考えることであり,理解しやすくなる。そこで筆者は Downie と Tannahill の健康二次元論[3]に賛同し,この平面を健康座標と名づけた（図4-5）[4]。横軸が health 軸で,縦軸が well-being 軸である。この座標上の点が生活的健康となるが,筆者はこの

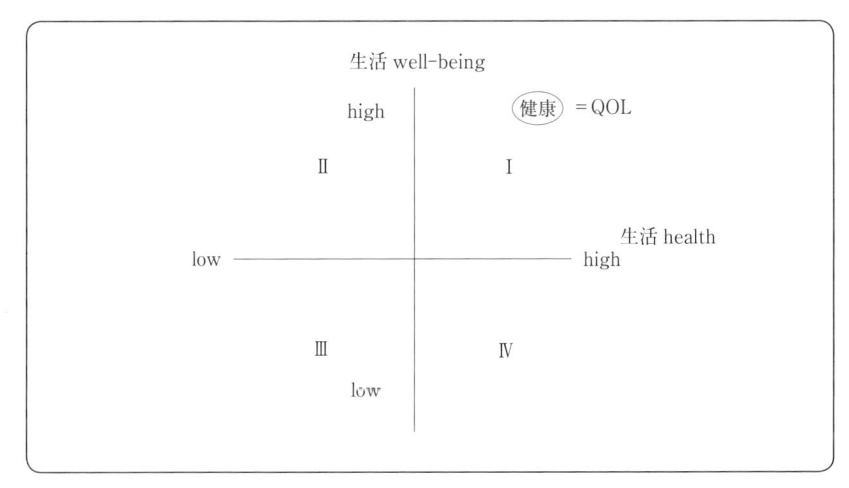

```
                生活 well-being
                    high
                              ㊀健康㊁ = QOL
            Ⅱ          Ⅰ
                                    生活 health
   low ─────────────── high
            Ⅲ          Ⅳ
                    low
```

図 4-5　健康座標

(Downie, Tannahill et al：Health Promotion, 1996. を一部改変し作成)

点を QOL 点と呼ぶことにした．このように QOL を定義すると，この QOL には Lawton-Shibata の QOL の要素がすべて包含されており，妥当性が証明されたと考えることができる．これにより QOL なる抽象概念は視覚的に捉えられたことになり，QOL の理解が容易になる．そして「健康とは QOL なり」の定義となる．

ここで重要なのは軸の解釈である[4]．横軸（health 軸）は客観軸であり，生活機能を表している．この解釈は 1984 年に WHO が高齢者の健康のために示した新しい概念に近いものになる．すなわち，WHO は「従来の健康指標である死亡率や罹病率は，高齢者の健康を見る上であまり有用ではない．生活機能 (functional capacity) を健康の指標とする」ことを提唱している．一方，縦軸（well-being 軸）は主観軸であり，幸せ，満足，安寧を表している．心の軸であり，WHO の第 4 の健康である Spirituality を内包していると考えている．

(4) 高齢者の QOL プロモーション

このように，健康とは QOL であり，健康座標上に QOL 点として付置した。この QOL 点を横軸に沿って右方へ移動させること（健康増進）がヘルスプロモーションであり，縦軸に沿って上方に移動させること（幸せ・満足・安寧）がウエルビーイングプロモーションである。そしてこの2つの軸（要素）の合成（ベクトル）である QOL 点を原点からより遠方に移動させることが QOL プロモーションである。わかりやすく図4-6に示す。これにより3つのプロモーションの関係が明らかになる。なお本項で述べたヘルスプロモーションは前述のオタワ憲章のヘルスプロモーションとは概念が若干異なっている。オタワ憲章のヘルスプロモーションは本項の QOL プロモーションに近い概念である（図4-4）。

健康を増進する方法は国がアクティブ80ヘルスプラン（1988年）で示した国民健康づくりのための3指針，栄養・運動・休養が基本であり，さらに健康日本21の喫煙，飲酒，ストレスのコントロールなどが不可欠である。特に高齢者においては，加齢による衰退過程を受容しつつも廃用症候群に陥らぬために，相応の運動・栄養の基本的な活動[5]は，これらの指針を参考に行われる

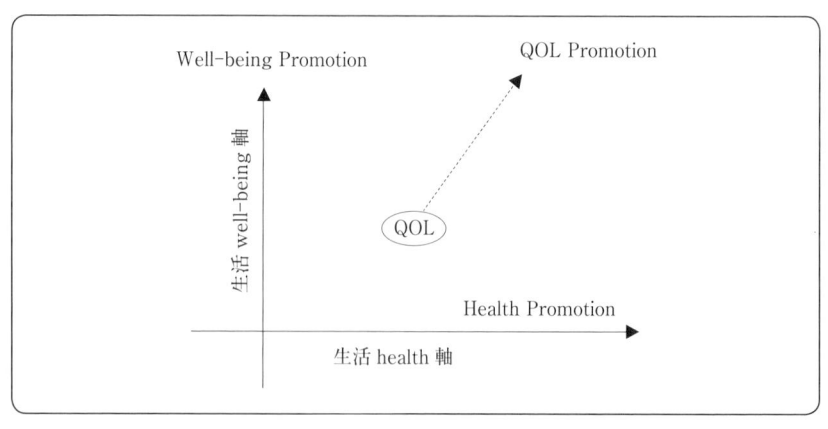

図4-6 Health Promotion, Well-being Promotion, QOL Promotion の関係

べきである。

　ところがこの健康づくりの3指針をていねいに読んでみると，そこにはヘルスプロモーション推進の指針とともに QOL プロモーション（ウエルビーイングプロモーション）を狙った指針が入っている。たとえば，「楽しい食事」……など，「楽しく運動する」……など，「豊かな人生を」……などである（図4-4）。

　高齢者にヘルスプロモーションを無理に行うと健康を損ないかねない。高齢者に筋肉トレーニングを行っても QOL 点を右方向へ移動させることは難しい。西洋の格言に「Eat well, exercise, still you die」というのがある。QOL 点を上方に押し上げる QOL プロモーションの意義は，高齢者にとっては，ますます大きなものになる（図4-4，図4-6）。それではそれはどのようにして得られるのだろうか。その解答の1つが自己実現（生きがい）である。その結果は successful aging（満足な人生）につながる。具体的な活動については別に論じられているので参照されたい[6]。

◇文　献◇

1) ヘルスプロモーション─ WHO：オタワ憲章─，島内憲夫訳，垣内出版，1990.
2) 健康日本21（21世紀における国民健康づくり運動について），健康・体力づくり事業財団，2000.
3) R.S.Downie, C.Tannahill, A.Tannahill：Health Promotion, Models and Values, Oxford University Press, 1996.
4) 野尻雅美：21世紀の健康増進─ QOL Promotion, 公衆衛生69（10），医学書院，2005.
5) C.Keller, J.Fleury：Health Promotion For Elderly, Sage Publications, 2000.
6) 柴田博：8割以上の老人は自立している．ビジネス社，東京，2002.

6. 健康長寿をめざす取り組み ―運動，栄養，ライフスタイル―

（1）健康長寿の願い

　不老不死あるいは不老長寿は古代より人々の願望である。世界最古の文学の1つとされるギルガメシュ叙事詩にも，紀元前27世紀頃のシュメールのウルク王ギルガメシュが永遠の命を求める冒険の中で不死の薬草を手に入れるが，蛇に食べられ失意のうちに死んだという記述がある。また，始皇帝が不老不死を求め徐福に蓬莱の国から仙人を連れてくるよう命じた逸話も有名である。高い水準の自己実現を成し遂げたと思われるこれらの王にも，生存・生理的欲求と安全の欲求は根源的なものとして存在したのであろう。

　かなりの長寿を達成した今日のわたしたちもまた，さらなる健康長寿を求めている。この背景には，若死の予防が進み高齢期に達することができるのがあたりまえのようになってきたこと，平均寿命や平均余命は著しく延伸したが，健康寿命の延びは相対的に小さくその乖離が進んでいることなどがあげられる。

（2）健康長寿のための予防活動の枠組み

　疾病の自然史（疾病の自然な成り行き）に対応した予防手段として，1953年にクラークとレーベルは，①健康増進，②特殊予防，③早期発見・早期治療，④障害の制限，⑤リハビリテーション　という5つの水準を提唱した。このうち，健康増進と特殊予防を第一次予防，早期発見・早期治療を第二次予防，障害の制限とリハビリテーションを第三次予防とする予防の概念が，公衆衛生の分野で広く用いられている。しかし，高齢化が進み，慢性疾患が疾病構造の中心となった今日，高齢期の健康指標としては，単に寿命（死亡率）や特定の疾病の罹患状況だけではなく，身体・精神・社会的側面の総合としての生活機能の自立や主観的健康あるいは生活満足度などを含めた観点が重視される。この

ため高齢期では疾病の自然史に応じて予防手段を区別する意義が薄れ，生活機能の水準に応じた予防活動の枠組みが重要となってくる．生活機能の水準は，おおまかに，①自立（身体・精神・社会的活動が良好な状態にある高齢者），②要支援（BADLはほぼ自立しているが，IADLに何らかの障害があり，日常の社会交流や生活の場が住居内や隣近所に限定されている），③要介護（BADLに何らかの障害を有し，社会交流や生活の場がほとんど住居の中に限定され，一定期間にわたり継続して常時介護を要すると見込まれる状態）に区分される．この生活機能の水準は，高齢者の日常社会生活の場の大きな規定要因にもなっているため，予防活動の場も問題となってくる．

生活機能の水準に応じた予防活動の水準としては，①第一次予防（自立した生活，より高次の生活機能の維持・増進をはかり，要介護状態発生を防ぐための取り組み），第二次予防（生活機能の低下，あるいは生活機能の低下をきたしやすい対象の早期発見，早期対策），第三次予防（障害による生活機能低下を最小限に抑え，また，社会環境の整備により社会的不利に陥ることを予防し，生活の質と尊厳を保ち，社会参加や自己実現がはかれるようケアし，また，リハビリテーションを行うこと）が重要となる．

（3）第一次予防（生活機能の維持・増進，特殊予防）

1）生活習慣に対する介入

観察的研究で明らかになった関連要因に介入した後，予想外の結果や副作用，実施上の問題などが生じることがあり，生活習慣のガイドラインの確立のためにも介入研究が不可欠である．これまで主に循環器疾患を対象として，その改善や予防を目的とした多くの介入研究が行われてきた．これは，循環器疾患による若死が多かった時代背景にもよる．わが国の1960年の65歳未満区間死亡確率（65歳までに死亡する確率）は約30%もあり，1951年から1980年まで死因の第1位を占めた脳血管障害に対しては，特に危険因子の解明と対策が積極的に進められた．高血圧や血清総コレステロールの低値および高値，喫煙，心房細動など数多くの脳血管障害の危険因子が明らかにされ，その予防のため

の地域介入研究も各地で行われた。しかし，全国的にみられた脳卒中死亡率の著減には，第二次予防を中心とした循環器管理の普及以上に，高度経済成長を背景とした栄養状態の改善や食塩摂取量の減少，重筋労働の減少や住環境の整備の関与が指摘されている。

　フィンランドの地域住民の心疾患予防を目的として，地域行政や企業，法律など地域全体に介入を行ったノース・カレリア・プロジェクト（North Karelia Project）の結果では，1970年代は心疾患の有病率や死亡率に顕著な改善がみられたが，1980年代にはその効果が減少している。治療技術，延命医療が発達し，平均寿命が長くなった今日では，介入の効果を死亡率で判断するのは困難となってきたようである。また，動脈硬化性疾患の予防を目的とした介入の効果が十分でない背景には，疾病の危険因子が高齢期では中年期と異なる場合があることも関与していると思われる。

　平均寿命が長くなった近年は，認知症や転倒，低栄養などの老年症候群の予防や発症の遅延を目的とした介入研究が多くみられる。特に老人施設入居者などのハイリスク群の，転倒予防や体力の向上，低栄養の改善などを目的とした，運動や栄養の実験的，臨床的な介入研究が多い。筆者らは，生活が自立している44名，平均年齢74歳の有料老人ホーム入居者を対象に2年間にわたり，講義や実習（82回），小集団学習（9回），個別健康指導（65回），職員に対する研修会などの学際的介入を実施した。初回調査において肉や卵の摂取頻度が少なく低栄養の危険性の高い対象が多かったため，栄養改善プログラムでは，高齢期では低栄養が問題となりやすいことを強調し，「肉や卵は健康によくない」とする誤解を解くよう努めた（表4-14）。2年後，介入群では，肉類をほぼ毎日食べる者は27％から55％，卵をほぼ毎日食べる者は39％から59％に増加し，血清アルブミンとBMIが有意に増加した。また，運動頻度も増加し，血清総コレステロールの低下とHDLコレステロールの上昇という血清脂質構成の改善もみられた[1]。本研究で良好な効果が認められた背景には，有料老人ホームには経済水準が高く，高学歴で健康に高い関心をもつ者が多いこともあげられるが，対象の属性，健康状態と生活習慣の特性を把握した上で介入の目標を定

表 4-14 低栄養予防のための食生活の指針

1) 3食のバランスをよくとり,欠食は絶対さける
2) 油脂類の摂取が不十分にならないように注意する
3) 動物性タンパク質を十分にとる
4) 肉と魚の摂取は 1:1 程度の割合にする
5) 肉はさまざまな種類を摂取し,偏らないようにする
6) 牛乳は毎日 200ml 以上飲むようにする
7) 野菜は,緑黄色野菜や根野菜など豊富な種類を毎日食べる 加熱調理し,摂取量を確保する
8) 食欲がないときは特におかずを先に食べ,ごはんを残す
9) 食材の調理法や保存法に習熟する
10) 酢,香辛料,香り野菜を十分に取り入れる
11) 味見してから調味料を使う
12) 和風,中華,洋風とさまざまな料理を取り入れる
13) 会食の機会を豊富につくる
14) かむ力を維持するため義歯は定期的に点検を受ける
15) 健康情報を積極的に取り入れる

出典:熊谷修:自立高齢者の老化を遅らせるための介入研究 有料老人ホームにおける栄養状態改善によるこころみ,日本公衛誌 1999;46(11):1003-1012.

め,対象に応じてプログラムを開発し介入したことが重要であると思われる。

地域在宅高齢者の生活習慣に対する介入研究も散見されるが,その効果は不十分なものが多い。スヴァンボルグ(Svanborg)らは,生活機能や主観的 QOL 指標の低下の遅延あるいは予防を目的として,スウェーデンの 70~76 歳の地域在宅高齢者に対し学際的な地域介入研究を実施した。この研究では,子どもの離婚が最大の負のライフイベントであること,疾病からの回復が最大の正のライフイベントであることなどが明らかにされたが,介入群と対照群の間に効果の差を認めていない[2]。選択的脱落が生じやすく,また,負のライフイベントの多い高齢期の介入効果の評価は非常に難しいようである。

筆者らは,地域在宅高齢者の老化遅延のための健康施策の開発を目的に,在宅高齢者を対象として,各種の健康教室や実習,実技指導などの介入を実施した。その際,調整会議や研修会により,行政の企画調整,保健,福祉,社会教育の各部局,住民組織,関連団体などにも介入を実施した。介入した 2 年間の住民の血液栄養指標の変化を,介入前の 2 年間(観察期)の変化と比較した結

第4章 高齢者の健康と生活の質

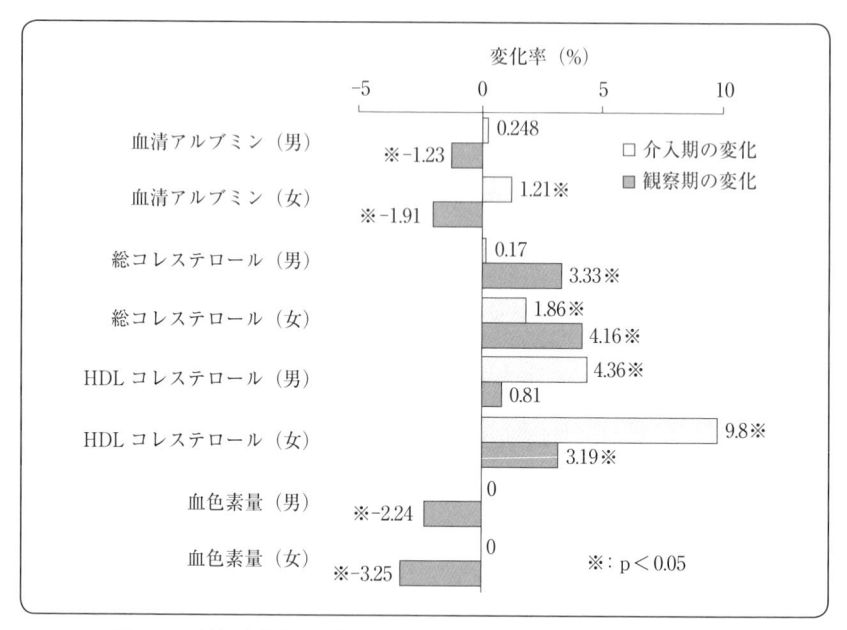

```
                    変化率（％）
              -5      0      5      10
血清アルブミン（男）  ※-1.23  ┃0.248
血清アルブミン（女）  ※-1.91  ┃1.21※
総コレステロール（男）        ┃0.17
                              3.33※
総コレステロール（女）        1.86※
                              4.16※
HDLコレステロール（男）      4.36※
                              0.81
HDLコレステロール（女）      9.8※
                              3.19※
血色素量（男）      ※-2.24  0
血色素量（女）      ※-3.25  0
                                   ※：p＜0.05
□ 介入期の変化
■ 観察期の変化
```

図4-7 地域高齢者の観察期および介入期の2年間の血液検査値の変化
　出典：熊谷修：地域在宅の自立高齢者の老化を遅らせる手段の開発を目指して．中年からの老化予防に関する医学的研究―サクセスフル・エイジングを目指して（東京都老人総合研究所編），東京都老人総合研究所，2000，p285-292．より作成

果を図4-7に示した。観察期には血清アルブミンと血色素量の有意な低下がみられていたが，介入期にはHDLコレステロール，女性の血清アルブミン，血清総コレステロールが有意に増加し，血色素量は不変であった[3]。地域在宅高齢者の老化に伴う栄養指標の低下を防ぎ，血清脂質構成を改善させた本介入プログラムは，有効性と実施可能性に富むものと思われる。

　近年，要介護者の急増を背景に介護予防事業が各地で行われているが，要介護者の割合（有病率；prevalence）は，要介護状態の発生率（罹患率；incidence）と要介護期間（有病期間）の積で規定される。要介護者の増加には，ケアの向上により要介護状態を生じても長生きできるようになったことも大きく影響している[4]。ハイリスク群だけを介護予防事業の対象とするのではなく，高齢者全体の栄養状態や血圧，体力，生活習慣などの分布を好ましい方向に移行させ

るポピュレーションストラテジー (population strategy) は，介護予防活動においても欠かせない．

２）特殊予防

高齢者集団に対してもいくつかの特殊予防の取り組みがある．脳卒中の予防に関しては，特に一過性脳虚血発作の既往や心房細動などの危険因子を有する者に対する降圧療法，抗血小板療法，抗凝固薬の効果が確認されている．

生体防御能の低下による易感染性に対しては，インフルエンザ予防接種がインフルエンザ罹患率の低下や重症化の防止に効果があることが知られている．肺炎球菌ワクチンの肺炎予防効果は，健常成人については認められているが，高齢者集団に対する効果のエビデンスは現在のところ確立していない．

骨折の予防では，エストロゲン製剤によるホルモン補充療法の効果が認められているが，一方で乳癌と心血管系障害のリスクを増大することも判明しており，長期使用はすすめられない．その他，活性型ビタミンD3製剤やビスフォスフォネート剤の脊椎骨折の予防効果が報告されている．また，ヒッププロテクターの骨折予防の有効性も確認されているが，普及に関しては，使用時の不快感や使いにくさ，価格などの問題が残っている．

（４）第二次予防（生活機能低下の早期発見・早期治療）

１）ハイリスクストラテジーの意義と課題

疾病や障害を生じやすい危険因子をもつ対象を早期に発見し，重点的に行う対策は，ハイリスクストラテジー（high risk strategy）と呼ばれる．健康診断から事後指導の流れの多くがこれに該当する．個人に対し適切な介入がなされると対象が得る利益は非常に大きく，危険因子のスクリーニングにより生命を救われた人々は数知れない．特に循環器疾患予防のための介入が多くみられる．心血管疾患の危険因子をもつ1万人以上の男性を，生活指導を重点的に行う介入群と対照群に無作為に割り付け約7年間追跡したMultiple Risk Factor Intervention Trial（MRFIT）の結果では，喫煙状況や血圧，脂質濃度の改善度は介入群の方が大きかったが，総死亡率や心疾患死亡率には有意差をみていな

い。ハイリスクストラテジーの効果は，選ばれた対象に限られる一時的なもので，次の発生を防ぐ効果は小さい。

　ハイリスクストラテジーが有効に機能するためには，ハイリスク群を適切にスクリーニングし，予防活動につなげる必要がある。健康診断もその1つの手段である。しかし，生活機能低下の早期発見を目的とした健康診断を従来からの会場招待型で行うと，ハイリスク群の受診が欠落してしまう。東京都老人総合研究所が地域在宅高齢者の老年病症候群の予防を主目的として実施している「お達者健診」の受診者438人（50.8%）と非受診者の特性を調べた結果では，非受診者の方が，高齢で，主観的健康感が悪く，生活機能が低く，うつ傾向が高く，主観的幸福感が低かった[5]。現在，地域支援事業の一環として，要介護状態や要支援状態となるおそれのある高齢者（特定高齢者）に対する介護予防事業が行われている。その対象の把握として，介護予防健診や訪問活動，関係機関からの情報，本人，家族，地域住民などからの情報，要介護認定における非該当者などの情報が想定されているが，ハイリスク者の介護予防活動への参加を現実のものとするためには，移動手段の整備や訪問による活動が最も重要になると考えられる。

2) 介護予防のためのハイリスクストラテジー

　介護予防を目的とした事業としては，老人保健事業や介護予防・地域支え合い事業を中心にサービスが実施されてきた。しかし，制度や事業に一貫性がなく，対象者が限定されること，サービス内容に統一性がなく各職種間の連携が十分でないこと，対象者のニーズや状況に関する的確なアセスメントやサービスの結果に対する適切な評価が行われていないこと等の問題が指摘されている。実施状況にはかなりの地域差もみられ，安村らの調査[6]によると，全国自治体の介護予防事業の実施率は，運動指導事業が24.4%，IADL訓練事業が19.4%，閉じこもり予防教室が8.4%にすぎない。これらを踏まえて地域支援事業の一環として取り組まれることになった，運動器の機能向上や栄養改善，口腔機能の向上や認知症予防，閉じこもり予防，うつ予防，転倒予防などの介護予防事業の多くは第二次予防に位置するハイリスクストラテジーを基盤とし

ている。

a. 高齢者のための健康診断

　今日，高齢者に対しては老人保健法に基づく基本健康診査が行われている。平成18（2006）年度の見直しにより，基本健康診査の目的に，高齢者が要介護状態となることを予防し，自立を支援するという趣旨が追加された。また，65歳以上の者に対して，問診に生活機能に関する項目が追加され，理学的検査に，口腔内の視診，関節の触診および反復唾液嚥下テストが追加され，また，血清アルブミン検査が追加されている。

　健康診断が行われる条件としては，

① 対象となる病態の条件：まれな疾患でないこと，重要な問題であること，疾病の自然史が明らかなこと，一定の潜伏期や初期徴候があること，治療法があること

② 検査の条件：信頼性と妥当性が高く，鋭敏度と特異度が高いこと，簡便で短時間で結果が得られること，費用が安いこと，非侵襲的で負担の少ないこと

③ 事後措置の条件：結果の通知について適切なガイドラインがあること，治療を行う手続き・施設があること

④ システムの条件：費用対効果があること，対象が検査や治療を受ける機会を確保できること

などがあげられる。生活機能低下の危険因子のスクリーニングについては上記の条件に関するエビデンスがまだ十分とはいえない。特に対象が健診を受診する機会の確保は不十分である。生活機能低下の危険因子を有する対象は移動能力が低下しているため従来の健診のように受診率を上げる取り組みは有効性があまり期待できない。高齢者の受療率が高いことを考慮すると，医療機関を受診している高齢者については，かかりつけの医療機関において，高齢者総合機能評価（comprehensive geriatric assessment；CGA）を行い，生活機能については，身体的，精神的，社会的な各領域から包括的なアセスメントを行い予防やケアに結びつけていく必要があると思われる。

b. 運動器の機能向上

　　運動機能向上に関する無作為化比較試験（randomized controlled trial；RCT）は多く，最大酸素摂取量等の生理学的機能や筋力，バランス機能，歩行機能などの向上が確認されている．ただし，2年以上の長期の効果を検討した研究はない．また，ADLや主観的QOLの変化も検討している研究は少ない．運動器の機能向上による生活機能の向上の効果は体力水準が低下している者ほど大きいため，虚弱高齢者が介入の対象となることが多い．虚弱高齢者はさまざまなリスクを有している者が多いため，介入にあたっては厳重なリスクマネジメントが必要である．また，アウトカム指標にADLや主観的QOL指標を含めた評価が必要である[7]．

c. 口腔機能向上

　　病院や施設入所者を対象とした口腔機能向上の介入プログラムが，血清アルブミン値の改善，発熱・肺炎の減少，要介護度の改善等の効果をもたらすことが報告されている[8]．しかし，わが国では在宅の要支援者や要介護者が容易に歯科を受療できる体制がない．要介護者でも訪問歯科診療などにより自宅でも質の高い口腔ケアを受療できるシステムが望まれる．

d. 栄養改善

　　主に病院や施設入所者を対象とした6カ月程度の栄養改善の介入が，体重などの栄養指標の改善，ADLや自覚症状などの改善をもたらすことが報告されている[8]．特に生活機能が低下している者は摂取カロリーが不足しているだけでなく，食品摂取の多様性が失われている者が多いため，低栄養を防ぐ取り組みでは多様性に富む食品摂取習慣をめざす視点も重要である．

e. その他の生活機能低下の予防

　　認知症，うつ，閉じこもりの予防についての信頼性の高いRCTはほとんどない．安村らは，閉じこもり高齢者の主観的QOLを向上させ，閉じこもり解消につなげることを目的としたRCTを行い，週1回，計6回の，心理療法の1つであるライフレビューと健康情報の提供が，介入群の生活体力を改善させることを報告している[9]．

(5) 第三次予防（ケアとリハビリテーション）

　高齢期の疾病や障害は慢性的な病態が多いため，ケアとリハビリテーションのあり方が予後を大きく左右する。疾病や障害に罹患した場合には，早期からの適切な診断と治療が必要となる。インフルエンザや大腿骨頸部骨折の治療に代表されるように，安静にして経過をみる時代は終わり，積極的に治療をする時代になってきている。近年，育毛剤や勃起不全治療薬，自覚症状の改善などQOLの向上を支援する薬剤の開発も進んできている。

　脳卒中の管理では，血圧の管理，アスピリン投与，専門的ケアによる生活機能低下を防ぐ効果が認められている。認知症については，軽〜中等症のアルツハイマー病患者への塩酸ドネペジル（アリセプト）投与が，投薬3カ月以後の認知機能を維持または改善させ，日常生活機能，感情機能などを改善することが報告されている。また，女性患者へのエストロゲン（卵胞ホルモン）投与も認知機能の改善の効果があることが報告されている。その他の治療では，患者に時間や場所，人についての見当識をつける目的で情報を提示する現実見当識療法が認知機能の改善に有効である。認知症の治療に音楽療法や回想療法もよく行われているが，これらの効果についてのエビデンスはまだ十分ではない。精神的なケアとして，認知症患者の能力に適した環境を整備し，残存能力を引き出す取り組みが重要である。各種の障害は環境との相対的な関係で生じるため，環境面の整備も重要な課題である。

(6) 予防活動の目的と手段の変遷

　高齢者の生活習慣に対する介入の目的は，主要死因となる疾病を予防し若死を防ぐことから，寿命の延長を背景に，老年病症候群の予防や発症の遅延，さらにはケアや医療技術の発展を背景に，生活機能やQOLの維持向上へとその重点が推移してきた。中年期までの生活習慣は健康を維持するための手段として重要であるが，高齢期の適度な運動や社会貢献活動などの好ましい生活習慣は，生活機能の維持を基盤として成立する側面もある。より高次の生活機能の

維持・増進をめざすためには，社会活動などの生活習慣そのものが介入の目標となる場合もありうる．さらに，高齢期の生活習慣に介入する際には，健康問題と生活習慣の課題がライフステージにより異なることも考慮する必要がある．また，取り巻く環境を住民のQOLの向上に資するよう整備していくことも地域介入では重要となる．

◇文　献◇

1) 熊谷修：自立高齢者の老化を遅らせるための介入研究　有料老人ホームにおける栄養状態改善によるこころみ．日本公衆衛生雑誌，1999；46 (11)：1003-1012.
2) Grimby A, Svanborg A.：Life events and the quality of life in old age. Report from a medical-social intervention study. Aging 1996；8；162-169.
3) 熊谷修：地域在宅の自立高齢者の老化を遅らせる手段の開発をめざして．中年からの老化予防に関する医学的研究―サクセスフル・エイジングをめざして（東京都老人総合研究所編），東京都老人総合研究所，2000．p285-292.
4) 渡辺修一郎：介護予防におけるハイリスクストラテジーとポピュレーションストラテジー．桜美林シナジー　2005；4；45-56.
5) 鈴木隆雄，岩佐一，吉田英世ほか：地域高齢者を対象とした要介護予防のための包括的健診（「お達者健診」）についての研究　1.受診者と非受診者の特性について．日本公衆衛生雑誌　2003；50 (1)：39-48.
6) 安村誠司：平成15年度長寿科学総合研究事業「介護予防事業の有効性の評価とガイドライン作成に関する研究」，2004.
7) 柴田博：日本および海外における高齢者の身体活動と健康．臨床スポーツ医学　2005；22；2-7.
8) 介護予防サービス開発小委員会：介護予防の有効性に関する文献概要．第2回介護予防サービス評価研究委員会資料．厚生労働省，2004.
9) 安村誠司：高齢者における「閉じこもり」．日本老年医学会雑誌　2003；40 (5)：470-472.

7. ケアとリハビリテーション

(1) リハビリテーションとは

1) リハビリテーションの起源

リハビリテーションの言葉の起源をたどると中世までさかのぼる。リハビリテーションとは領主や教会から破門されたものが許されて「復権」することを意味した。ジャンヌ・ダルクのリハビリテーションといった使われ方である。第二次大戦を契機に労働力不足から障害者を tax payer に戻すという米国的な発想に則り現代のリハビリテーション体系が形成された。その対象者は高齢や疾病による障害者,視覚・聴覚などの感覚機能障害,精神障害者等へと広がっていったのである。

紙面の制約上,ケア技術およびリハビリテーション技術については成書に譲り,概念としてのケアおよびリハビリテーションについて鳥瞰するにとどめる。

2) 手段としてのリハビリテーション技術

リハビリテーションを目標からみた定義によると,「障害者が身体的・心理的・社会的・職業的・経済的有用性を最大限に回復すること」(アメリカ全国リハビリテーション委員会,1941) とされる。おおよそ30年後の,手段としてのリハビリテーションからみた定義では「障害の場合に機能的能力 (functional ability) が可能なかぎりの最高のレベルに達するように個体を訓練あるいは再訓練するため医学的・社会的・教育的・職業的手段を併せ,かつ調整して用いること」(WHO, 1968) とされている。さらに20年後,「リハビリテーションとは,能力障害あるいは社会的不利を起こす諸条件の悪影響を減少させ,障害者の社会統合を実現することを目指すあらゆる措置を含むものである。リハビリテーションは障害者を訓練してその環境に適応させるだけではなく,障害者の直接的環境および社会全体に介入して彼らの社会統合を容易にすることをも目的とする。障害者自身,その家族,そして彼らの住む地域社会はリハビリテーショ

ンに関係する諸種のサービスの計画と実施に関与しなければならない」(WHO, 1981) と定義づけられた。注目すべき文言は，リハビリテーションの対象が障害高齢者本人からその家族，地域住民にまで広がったこと，そしてリハビリテーションを実施する場所が病院・施設から地域へと変移していることである。現在，最も一般的に用いられている定義において，「リハビリテーションとは，身体的，精神的，かつまた社会的に最も適した機能水準の達成を可能にすることによって，各個人が自らの人生を変革していくための手段を提供していくことを目指し，かつ，時間を限定したプロセスである」(国際障害者世界行動計画による定義，1982) とされている。この定義以降，リハビリテーションの総合的なアプローチの必要性が明確にされ，目標設定は障害者本人で，それは障害者自身が人生を変革するための手段とし，リハビリテーション技術は時間的に限定されるものであると明示されることになった。

3) 高齢者に対するリハビリテーション分野

高齢者におけるリハビリテーション分野は3つある。医学的リハビリテーション，職業的リハビリテーション，社会的リハビリテーションである。医学的リハビリテーションは，「個体の機能的または心理的能力を，必要な場合は代償機能を活用することによって発達させる一連の医療であって，それによって障害者が自立し，活動的な生活を送ることができるようにすること」，職業的リハビリテーションは，「職業指導，訓練，適職への就職など障害者がふさわしい雇用を獲得し又はそれに復帰することができるように計画された職業的サービスの供与」，社会的リハビリテーションは，「全リハビリテーション過程の妨げとなるすべての経済的・社会的困難を減少させ障害者を家庭や地域社会や職業に適応できるように援助し，社会に統合あるいは再統合することを目指すリハビリテーション的営みの部分」とされている (WHO, 1981)。高齢者に対するリハビリテーションを実施するに当たり，領域ごとのみならず各分野にまたがって横断的に機能することが必要であるといえる。

（2）ケアとは

1)「ケア」とは「身体介護」か

　ケアの日本語訳である介護の意をある辞典で引くと[1]，「「介助」と「看護」が組み合わされた造語。1963年に老人福祉法が制定され，老人ホームの体系が変更され，特別養護老人ホームの新設で看護師不足から，障害ある高齢者の世話を，寮母がその肩代わりをすることになったが，資格をもたない寮母が行う「看護」は「看護」と呼ぶには適切でないということから，「介護」という言葉が使用される」とされている。介護という言葉の生まれた経緯を読み取ることができる。しかし，ケアの本質的な意味をくみ取れない。別の辞典[2]では，「介助，看護，世話などとの異同がときとして不明瞭になるが，本来は介助を含みつつより広い概念をもつ。身体動作面上の介助だけでなく，家事，外出，趣味，職業，社会活動などへの援助（社会的介護），および精神的自立に向けての援助（自己決定権の擁護と自己決定能力の向上）を含む」とある。ここからわかるのは，ケアとは時代の要請から生まれた行政用語ではなく，身体介護だけでなく精神的・社会的なものを含む広義の意を含むものということである。

2) ケアの要素

　ケアとは何だろうか。『ケアの本質』の著者メイヤロフの言葉を紹介する[3]。「一人の人格をケアするとは，最も深い意味で，その人が成長すること，自己実現をすることをたすけることである」そして，「ケアの相手が成長するのをたすけることとしてのケアの中で，私は，ケアする対象を，私自身の延長のように身に感じとる」としている。そして，メイヤロフの小論から影響を受けた，ノディングズ[4]は，ケアをする人，ケアをされる人の2つの視点から理解することを試み，ケアとは一方的に与えるものではなく，ケアは授受され，双方向的であるとする重要な指摘をしている。

　ケアの要素は，知識，リズムを変えること，忍耐，正直，信頼，謙遜，希望，勇気であるといわれている。すなわち，ケアとは多くのことを知る必要があり，そのような知識は一般的なものであり，かつ個別的なものでもあり（知識），

単なる習慣に従って行うだけではケアすることはできないとし，逆説的ではあるが"何もしない"ということも行動することのうちであり（リズムを変えること），忍耐強い人は余地とか時間でなく，相手に生活していく上でのゆとりを与えるのだといった方がより適切であり（忍耐），ケアする側の真摯な対応を求め（正直），依存しすぎることは，本質的に信頼とは相容れず（信頼），もはや学ぶものがないという態度は，ケアとは相容れず（謙遜），単に他者に希望をかけることなのでもなく，私のケアを通じて相手が自己実現していくのを希望すること（希望・勇気）であるといえる。また，ケアの主要な特質として，ケアのプロセスの第一義的重要性，ケアする能力とケアを受容する能力，ケアの対象が変わらないこと，ケアにおける自責感，ケアの相互性等をあげている[3]。

（3）ケアとリハビリテーションにかかわる職種

　ケアおよびリハビリテーションにかかわる専門職種について，法律の制定年度順に列挙する。医師：医師法（昭和23年7月30日法律201号），看護師：保健師助産師看護師法（昭和23年7月30日法律第203号），理学療法士・作業療法士：理学療法士及び作業療法士法（昭和40年6月29日法律第137号），視能訓練士：視能訓練士法（昭和46年5月20日法律第64号），社会福祉士・介護福祉士：社会福祉士及び介護福祉士法（昭和62年5月26日法律第30号），義肢装具士：義肢装具士法（昭和62年6月2日法律第61号），介護支援専門員（通称：ケアマネジャー），訪問介護員（通称：ホームヘルパー）：介護保険法（平成9年12月17日法律第123号），言語聴覚士：言語聴覚士法（平成9年12月19日法律第132号），精神保健福祉士：精神保健福祉士法（平成9年12月19日法律第131号）があげられる。なお，民間資格ではあるが臨床心理士も含まれる。

　資格制定年度順に並べると，施設から地域へ，医療から保健・福祉分野に関連する資格が増えてきたのがわかる。病院で死を迎えるという風潮から，生まれ育ったなじみの場所で最後まで元気に生活したいという高齢者のニーズに呼応する形で職種が加えられている。

(4) ケアとリハビリテーションの補完性

　高齢者の生活機能は，一般的な原理・原則と個別的事情の2つで表現することが可能である[5]。原理・原則だけに従ってリハビリテーション技術を進めていたのでは，高齢者がかかえる個別的な事情を無視することになってしまう。反対に，高齢者の個別性のみに注視しケアを進めると，群盲象を撫でる状態から抜け出すことができなくなる。技術とは単なる手段であり，したがってそれ自体，そしてその行為には価値的，倫理的関与はない[6]といわれ，高齢者個々がもつ価値観およびその時代の倫理感といった，高齢者自身のニーズとリハビリテーション技術およびケアのもつベクトルが一致してはじめて輝きを増すといえる。要するに両者がバランスよく補完することが高齢者の生活機能を知る上で重要であるといえる。

　医療行為としての介入を考える場合，手段としてのリハビリテーション技術は一般的な原理・原則に，ケアは個別的事情に該当するといえる。また，介入の効果判定を考えた場合，リハビリテーション技術はアウトカム評価（形式主義）であり，ケアはプロセス評価に該当する。介入方法および介入効果判定の様式が異なっており，リハビリテーション技術とケアを同じ基準で比較することはできない。アウトカム評価は量的研究法で，プロセス評価は質的研究法で扱われることが多く，プロセスを評価するケアを実証研究として取り扱うのには多大な労力と工夫が必要になる。

　リハビリテーション技術およびケアの方法がもつ限界と方向性をよく見極めた上で高齢者の生活機能を把握する必要があるといえる。少なくとも，リハビリテーション技術とケアの視点が2つそろってはじめて高齢者の生活機能をとらえることができるものと考えている。

(5) 高齢者リハビリテーションの実施状況

　高齢者リハビリテーションの現状を示す（図4-8）。予防分野では，「健康日本21」および老人保健事業や介護予防事業，医療分野では，発症直後の急性

期と急性期以降のいわゆる回復期のリハビリテーション，介護分野においては介護保険サービスが実施されている．

現在，高齢者リハビリテーションの生活機能低下に対して，3つのモデルが提唱されている．1つは脳卒中モデル（図4-9）であり，もう1つは廃用症候群モデル（図4-10），そして認知症モデルである．脳卒中モデルでは，発症直後からリハビリテーションを開始し，自宅復帰をめざして短期的に集中してリハビリテーションを行った後に，自宅復帰をめざすものであり，廃用症候群モデルは，徐々に低下する生活機能に対して，軽度である早期にスクリーニングにより問題を発見し早期に対処することである．認知症モデルにおいては環境の変化に対応することが難しいので，生活の継続性を第一義的に考えたケアのもとでの生活環境を提供することが重要である．

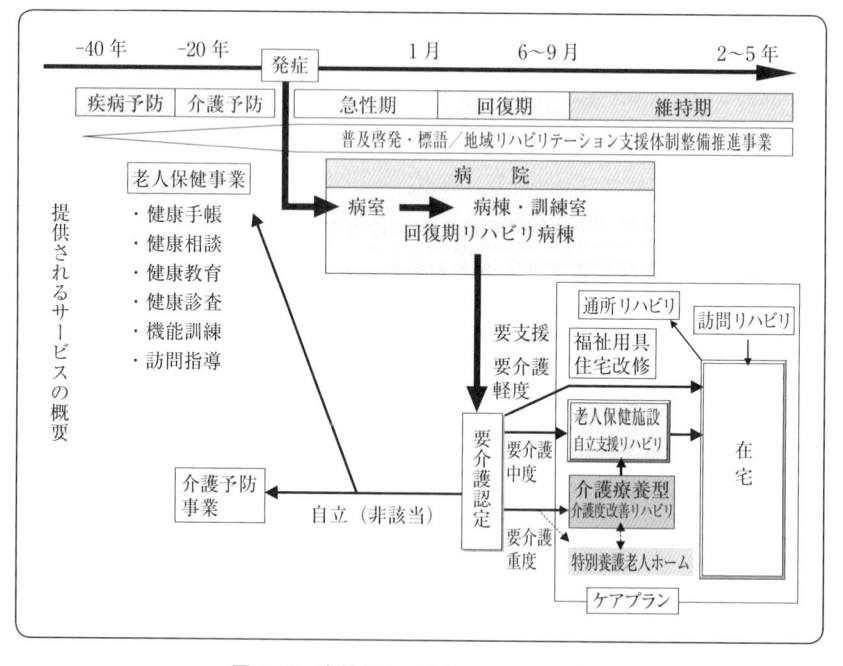

図4-8 高齢者リハビリテーションの流れ

出典：厚生労働省老健局老人保健課

高齢者リハビリテーション研究会が編さんした[7]「高齢者リハビリテーションのあるべき方向」において，リハビリテーションとケアとの境界が明確に区別されておらず，リハビリテーションとケアとが混同して提供されているものがあると指摘している。しかし，高齢者の生活機能を表現するには，手段とし

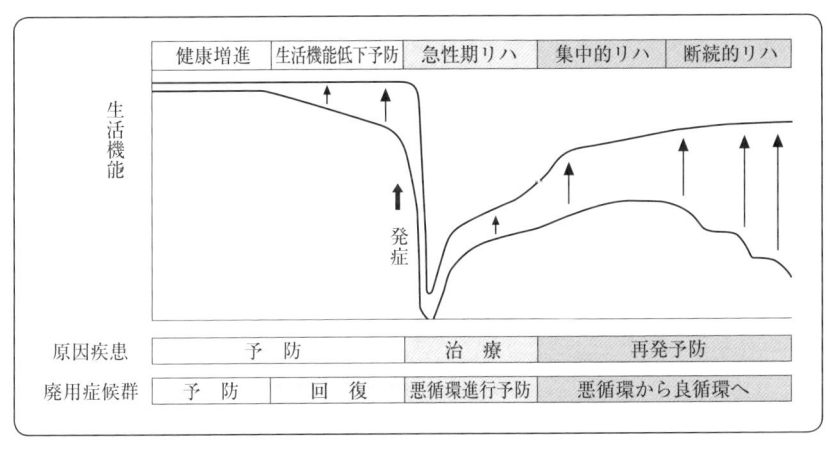

図4-9 脳卒中モデル（脳卒中・骨折など）

出典：高齢者リハビリテーション研究会（第1回）上田委員プレゼンテーション資料

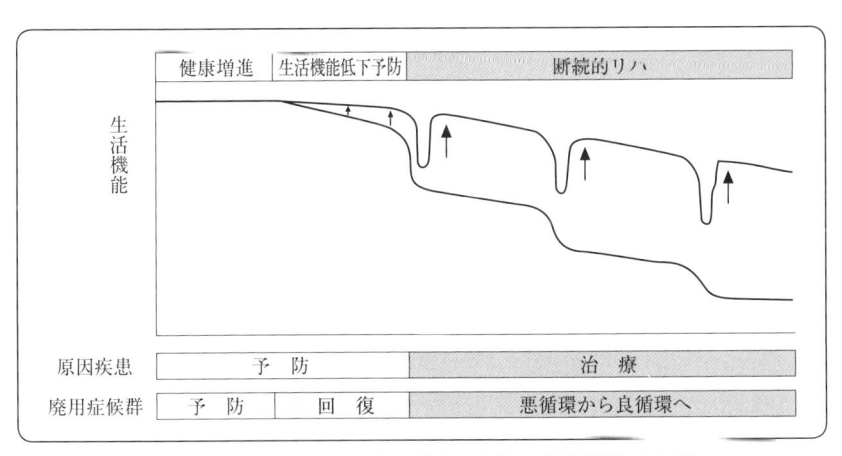

図4-10 廃用症候群モデル（廃用症候群，変形性関節症など）

出典：高齢者リハビリテーション研究会（第1回）上田委員プレゼンテーション資料

てのリハビリテーションとケアの両者がバランスよく機能していることが不可欠である．二項対立論的な論議は，障害を対象とするリハビリテーションの世界にそぐわないといえる．

（6）高齢者に対するケアとリハビリテーションのあるべき方向

高齢者に対するリハビリテーションは，生活機能の向上を目的として，個々への働きかけを連動して総合的に提供するとともに，日常生活や地域社会における制限を最小限にし，高齢者当人が望んでいる生活を支えていくことが求められる．

リハビリテーションとは，高齢者本人の目標に基づき，総合的アプローチが施され，手段としてのリハビリテーション技術を用い，限定された時間内に成果をあげる体系である．わが国にリハビリテーションを導入した砂原は[8]，「医療のいとなみには，cure（治すこと）とcare（援助すること）とがあるといわれるが，前者らしく見えるものも，ほとんど常に本質的には後者である．障害の場合は特にそうである」と指摘している．リハビリテーションおよびケアにかかわる者は，身体の疾病ではなく障害に対して興味をもっている．手段としてのリハビリテーション技術を希求するのではなく，ケアの本質の上に構築されたリハビリテーション体系として発展させることが，多様な価値観をもつ高齢者の真の意味での健康と生活の質の向上に貢献できると考える．

◇文　献◇

1) 奈良勲（監修），内山靖（編集）：理学療法学事典，医学書院，2006.
2) 南山堂：南山堂医学大辞典　第18版，南山堂，1998.
3) ミルトン・メイヤロフ：ケアの本質―生きることの意味，ゆみる出版，2006.
4) ネル・ノディングズ：ケアリング―倫理と道徳の教育　女性の観点から，晃洋書房，1997.
5) 伊藤笏康：科学の哲学―人間に何が分かるか，放送大学教育振興会，1996.
6) 岡田節人ほか：岩波講座　科学・技術と人間〈第1巻〉．問われる科学・技術，岩

波書店, 1999.
7) 高齢者リハビリテーション研究会：高齢者リハビリテーションのあるべき方向；
http://www.mhlw.go.jp/shingi/2004/03/s0331 - 3.html, 厚生労働省, 2004.
8) 砂原茂一：リハビリテーション, 岩波書店, 1980.

8. 生活の質（QOL）

（1）QOLとは

近年，"人生をより良く生きる"ことを考える際のキーワードとして，生活の質（quality of life；QOL）という用語が幅広く用いられている。特に，高齢化が急速に進展している先進国では，医療や福祉政策の目的は，生命の量（quantity of life）の拡大からQOLの向上へと変わりつつある。

1940年代末に発表された，癌治療におけるQOL評価の研究[1]が端緒となり，QOL概念は，単なる余命の延長よりも苦痛の緩和を重視する疼痛ケア治療に導入されてきた。それ以降，医療の現場において疾病や機能障害をもつ患者のQOLに関して数多くの研究や取り組みが行われている。例えば高血圧の場合，血圧が下がれば治療面では評価されるが，患者自身は「服薬によって憂うつになり，生活に張りがなくなった」と感じているかもしれない。このような患者の視点からQOLを評価し，治療方針を見直す場面などである。

さらにQOL概念が深く浸透しつつあるのが，老年学の領域である。一昔前までは，人間の寿命をどこまで伸ばすことができるかが主要な課題とされ，加齢による生理機能の変化や成人病に関する研究が主流であった。しかしながら，最近ではむしろ，長期にわたる高齢期をいかに自立したものにするか，いかに心理的，社会的に充実して"より良く"過ごすかということが重大な関心事となっている。このような時代の流れから，いまやQOLは，社会的にも学術的にも，高齢期の生き方を問う際に欠かせない概念となっている。

（2）QOLの概念

では，良いQOL，良い生活の質とはいったい何なのだろうか。QOLは「一種の流行のように」急速に広がった概念であるために，いまだ定義が不統一であると指摘されてきた[2]。「QOL向上のために…」，といった表現はよく目に

するものの，使用する場面や研究者によって概念が多様であり，厳密な意味での合意が得られているとはいえない，というのである。その一方で，活発な議論が行われてきたのは確かであり，とりわけ以下の知見は，QOLとは何か，QOLはどのような構成要素から成るのかを考える際に有用であると思われる。

まず，世界保健機関がWHO憲章前文で掲げた健康の定義（本章1（1）参照）を反映するという捉え方である[3]。すなわち「……単に疾病がないということではなく，身体的，心理的および社会的に満足のいく状態にあること」というものである。WHOはその後1984年には，高齢者の健康の指標として「生活機能の自立性」を提唱している。これらのWHOの健康概念は，QOLの概念におおむね相当すると考えられている。

また，Lawton[4]が提唱した「よい生活（good life）」の構成要素を整理して，QOLの概念枠組みを包括的に捉えたものが表4-15である[5]。ここでは客観的な健康度，個人の主観的な評価を含む，QOLの4つの大きな領域が示されている。①は生活機能の自立度であり，客観的評価が可能な領域である。②は健康度の自己評価など，本人が主観的に認知する生活の質である。③は人的・社会的な支援と物的環境（住居など）を表している。④は①～③の要素に影響されて個人がいだく主観的な幸福感である。この主観的幸福感は幸福な老いを決定づけるとして，多くの概念が考案されている。

一方，個人のQOLにおける心理・発達的側面を強調する立場もある。例え

表4-15 老年学のQOLの概念枠組み

①生活機能や行為・行動の健全性
　（ADL，手段的ADL，社会的活動など）
②生活の質への認知
　（健康度自己評価，認知力，性機能など）
③居住環境
　（人的・社会的環境，都市工学，住居などの物的環境）
④主観的幸福感
　（生活満足度，抑うつ状態など）

出典：柴田博：QOL．サクセスフル・エイジング 老化を理解するために（東京都老人総合研究所編），ワールドプランニング，1998，p47-52．

ば星野ら[6]は，高齢期の QOL を考える際には，現時点だけでなく人生全体の再評価が課題になるとして，心理的側面の中でも特に，長期的な人生に対する満足感や死に対する態度を重視している。また，Ryff は，複数の生涯発達理論や臨床学的知見を整理して，心理的に幸せな状態（psychological well-being）を支えるポジティブな心理的機能の 6 次元を提唱している（表 4 - 16）[7][8]。これらは，高齢者の QOL に，パーソナリティの成熟や生涯発達的な視点を加えた見方と捉えることができる。

表 4 - 16　Ryff のポジティブな心理的機能 6 次元

人格的成長（*Personal Growth*）：発達と可能性の連続上にいて，新しい経験に向けて開かれている感覚
連続して発達する自分を感じている；自己を成長し発達し続けるものとして見ている；新しい経験に開かれている；潜在能力を有しているという感覚がある；自分自身がいつも進歩していると感じる

人生における目的（*Purpose in Life*）：人生における目的と方向性の感覚
人生における目的と方向性の感覚をもつ；現在と過去の人生に意味を見出している；人生の目的につながる信念をもつ；人生に目標や目的がある

自律性（*Autonomy*）：自己決定し，独立，内的に行動を調整できるという感覚
自己決定力があり，自立している；ある一定の考えや行動を求める社会的抑圧に抵抗することができる；自分自身で行動を統制している；自分自身の基準で自己を評価している

環境制御力（*Environmental Mastery*）：複雑な周囲の環境を統制できる有能さの感覚
環境を制御する際の統制力や能力の感覚を有している；外的な活動における複雑な状況をコントロールしている；自分の周囲にある機会を効果的に使っている；自分の必要性や価値にあった文脈を選んだり創造することができる

自己受容（*Self-Acceptance*）：自己に対する積極的な感覚
自己に対する積極的な態度を有している；良い面，悪い面を含む自己の多側面を認めて受け入れている；自分の過去に対して積極的な感情をもっている

積極的な他者関係（*Positive Relationships with Others*）：暖かく，信頼できる他者関係を築いているという感覚
暖かく，満足でき，信頼できる他者関係を築いている；他者の幸せに関心がある；他者に対する愛情，親密さを感じており，共感できる；持ちつ持たれつの人間関係を理解している

注：各次元の定義と，感覚を強く有する者の特徴を記述している。

出典：西田裕紀子：成人女性の多様なライフスタイルと心理的 well-being に関する研究　教育心理学研究　2000；48；433 - 443．

(3) QOL の測定・評価

このように，QOL には評価対象である本人の主観が重要な構成要素として含まれる。したがって，QOL の向上を図るための方策を実証的に検討したり，QOL 指標を地域保健や臨床の場面で利用したりするためには，個人の（目に見えない）主観的な評価を含む QOL を，いかに（目に見える形で）測定するか，が重大な問題となる。

現在，標準化されて広く用いられている QOL 測定指標の多くは「QOL は多次元の要素から構成される」という考えのもとに複数の下位尺度からなり，それぞれの下位尺度はさらに複数の質問を含むことが多い。質問はたいていの場合，4～7件のリッカート式で，現在から2～4週間程度の自分の状況に当てはまるものを回答することを求められる。

国際的に標準化された指標としては，身体機能や心の健康など8つの健康概念から構成される SF-36[9] (Short-Form-36 Health Survey)，WHO の健康概念に基づく包括的，主観的な QOL を測定する WHO QOL[3] などがある。これらは，個人の健康に焦点づける健康関連 QOL として位置づけられ，特に医療・看護，地域保健の現場や臨床研究，また，健康に関する事象の頻度や分布を調査し要因を明らかにしようとする疫学研究において頻繁に使用されている。

一方，社会老年学の分野では，高齢者自身の幸福な老いに対する評価である主観的幸福感が QOL の重要な要素，もしくは同義の概念とみなされ，その測定尺度の開発が行われてきた。例えば，改訂 PGC モラールスケール[10] (Philadelphia Geriatric Center Morale Scale) は，「心理的動揺・安定」，「老化についての態度」，「孤独感・不満感」の3次元から構成されるモラール（幸福観あるいは幸福な老いの程度を表す概念）を測定するものである。また，複数の主観的幸福感尺度に共通する下位次元を抽出して作成された生活満足度尺度 K[11] (Life Satisfaction Index K) は，長期的な認知による「人生全体についての満足感」，短期的な認知による「老いについての評価」，短期的な感情である「心理的安定」の3因子により，主観的幸福感を包括的かつ簡便に測定するために使

用される。一方，GDS[12] (Geriatric Depression Scale) のような抑うつ状態を測定する尺度を用いて，その程度の低いことを幸福感が高いとする場合もある。

（4）QOL の概念，測定・評価をめぐって

ここまで見てきたように，現在用いられている QOL の概念やその測定・評価方法はさまざまである。「QOL の維持・向上のためには○○が必要である」「QOL の指標として○○を用いた」など，QOL の明確な概念定義なしに，漠然とめざすべき目標として言及されている場合も多い。その点が危惧されて，最近では，QOL の測定尺度の質が議論されたり，QOL 概念を整理した包括的なモデルが提示されたりしている。

例えば，Medical Outcome Trust 社[13] の科学諮問会は，2002 年，今後開発される QOL 測定尺度の質に関して，①測定のコンセプト，モデル，②信頼性，③妥当性，④敏感性，⑤結果の解釈可能性，⑥測定の際の対象者と実施者の負担，⑦実施方法，⑧文化的，言語的適応の成否，の8点において一定の基準が満たされているかどうか検討されるべきであると提案している。

QOL 概念そのものを整理して，再構成する動きもある。古谷野[14] によれば，さまざまな QOL の定義は，①個人の状態（健康度，社会経済的地位など），②環境条件（ソーシャルネットワークやソーシャルサポートなどの社会的環境条件，住居や都市環境などの物的環境条件），③個人の主観的評価（満足度，幸福度などの評価結果と評価基準），の1つまたは複数を含んでいる。例えば，QOL ＝（個人の主観的評価）は，QOL を主観的幸福感と同義とする概念規定で，上述のモラールスケールや生活満足感尺度を指標とすることができる。一方，QOL ＝（個人の状態，環境条件，評価結果，評価基準）は，QOL の構成要素をすべて含んだ最も広い概念規定となる。この考え方に基づけば，さまざまな QOL 概念は，これら3つの構成要素の組合せによって説明される。

さらに，これらの QOL の構成要素に人口学的要因（性，年齢など）と生活史的要因（学歴，職歴，既往歴など）を加えることによって，図 4-11 のような高齢者の生活全体を捉える概念モデルが構成されている[14]。このモデルによれ

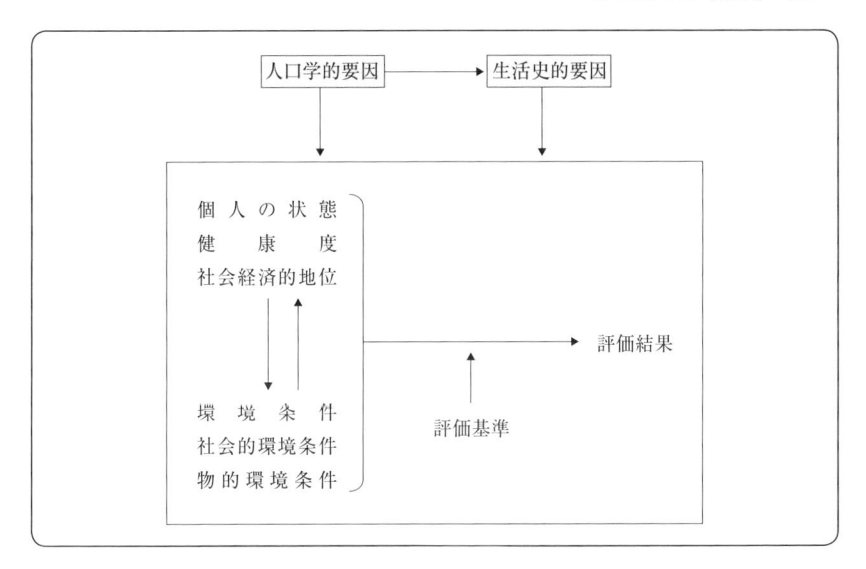

図4-11　QOLの構成要素・背景要因間の関係
出典：古谷野亘：社会老年学におけるQOL研究の現状と課題．保健医療科学　2004；53
　　（1）：204-208．

ば，個人の状態と環境条件は相互に影響する複雑な関係にあり，個人の主観的な評価の結果に影響する。その影響は評価基準によって調節されることから，個人の状態と環境条件が同一であっても評価結果には差が生じる可能性がある。人口学的要因や生活史的要因は，これらのQOL構成要素を規定し，構成要素間の関係を調節するものと位置づけられる。

　老化に関連する要因は複数の領域にわたり，老化の結果は複数の領域に影響を及ぼすことから，老年学の重要な特徴として，その学際性があげられている。ここで取り上げた，多側面にわたる複数の要素から構築される包括的なモデルは，とりわけ高齢期の人々の生活全体を総合的に把握し，分析的に捉えるための枠組みとして，有用であると考えられる。

（5）おわりに

　誰しも"人生をより良く生きる"ことを望んでいる。一方，個人が"より良

い生き方"として思い描く状態は，必ずしも一定ではない。だからこそ，QOLという言葉は，多様な意味を包含した魅力的な概念として急速に広がったとも考えられる。そして，その結果生じている QOL の概念定義の曖昧さ，QOL 指標とされる尺度の乱立の問題などは，今後も議論を進める必要がある。

また，慢性的に疾病を抱える高齢者や，認知症を有する高齢者の QOL 概念の構築とともに，健康で自立した高齢者が増え続けていることから，その社会的役割の担い手としての可能性を視座に入れた知見の重要性も高まっている。

◇文　献◇

1) Karnofsky DA & Burchenal JH：The clinical evaluation of chemotherapeutic agents in cancer. In：McLead CM edited. Evaluation of chemotherapeutic agents. New York：Columbia University Press：1947，p196.
2) 柴田博：高齢者の Quality of Life（QOL）．日本公衆衛生雑誌　1996；43；941-7.
3) 田崎美弥子，中根允文：WHO QOL 26 —手引．東京；金子書房；1997.
4) Lawton MP.：Environment and other determinants of well-being in older people. The Gerontologist 1983；23；349-357.
5) 柴田博：QOL．サクセスフル・エイジング　老化を理解するために（東京都老人総合研究所編），ワールドプランニング，1998，p47-52.
6) 星野和美,山田英雄,遠藤英俊ほか：高齢者の Quality of Life 評価尺度の予備的検討；心理的満足度を中心として．心理学研究　1996；67（2）；134-140.
7) Ryff, C. D., & Keyes, C. L. M.：The Structure of Psychological Well-being Revisited. Journal of Personality and Social Psychology 1995；69；719-727.
8) 西田裕紀子：成人女性の多様なライフスタイルと心理的 well-being に関する研究　教育心理学研究　2000；48；433-443.
9) Ware JE, Sherbourne CD.：The Mos 36-Item Short Form Health Status Survey （SF-36）：1. Conceptual framework and item selection. Medical Care 1992；30；473-83.
10) Lawton MP.：The Philadelphia Geriatric Center Morale Scale：A revision. Journal of Gerontology 1975；30；85-89.

11) 古谷野亘, 柴田博, 芳賀博ほか：生活満足度尺度の構造；因子構造の不変性. 老年社会科学 1990；12；102-116.
12) Niino N, Imaizumi, Kawakami：Japanese translation of the Geriatric Depression Scale, Clinical Gerontologist 1991；10：85-87.
13) Scientific Advisory Committee of the Medical Outcomes Trust：Assessing health status and quality of Life instruments：attributes and review criteria. Quality of Life Research 2002；11(3)；193-205.
14) 古谷野亘：社会老年学におけるQOL研究の現状と課題. 保健医療科学 2004；53(1)；204-208.

第5章　高齢者の心理

1. はじめに

　本章では，老年学における心理的側面に関して紹介する。老年学が学際的であるという前提に立てば，もとより心理的側面だけを独立して捉えることは不可能である。しかし，心理学が老年学を構成する中核的領域であることから，高齢者や老年期の課題を学際的に理解するための基礎となる心理学的知見を理解しておくことは有用であろう。ここでは，可能な限り他章との重複を避けて，高齢者の心理的特徴に関して紹介することとしたい。

　心理的側面の加齢は，「老化」すなわち機能や構造の低下や衰退の過程とだけ考えることは適切ではない。心理・精神的成熟は，身体的成熟より遅れて到来するであろうし，成人期以降にも向上や獲得が認められる。したがって，高齢者の心理も，獲得と喪失の力動的全体性の中で捉えることが不可欠である。

　また，高齢者の心理的特徴には，それまでの人生の過程が反映されている。横断的研究だけで高齢者の特性を明らかにするのが困難であることはいうまでもない。年齢，加齢，出生コホート（cohort：統計上の，ある特徴を共有する群），時代背景などの要因は，とくに慎重に取り扱うことが重要である。また，現実の目の前の高齢者を理解しようとすれば，高齢者の心理の一般的特徴や成人の加齢の標準的過程に関する知識をもっていることは有効であるが，高齢者は個

人差が大きいといわれているので，その人の個性や，生きてきた時代背景と生育歴を知っておくことも必要であろう。研究法や理論に関する詳細は他の専門書に譲るが，少なくとも以上のことは，本章を読む際の前提として念頭において頂きたい。

　本章ではまず，高齢者の心理的特徴に関して，感覚の加齢変化とその影響，記憶を含む知的側面の加齢変化，高齢者のパーソナリティの特徴という，基礎的領域について述べる。次に，高齢者を心理的発達の文脈で理解する際に，最近注目されてきている，知恵と創造性について紹介する。最後に，心理臨床と関連する領域から，ストレスとライフイベントおよび回想について述べることにする。

2. 環境の知覚—感覚・知覚の加齢変化と環境との関係—

わたしたちは絶えずさまざまな環境に影響を受けながら生活している。その環境の影響に対し適切に対処することは，我々が日常生活を安全，かつ快適に過ごす上で最も基本的なことである。

わたしたちが環境からの刺激を情報として取り入れるための最初の段階は感覚であり，これは一般に五感（視覚，聴覚，嗅覚，味覚，触覚・皮膚感覚）といわれる感覚機能からなっている。感覚は眼や耳といった感覚器とそれに付随する神経によって成り立っている。一方，知覚は刺激が単に伝わるだけでなく記憶内容と対応することによって成り立っている。外部刺激は神経伝導刺激に変換されて中枢に伝わり，脳で知覚されてはじめて意味のあるものになる。たとえば，私たちがリンゴを見たとき，赤という色や明るさ，もしくはその形を見ているということだけではなく，それが果実の「リンゴ」であるということを認識する。このように知覚により意識が生じ，刺激の意味がわかるのである。わたしたちは感覚から知覚へという一連の流れによって刺激を意味のあるものとして受け取っているといえる。本節では，刺激に対し適切に反応する上で，生体にとって刺激の入り口となる感覚・知覚について述べる。

（1）感覚・知覚の加齢変化

1）視　覚

わたしたちは生活に必要な情報の7割から8割を視覚から得ているといわれ，視覚は刺激の入り口としてきわめて重要である。視覚機能は，視力，視野，色覚，光覚により構成される。

視力は，一般に40歳から50歳くらいから低下が始まり，75歳を過ぎると加速度的に低下するといわれている[1]。その原因は，視覚の感覚器である眼の加齢変化のためで，具体的には角膜や網膜の屈折力の変化，視細胞の老化，水晶体の混濁などの生理的変化などである。また，動体視力も低下し，目標とな

る物体の速度が増すほど視力低下が強くなる傾向がある。当然，視力低下の速度や程度には個人差がある。

視野は，40歳以降に中心付近視野の感度が低下し，60歳を過ぎると視野全体の感度が低下する。上方周辺において大きく低下するが，上方視の困難さは視野狭窄によって生じることもある。

色覚は，加齢により水晶体が変性するために，黄ばみや透過性に変化が生じる。そのため高齢者には物が黄色がかって見えたり，青色は見えにくく，黄色と白の区別がつきにくくなっていく。色覚の識別能は40～50歳代頃より低下し始める。とくに青から黄の識別能の低下が著しい。

光覚は，光の明暗を弁別する能力である。加齢により網膜に存在する光の受容器の機能が低下し，瞳孔による光量の調節能力も低下するので光に対する明順応と暗順応が鈍くなる。つまり，光に対する感度は低下し，明暗順応が低下するのである。たとえば，明るい場所から暗い場所に移動したときに，瞳孔がすぐに広がらず，また十分に広がらないため順応が悪く見えにくい。その逆に，急に明るい光にさらされた場合は光をまぶしく感じる状態の羞明（しゅうめい）（まぶしさ）が強くなる。高齢者は同じ明るさの中にいても若年者が感じているような明るさを感じられない。高齢者が２つのものを識別するためには，20歳代の人と比べて明るさを２倍にする必要があり[2]，また文字を判読するには30歳代の３倍の明るさが必要であるといわれている[3]。

さらに，水晶体の厚みを変化させて焦点距離を調節する能力も加齢により低下する。この調節力が低下し，近くの物体に焦点を合わせられなくなり，近くのものが見えにくくなった状態を「老視」あるいは「老眼」という。

また，高齢者の視覚機能の低下は物体や人物への視覚能力そのものよりも，むしろこれらに対する反応の不正確さや遅れなどの視覚性注意機能の問題も指摘されており[4]，加齢による有効視野機能の低下や，視野の注意配分の偏りの修正，切り換え効率の低下に問題があることも明らかになってきている[5]。

2）聴　覚

聴覚は，他者との音声言語によるコミュニケーションや，音による危険の認

知，音楽を聴く楽しみなど，視覚と同様，刺激の入り口として重要な器官である。聴覚の能力は聴力と呼ばれ，高齢者の聴力の低下は「聞こえが悪い」あるいは「耳が遠い」というように聴力の衰えを自覚したり，周りの者が気づいたりすることで発見されることが多い。実際の聴力の加齢変化は，50歳くらいでは12,000Hz，70歳くらいでは6,000Hzより高い音から聞き取りにくくなり，加齢による低下は50～55歳までのなだらかな低下と，それ以降の急速な低下との2相を呈する[6]。

器質的な加齢変化は，内耳の聴細胞から蝸牛神経，神経細胞，そして大脳皮質の聴覚中枢までの全経路におけるものである。もっとも著明な変化が起こるのは内耳であり，加齢による聴細胞の減少，蝸牛の萎縮，基底膜の弾性の低下などが生じる。内耳は感音部ともいわれており，音の「周波数・高さ」，「時間」の情報を解析する役割も担っている。そのため，感音部を障害された場合の音の聞こえ方は「小さく聞こえる」だけでなく，音に「歪み」が加わり，本来のようには明瞭に聞こえなくなる。また，聴覚中枢路においては神経細胞の変性脱落が起こる。このように加齢による聴覚機能の低下は生理的な変化として起こるものであるが，その程度は視力と同様に個人差が大きい。最近では，補聴器の性能が向上し聴取能力を補うことができるが，高齢者では聴覚中枢機能も低下するため，聞こえの問題を完全に解決できるわけではない。以上のような変性による難聴を感音性難聴といい，高齢者に見られる難聴の多くがこの感音性難聴である。

感音性の難聴である老人性難聴の主な症状をまとめると，以下のようになる[2]。

・年齢とともに進行し，両側性の聴力低下がみられる。
・高音領域の聴力低下がとくに著しい。
・語音弁別能力の低下がみられ，「一時（いちじ）」や「七時（しちじ）」といった音声学的に似た音に関して聞き取りが難しくなる。
・方向感弁別（音源定位）能力が低下し，どの方向から音や声がしているのかが聞き取りにくくなる。

・耳鳴り，大きな音がさらに増幅され不快な音として聞こえる現象が起こる。

一般的には比較的緩やかに軽・中等度の高音部の難聴を発症し，「音」そのものとしては低音域中心に部分的にせよ聴取可能であることが多い。そのため，実際には一部の高音域の周波数成分が聴取できず，歪んだ音像を聴取している状態となり，音質変容（聴力低下）の問題に本人が気づかず，「変に聞こえる」と感じていることが多い。このように，なかなか難聴を自覚しにくいといわれている[7]。以上は高齢者に多くみられる感音性難聴を中心とした老人性難聴についてであったが，難聴には伝音性の難聴と呼ばれる聴覚障害も存在する。これは，伝音器官といわれる外耳ならびに中耳が何らかの理由によって障害された場合に発症する難聴である。具体的には，中耳炎や鼓膜穿孔，耳垢栓塞などによって起こる難聴が該当する。伝音性難聴の聞こえ方は，音が小さく聞こえる状態となる。この場合，障害されているのは音圧，つまり音の大きさの情報のみであり，補聴器による音性増幅の効果が高い。この伝音性難聴は治療による効果が期待できるので，聴力障害の程度も中程度にとどまり，高度難聴を発症することはないといわれている[7]。

3）嗅　覚

嗅覚は腐敗物や有害ガスなどから身を守るといった生活をする上で安全性に関わる重要な感覚である。また味覚にも影響する感覚である。においを感じる嗅細胞は，上鼻道から鼻中隔上部にわたる鼻空粘膜上に存在する。吸気に混じっているにおいの物質は嗅毛で受容され，嗅細胞が興奮すると嗅覚の信号が生じる。この信号が嗅神経を伝わり大脳前頭葉下面にある嗅球を経て大脳皮質の嗅覚野に達し，においが知覚される。嗅覚の低下は，嗅細胞が加齢とともに徐々に減少することなどが原因と考えられているが，はっきりとした結論は得られていないのが現状である。嗅覚の加齢変化も個人差はあるが，一般的に50歳代から嗅覚の低下が始まり，60歳代から70歳代で急速に低下する[8]。

嗅覚も他の感覚と同様に加齢による生理的機能低下が起こっているにもかかわらず，嗅覚障害は視覚・聴覚障害と比較すると軽視されている傾向がある。高齢者の場合，嗅覚障害が食事摂取低下や，生活に対する意欲および質の低下

などを来す恐れがあるが，現状ではあまり重要視されてはいない。また，アルツハイマー病やパーキンソン病，脳血管性認知症における症状として嗅覚障害が出現する可能性もあるので注意が必要である。

4）味　覚

味覚は，食事摂取に最も密接に関連する感覚であるので，低下や障害が生じると食生活に大きな影響を及ぼす。味覚は，口腔内に食物が入り，さまざまな味覚成分が唾液中に溶け出すことにより，舌にある味蕾の味細胞が刺激され，その情報が脳に送られて味の質や強さが識別される。高齢者は，加齢により味蕾の萎縮と減少がみられ，そのために味覚に変化が生じる。高齢者は一般に味の濃い物を好むようになるが，これはこのような味覚の変化が関与している。

味蕾は，女性では40〜50歳から，男性では50〜60歳から減少し，そのため味覚が低下しはじめると考えられていた。しかし，味蕾の味細胞は新陳代謝が活発で約10日間で交代し，それは高齢でも同じように新生され，味覚の変化は少ないことから，4つの味覚（酸味，塩味，甘味，苦味）の味の知覚への影響はごくわずかであることが最近の研究で明らかになってきた。加齢による機能的な変化のみが味覚の障害になるのではなく，むしろ内服している薬物の影響や義歯の使用，口腔の清潔状態の悪化などの影響があるとも考えられている。とくに総入れ歯は味覚閾値を上昇させるといわれている[9]。ほかにも味覚は高齢者の場合，口腔内の乾燥，口腔粘膜不良，義歯の不満足といった口腔内の問題が味覚異常感の有無と関連が強く，食の味わいに少なからず影響を及ぼしているとの報告もある[10]。

5）皮膚感覚（触覚，圧覚，温度覚，痛覚）

a．高齢者の皮膚感覚　　皮膚は触覚，圧覚，温覚，冷覚，痒み，くすぐったさ，振動，痛覚（詳細は後述）を感じるが，これは皮膚にある触点，温点，痛点などの感覚受容器が刺激を受けることで生じる。感覚受容器は神経終末であり，加齢によりこれらの機能が低下すると，圧迫，痛み，熱さ，冷たさなどの外的刺激に対する反応が鈍くなる。そのため，熱傷，褥瘡（じょくそう）などが起こる危険性が増し，身体の防衛機能は低下する。加齢による皮膚感覚の変化に関す

る研究は少なく一定の結論が出されていないが，刺激に対する閾値が高くなり感覚が低下するというのがおおむねの見解である。

b. 高齢者の痛み　　視覚・聴覚などの多くの感覚は，加齢によって明らかに低下する。しかし，痛覚の加齢変化は少し複雑である。痛みは本来，体の内外にある脅威を警告し，傷害から身を守る役割を果たす。しかし，加齢に伴い疾病による痛みが生じやすくなるにもかかわらず，普段から慢性の痛みがあるのでこれらの疾病の痛みは防衛的な役割を果たしていないと考えられる。たとえば，心筋梗塞や骨折のように一般的には激しい痛みを伴うものでも，高齢者においては強い痛みを感じず見過ごされることもある。いずれにせよ，一般的に痛みの感覚は，自律神経系，内分泌系，免疫系などに影響を及ぼすので，可能な限り痛みを除去することが望ましい。

　加齢に伴う痛覚閾値に関する研究報告は，上昇する，変わらない，低下する，というそれぞれの報告があって必ずしも一定ではないようである。ここで注意しなければならないのは，高齢者の場合，痛みを訴えないということは，痛みがないということを意味しない場合もあるということである。とくに認知症の高齢者では痛みの訴えが適切に表現されにくく，例えば骨折や火傷のような急性の痛みを伴うはずの傷害に対しても反応が適切に表出されないことが考えられる。

（2）感覚・知覚の加齢変化への対応

以上のように感覚・知覚の加齢変化に関するデータはまだ定見のないものも多い。したがって，日常生活の中で適宜対処している場合も少なくない。

　最初に述べたように，感覚は刺激を受容する機能であり，刺激を受け入れるプロセスの第1段階である。加齢による感覚器の変化により刺激が受容されなければ，知覚され意識されることにも至らない。さらに，知覚のプロセスにおいても加齢の影響は大きく，視覚を例にあげて説明すると，眼という感覚器で刺激を受容できても，その物体の意味が伴わなければ認識されず「ただの色や明るさ」に過ぎない。これは，聴覚などの他の感覚でも同様である。

知覚には，これまで蓄積された記憶内容と伝達された刺激とを照合する働きがあるので，記憶の役割が重要である。あるものの名称，例えばリンゴのようなものの名前を覚えていることは長期記憶というが[11]，加齢により脳の機能が変化し，記憶を司る部分にも影響を来すと，感覚から知覚に至る一連のプロセスで障害が生じ，物体を見て感じてはいるが，その物の意味が分からないという状態になる。つまり，感覚の加齢の変化を見るときは，感覚器だけでなく知覚を営む脳の加齢変化にも注意する必要がある。

一般に，多くの感覚・知覚の加齢変化については，そのすべてではなくても工夫次第ではかなりの部分を補うことが可能である。また，高齢者自身も仮に感覚・知覚に低下が現れ環境からの情報の入力が減ったとしても，その減った刺激状況に適応して行動していくことも可能である。

それでは，具体的にはどのようにしたら感覚器の加齢変化に対応しやすくなるのだろうか。以下にそれぞれの感覚の環境調整の留意点をあげておく。

1) 視　覚

まず，照明が十分になるように照度の調整を行うことが重要である。光は強すぎても羞明（まぶしさ）を引き起こすので光の種類も考慮する必要がある。一般に視覚機能の加齢による低下に適応した光環境を構築するためには，若年者の2，3倍の照度が必要であるといわれる。また，暗順応能力の変化もあるので明るい部屋から暗い廊下に出たときに見えにくくなる。さらに，屋内，屋外を問わず，突起物，段差などにコントラストをつけたり，色差を感じさせる配色に変えたりして物体を見分けやすくし，注意を喚起しやすい環境にしていく必要もある。

2) 聴　覚

聴覚の機能低下は周囲とのコミュニケーションの困難を引き起こし，家族や友人，近隣の人たちとの人間関係に変化が生じ，人とのかかわりが制限され孤立感が高まっていくような影響も考えられる。さらに音が聞こえないことで身の回りのさまざまな危険を回避することができなくなることもあり十分な配慮が必要である。

高齢者に多い感音性難聴は，聴力の低下により聞き取りが不正確になり，意味の取り違えが生じるためコミュニケーション能力を大きく障害する。これに対し会話をするときは対象となる高齢者の視野に入り，ゆっくりとはっきりと表情や身振りを交えて表現することを心がける必要があろう。聞き取りにくい音や発音，長い文章は避け，会話の内容が聞き取れているか確認しながら話題を進めるとともに，筆談など聴覚以外の感覚器にも働きかけることが重要である。

3）嗅　覚

　高齢者が嗅覚の低下によって日常生活に支障を来していると感じていることとしては「食品の腐敗に気づかない」が最も多く，他にはガス漏れ，火災(煙)などの危険性，および食事，調理など食生活に支障を来していることをあげているのに加えて，衛生面でも体臭や口臭も気にしている[12]。

　嗅覚は，危険の察知，食欲への影響，衛生管理といった生活全般にかかわることから，高齢者が安全に過ごすだけでなく，QOLを維持する上で重要な感覚であるといえる。しかし，前述したように嗅覚障害は，視覚障害などと比べ軽視されやすい。そのため，高齢者に起こりうる嗅覚の低下が，日常生活にさまざまな影響を及ぼす可能性があることを他者に理解してもらえない恐れがある。したがって，嗅覚障害のある高齢者には精神的，心理的な面からのサポートも必要となる。

4）味　覚

　高齢者にとって，食生活が充実し十分な栄養が摂取できることが重要であることはいうまでもない。しかし，高齢者の栄養摂取状況は必ずしも良好であるとはいえない。その原因の1つとして，加齢に伴う味覚の変化があげられる。食の喜びは味覚によってもたらされるものであり，その味覚の変化が食欲の不振につながり，その結果，栄養摂取状況を悪化させる。さらに，味覚の変化により味の濃いものを好むようになる傾向があり，特に塩味ではこの傾向が強く，本人は味覚の低下に気づかず知らないうちに塩分の多い食事を摂っていることが多い。食塩を過剰に使わなくとも味気なくならないよう

香草や香辛料を上手に使うようにしたい。

　一方で，食事の楽しみは，味覚だけでなく，食べること自体の動作や雰囲気なども大きな要素となっている。家族や友人とともに食事をすると，食欲が増し，また家族や友人よりさまざまな料理を楽しむことを教えられるなどの効果があるので，食事の際は他者との交流をすすめることも必要である。

5）皮膚感覚

　皮膚感覚は外界から刺激を捉え，外的侵襲から身を守る機能も果たしていることから，これらの感覚機能の低下が起こると日常生活の安全性に影響を及ぼし，転倒やけが，熱傷などの事故に繋がる危険性を増大させる。例えば，高齢者の手や足の温覚や冷覚を識別する能力は，成人に比べ低下している。そのために，例えば寒いときに高齢者はあまり寒いと認識しないので，部屋の暖房をつけないで体温が低下しやすいことや，熱い風呂に誤って入って火傷する危険性もあると指摘されているので，本人も周囲も注意を要することがある[13]。

　一方，痛みの持続は高齢者の日常生活における動きに制限をもたらし，呼吸機能や消化管機能など身体全体にも影響を及ぼす。さらに，抑うつ感情を引き出すことにつながる恐れもあり[14]，高齢者のQOLを維持する観点からも痛みに対する適切な治療（除去）は重要である。

◇文　献◇

1）田野保雄：新図説臨床眼科講座6 加齢と眼，メジカルビュー社，1999，20-21．
2）松木里江：明解看護学双書6 老人看護学．山崎智子（監修）／井上郁（編著）金芳堂，2004，p61-64．
3）會田信子：最新老年看護学．高崎絹子，水谷信子，水野敏子ほか（編），日本看護協会出版会，2005，p79-81．
4）三村將：高齢者の運転能力評価．老年精神医学雑誌　2005；16(7)；792-801．
5）三浦利章，石松一真：高齢者の認知機能─視覚的注意・有効視野を中心として─．老年精神医学雑誌　2005；16(7)；785-791．

6) 立木孝, 笹森史朗, 南吉昇ほか：日本人聴力の加齢変化の研究. Audiology Japan 2002；45；241-250.
7) 黒田生子：加齢による聴覚の変化と難聴高齢者とのかかわり方. 高齢者けあ 2003；7(2)；61-66.
8) Kashima, H. K., Goldstein, J. C., & Lucente, F. E.：Clinical Geriatric Otorhinolaryngology.（Second Edition）：Decker, Philadelphia, 1992, p77-78.（野村恭也監訳：臨床老年耳鼻咽喉科学. 東京医学社, 1996, 77-78.）
9) 佐久間眞理子：高齢者に喜ばれる味つけの検討. 通所けあ 2005；3(2)；58-63.
10) 花井正歩, 玉澤佳純, 髙藤道夫ほか：高齢者の味覚機能に及ぼす要因に関する研究. 老年歯学 2004；19(2)；94-102.
11) 八木昭宏：現代心理学シリーズ6 知覚と認知. 培風館, 1997, 60-61.
12) 三輪高喜：老化と嗅覚障害. Monthly Book ENTONI 2002；10；59-65.
13) 佐藤昭夫, 堀田晴美：加齢と痛み. ペインクリニック 2005；26(5)；615-622.
14) 須貝佑一：高齢者の痛みの実態. 老年精神医学雑誌 2006；17(2)；152-157.

3. 知的側面の加齢変化—記憶・認知・知能の加齢変化—

わたしたちは，毎日の生活の中で，外界のさまざまな刺激を常に取り入れ，それを脳内に蓄積されている情報と照合しながら，さらなる情報の加工・蓄積を続けている。また，それらを元に種々の事柄について判断し，外界に対して新たな行動を起こす営みを日々繰り返している。この一連の過程を支えているのは，注意，記憶，言語等の認知機能であり，これを基にして，適応的に行動する総合的能力を知能と呼ぶことができよう。本節では，まず認知機能の加齢変化に触れた上で，知能の加齢変化について述べることとする。

(1) 記憶・認知機能の加齢変化

人間の生活を支える認知機能は複数あるが，その中でも記憶はとくに重要なものである。記憶の加齢変化は，記憶障害を中核症状とする認知症との関連で研究報告も多い。そこで，ここでは記憶を中心に，注意機能，言語機能の加齢変化について述べた上で，最近注目されている軽度認知障害についても触れることとする。

1) 記憶の加齢変化

記憶の処理過程を時系列でみると，外界からの情報を取り込む「記銘」，それを貯蔵する「保持」，貯蔵された情報を取り出す「想起」に分けられる。また人間の記憶処理過程を「貯蔵庫」としてみると，短期記憶，長期記憶という2つの異なる貯蔵庫があるということが一般に知られている。得られた新たな情報は，まず短期記憶という貯蔵庫に数分間とどまり処理され，やがて長期記憶の貯蔵庫に移って保存されると考えられている。

a. 短期記憶，作動記憶　　短期記憶とは，いくつかの数列を言われた通りの順序で復唱するような単純な音韻リハーサルの過程を指す。しかし近年では，短期記憶を単なるリハーサルのみにとどまらず，複数の認知的処理過程を必要とする作動記憶（working memory；作業記憶とも訳される）[1]で捉える理論

が台頭してきた。これは，例えば100から7を順番に引いていくという計算において，常に「7を引く」というルールを頭に思い浮かべながら，同時に出てきた直近の解答を憶えておき，さらに計算を繰り返すといった，複数の認知的処理を並行して行う過程を指す。

　従来からの短期記憶のような，単純な処理過程には加齢の影響はほとんどみられないといわれているが，作動記憶のような複雑な処理過程では加齢変化が大きいと報告されている[2]。

b. **長期記憶**　　長期記憶とは，経験や学習した事柄が長期的に保存されるものであるが，これを質的に分類する試みが多くなされている。研究者により，その分類や名称はさまざまであるが，代表的なものに，タルヴィング（Tulving）[3]が提唱したエピソード記憶と意味記憶がある。エピソード記憶は，出来事の体験の記憶であり，それがいつどこで起こったかということに関する記憶も大きくかかわっている。

　エピソード記憶をみる検査は，いくつかの単語や新聞記事のような文章を一度提示して記銘させ，直後に想起させてから，一定の時間が経過してから再度想起させる「直後再生」と「遅延再生」という方法がとられる。

　とくにエピソード記憶とその近縁の記憶は脳の老化の影響を強く受けるといわれており，エピソード記憶に関する能力の低下は20歳代から始まり連続的に緩やかに進行していくといわれる[4]。ピーターセン（Petersen）ら[5]は62歳から100歳の地域在住の高齢者に対して種々の記憶課題を行った。その結果，単語リストを用いた課題において，新たに記銘できる語数は年齢に伴い低下していくが，直後再生と遅延再生において再生できた語数については，若年者と差がなかったと報告している。つまり，高齢になると，一度に新しく憶えられる量は低下するが，一度憶えたことは若年者と同程度に思い出せるということである。

　他方，意味記憶は知識や概念の記憶であり，それがいつ，どこで学習されたものかという出典に関しては問われない記憶である。意味記憶の貯蔵については，例えば「動物」という上位概念の下に「哺乳類」，その下に「犬」

という下位概念があるように，その概念の上下関係に基づき，階層的に体系化されて保存されているという説がある[7]。

意味記憶はエピソード記憶に比して，後期高齢者でも比較的保たれているといわれる[6]。高齢者によくみられる，ものの名前がすぐに出てこないという現象は，貯蔵されている情報へのアクセスの速度の問題であると考えるのが妥当であり，貯蔵された意味記憶の階層構造は後期高齢者でも保たれやすいと考えられている[8]。

2）注意機能の加齢変化

注意機能は他の認知機能との関係が深い機能である。記憶を例にあげると，情報を取り入れる入り口のところにあたる注意機能の低下があるために，記憶処理のプロセスそのものに障害はなくても，新しいことを記銘できないという状況を生む恐れがある。

一般に注意機能は，多くの情報の中から不必要な情報を抑制し，必要な情報にのみ焦点をあてる「選択的注意」，限られた対象に長時間注意を向け続ける「注意の維持」，同時に2つ以上の対象に注意を振り分ける「注意の分配」等に分けて考えられている。

加齢による注意機能の低下については，多くの実験が行われているが，実験の条件などの違いにより，必ずしも一貫した結果は得られていない[9]。若年者との比較では，高齢者は一般に選択的注意機能は低下するといわれるが，あらかじめ注意する位置を知らされれば，高齢者の成績は改善するという報告もある[10]。維持に関しては，単純な課題であれば若年者と変わらないという報告がある[11]。分配については，高齢者は若年者よりも劣るという見解が多く，高齢者の自動車運転能力との関連に着目した実践的な研究も行われている[9]。運転中の携帯電話の使用に関するマクナイト（McKnight）らの研究[12]では，高齢者は若年者に比べ，会話の内容の複雑さにかかわらず誤反応が多いことが報告されている。

3）言語機能の加齢変化

言語機能は，話す，書くといった表出面と，聞く，読むといった理解面に分

けて研究されている。表出面に関する研究を例にあげると，これまで語の流暢性に関する研究が数多く報告されている。この課題では，例えば英語圏では「F」の頭文字がつく語，日本語の場合は，「か」の語頭音で始まる語，あるいは，動物，果物，植物などの意味カテゴリー別に，制限時間にできるだけたくさん言葉を思い出して言うという手続きがとられる。このような語想起課題においては，高齢者では年齢が増すごとに生成される語数が減少する傾向がみられたとする報告が多い[13)14)]。この結果は，語彙能力は加齢の影響を受けにくいとする一般的な見解[15)]と一見矛盾するようにみえるが，語想起のような一定時間内での回答数を成績とみる課題の場合，高齢者の反応速度の低下の影響なども考慮に入れる必要がある。

4）Mild Cognitive Impairment；MCI（軽度認知障害）

近年，高齢者の認知機能の低下に関連して，軽度認知障害（Mild Cognitive Impairment；MCI）[16)]という概念が注目されている。MCIの定義については，まだ議論が続いているが，健常老化の範疇を逸脱した認知機能の低下があるが，認知症の診断基準には当てはまらない群であり，認知症の発症のリスクがより高い群とされる。中でも amnestic MCI[17)]と呼ばれる記憶障害が主症状である群は，アルツハイマー病への移行率が高いことが明らかとなってきている[18)]。認知症の予防的介入などのターゲットになることも予想され，今後の研究の進展が期待される。

（2）知的能力の加齢変化

1）高齢者の知能とその捉え方

知能とは，ビネー（Binet, A.）によれば，「一定方向に向かい持続し集中する能力（方向性），目標達成のために最後まで問題に取り組む能力（目的性），自己の反応結果について客観的に評価する能力（自己批判性）の3側面をもった心的能力」とされている[19)]。ウェクスラー（Wechsler, D.）は，「目的的に行動し，合理的に思考し，その環境を効果的に処理する個人の総合的全体的能力」とし[20)]，言語性知能と動作性知能を測定できる成人用の知能検査（WAIS）を作成した。

言語性検査は，知識・数唱・単語・算数・理解・類似，動作性検査は絵画完成・絵画配列・積木模様・組合せ・符号で構成されている[21]。

　ホーンとキャッテル（Horn & Cattell）は，老年期も含めた生涯発達的な観点から，知的能力を結晶性知能と流動性知能に分類した[22]。結晶性知能とは，過去の学習経験の積み重ねにより獲得される能力であり，訓練や教育など意図的な学習に関連した知的能力である。WAIS-R（WAISの改訂版）の下位項目のうち言語性知能の知識・単語・理解・類似に対応している。流動性知能は，過去の学習経験だけでは対応しきれないような，新しい学習や環境に適応し，柔軟に対応するための問題解決能力であり，偶発的な学習と関連した知的能力である。主に情報処理のスピードと正確さとに関連し，神経系の関連が強いとされている。WAIS-Rの数唱・類似・絵画完成・絵画配列・積木模様・組合せに対応している。

　これらの能力は，加齢に伴ってどのように変化していくのであろうか。一般的には，年をとるにつれ，「もの覚え」が悪くなり，「もの忘れ」が始まり，知的能力は低下すると思われている。年をとれば誰もが惚けて当たり前だと考える人々もいる。しかし，現実には，超高齢といわれる年齢になっても，日常生活に支障なく，知的活動を続けている高齢者も少なくない。また，すべての人が，老年期に認知症になるわけでもない。高齢者の知的能力の真の姿を明らかにし，知的能力の加齢変化について理解を深めることは，高齢になっても一定の知的能力を維持し，元気で健やかな生活を送るために有用な情報となるであろう。

2）知的能力の加齢変化

　以前は，青年期までが知能の発達の時期であり，中年期以降，知能は急激に低下するという研究結果が報告され，信じられていた。また，言語性知能は30歳代がピークでその後ゆるやかに低下し，動作性知能は20歳代がピークでその後急激に低下するという結果は，「古典的な加齢パターン」と呼ばれる。こうした結果は，ある時点で知能検査を行った年齢の違う集団の得点の平均点をつないで作られたものである。このような研究法を横断法という。横断法は，

社会背景やコホートの影響を考慮しなくてはならない。一方，個人を数十年にわたって追跡する縦断法は，結果がでるまでに期間が長く，そのため対象者の脱落が起こったり，練習効果が起きて，横断法の結果よりも得点が高く出る傾向がある。シャイエ（Schaie,W.G.）は，年齢の異なるいくつかの集団を同時に追跡する系列法（sequential method）という方法で，Primary Mental Abilities という知能検査の5因子（言葉の意味・空間・推理・数・言葉の流暢性）に基づいて研究を行った[23)][24)]。図5-1（上）は，シャイエが1956年，1963年，1970年

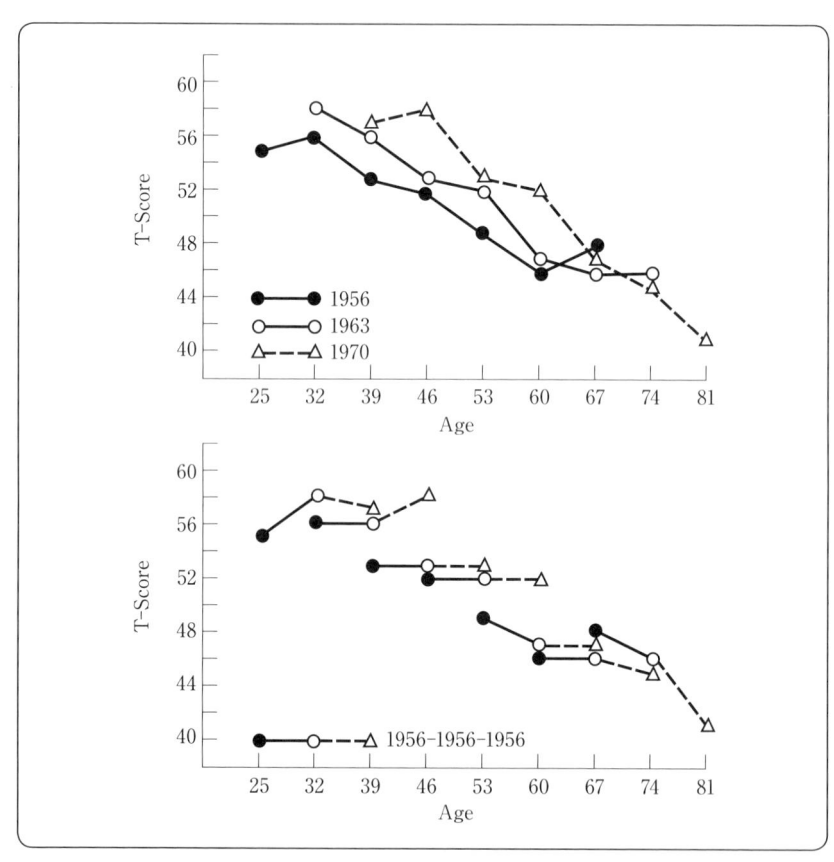

図5-1　シャイエの空間テスト（上：横断的，下：縦断的）
出典：Schaie and Labouvie-Vief, 1974, Copyright

に行ったPrimary Mental Abilitiesの空間テストの結果を横断的に表したものである。年齢が高くなるにつれて急激にTスコアが低下していることがわかる。図5-1（下）は，同じデータを縦断的に表したものである。1956年から1970年の14年間をみると変化は大きくなく，74歳以降になって初めて著しい低下がみられる。

現在では，結晶性知能は，中年以降も60歳頃まで上昇を続け，70歳以降の低下も急ではないことが明らかになった。しかし流動性知能は，30，40歳代がピークであり，それ以降低下に転じ70歳代で低下が大きくなる。経験の積み重ねによって培われた能力である結晶性知能は，日々の生活の努力で維持される可能性が高いと考えられる。知的能力の維持，さらに認知症予防のために，日頃からどのような活動をしたらよいのか，考える必要があるだろう。

3）知的能力に影響を与える要因

一般に高齢になるほど，知的側面の個人差は大きくなるといわれている。すなわち知的能力には，加齢による変化だけでなく，さまざまな要因が影響すると考えられる。

知的能力に影響する要因として，ビレンとモリソン（Birren, J. E. & Morrison, D. F.）やグリーン（Green, R. F.）は，知能検査の結果は年齢要因よりも教育要因の関連が強いという報告をしている[25)26)]。マタラゾとハーマン（Matarazzo, J. D. & Herman, D. O.）も，教育にかかわっている年数が多く，学歴が高いほど知的能力が維持される傾向があることを報告した[27)]。大川は，教育歴に加えて退職時の役職などで示されるキャリアや読書への関心・行動，新聞への関心・行動が，結晶性知能と強い関連があることを示した[28)]。中里らは，教育要因の他に，言語性検査の結果で男性の得点が高いという結果がみられたが，社会的訓練の差が性差に表れているのではないかと考察している[29)]。

クリマイナー（Kleeminer, R.）は，老年期の知能の低下が，死の数年前あるいは数カ月前に急に見られるという現象を「終末低下（terminal drop）」と名づけて報告し[30)]，その後これを支持する研究もみられる[31)]。また，ヘルツォグ（Hertzog, C.）らは，心臓に疾患のある人は，平均以上に知的能力の衰退が早い

という報告を行うなど，健康状態も，知的能力の低下と関係があると考えられる[32]。

シャイエは教育と健康以外の要因として，結婚生活の充実，刺激的な環境にあること，成人期を通じて文化的教育的施設や機会を利用していることなどをあげている[33]。

以上のように，知的能力は，今までどのような教育環境，学習環境の元で生育し，社会の中でどのようにキャリアを積んできたかという個人の生活歴に影響される部分と，現在どのようなものに興味・関心をもち活動しているかといった生活習慣や健康状態に影響される部分があると考えられる。高齢になっても，読書をしたり，新聞を読んだり，文化的活動に参加したりといった習慣を維持し，健康を保つことが知的能力を維持するために重要だと考えられる。

◇文　献◇

1) Baddeley A.D.：Working memory. Oxford University Press, 1986.
2) Verhaeghen P., Marcoen A., & Goossens L.：Facts and fiction about memory aging：A quantitative integration of research findings. Journal of Gerontology：Psychological Sciences 1993；48；p157-171.
3) Tulving E.：Episodic and semantic memory. In Tulving, E. & Donaldson,W.(eds), Organization of memory. New York：Academic Press, 1972, p381-403.
4) Salthouse T.A.：Independence of age-related influences on cognitive abilities across the life span. Developmental Psychology 1998；34；851-864.
5) Petersen R.C., Smith G., Kokmen E., et al：Memory function in normal aging. Neurology 1992；42；396-401.
6) 石原治：高齢者の記憶．記憶研究の最前線（太田信夫，多鹿秀継編），北大路書房，2000，p267-283.
7) Collins A.M. & Quillian M.R.：Retrieval time from semantic memory. Journal of Verbal Learning and Verbal Behavior, 1969；8；240-247.
8) Light L.L.：The organization of memory in old age. In Craik F.I.M & Salthouse T.A. (eds), Handbook of aging and cognition, Hillsdale, NJ：Erlbaum, 1992, p111-165.

9) Rogers W.A. & Fisk A.D：Understanding the role of attention in cognitive aging research. Birren J.E. & Schaie K.W.(eds), Handbook of the psychology of aging 5th ed, Academic Press, San Diego, 2001, p267–287.
10) Wright L.L. & Elias J.W.：Age difference in the effects of perceptual noise. Journal of Gerontology 1979；34；704–708.
11) Giambla L.M. & Quilter R.E.：Sustained attention in adulthood：A unique large-sample longitudinal muliti-cohort analysis using Mackworth Clock Test. Psychology and Aging 1988；3；75–83.
12) McKnight A.J. & McKnight A.S.：The effect of cellular phone use upon driver attention. Accident Analysis and Prevention 1993；25；259–265.
13) Norris M.P., Blankenship-Reuter L., Snow-Turek A., et al：Influence of depression on verbal fluency performance. Aging & Cognition 1995；2, 3；206–215.
14) 伊藤恵美，八田武志，伊藤保弘ほか：健常成人の言語流暢性検査の結果について―生成語数と年齢・教育歴・性別の影響―．神経心理学 2004；20；254–263.
15) Kemper S., & Mitzner T.L.：Language production and comprehension. Birren J.E. & Schaie K.W.(eds), Handbook of the psychology of aging 5th ed, Academic Press, San Diego, 2001, p378–398.
16) Petersen R.C., Smith G.E., Waring S.C., et al：Aging, memory, and mild cognitive impairment. International Psychogeriatrics 1997；9 (Suppl) 1；65–69.
17) Petersen R.C, Doody R, Kurz A., et al：Current concepts in mild cognitive impairment. Archives Neurology 2001；58；1985–1992.
18) Gauthier S., Reisberg B., Zauding M., et al：Mild cognitive impairment. Lancet 2006；367；1262–1270.
19) 杉浦一昭，杉原隆監修：田中ビネー知能検査Ⅴ理論マニュアル，田研出版株式会社，2003.
20) Wechsler D.：Measurement and Applaisal of Adult Intelligence. Wilkings & Wilkings Company, 1958.（茂木茂八ほか訳：成人知能の測定と評価．日本文化科学社，1972.）
21) 品川不二郎，小林重雄ほか：WAIS-R成人知能検査法，日本文化科学社，1990.

22) Horn J.L. & Cattell R.B.：Refinement and test of the theory of fluid and crystallized intelligence. Journal of Educational Psychology 1966；57；253-270.
23) Schaie K.W., Labouvie G.V., & Buech B.U.：Generational versus ontogenetic components of change in adult cognitive behavior：Fourteen-year cross-sequential study. Developmental Psychology 1974；10：305-320.
24) Schaie K.W.：Intelligence and problem solving. In Handbook of Mental Health and Aging (Birren J.E. and Sloane R.B. eds.), Prentice-Hal, 1980.
25) Birren J.E., & Morrison D.F.：Analysis of the WAIS subtests in relation to age and education. Jouranal of Gerontology 1961；16：363-369.
26) Green R.F.：Age-intelligence relationship between age sixty-four：A rising trend. Developmental Psychology 1969；1：618-627.
27) Matarazzo J.D. & Herman D.O.：Relations of education and IQ in the WAIS-R standardization sample. Journal of Consulting & Clinical Psychology 1984；52；631-634.
28) 大川一郎：高齢者の知的能力と非標準的な生活経験との関連について．教育心理学研究　1989；37；100-107.
29) 中里克治，下中順子：老年期における知能とその変化．社会老年学　1990；32；22-28.
30) Kleeminer R.：Intellectual change in the senium. Proceeding of the Social Statistics Section of the American Statistical Association 1966；1：290-295.
31) Riegel K.F. & Riegel R.M.：Developmently, drop, and death.；Developmental Psychology 1972；6：306-319.
32) Hertzog C., Schaie K.W. & Gribbon K.：Cardiovascular disease and changes in intellectual functioning from middle to old age. Journal of Gerontology 1978；33；872-883.
33) Schaie K.W.：Intellectual development in adulthood, In Handbook of the Psychology of Aging, 3rd ed. (Birren J.E. and Schaie K.W. eds.) Academic Press, 1990. 266-286

4. 知恵と創造性

(1) 熟　　達

　わたしたちは誰もが最初は初心者である。それが問題解決のためにさまざまな訓練，練習，そして経験をつむことによって徐々に知識や技能を身につけ，初級者から中級者，そして上級者へ，さらには熟達者となっていく。このように，ある領域で長期間にわたる訓練や経験をつむことを通じて，知識や技能を獲得し，その領域で優れた能力をもつことができるようになったものを熟達者といい，そのプロセスを熟達化と呼ぶ。熟達化はわたしたちが生涯を通じて発達・成熟する可能性のある存在であることを示してくれる。

(2) 知　　恵

　熟達化の研究や，主に認知，人格の領域での老年心理学研究や生涯発達心理学研究が進むにつれて，成人期以降，高齢期においてもひとが変化したり，成熟したりすることを示唆するようなデータが次第に蓄積されるようになってきた。それとともに成人期以降の発達・成熟そのものを捉えることができるような特性への関心が高まるようになってきた。そこで注目されるようになったのが知恵である。

1) 知恵の諸要素

　知恵はとても多義的な概念である。これまでの知恵の概念を検討した研究を概観すると，少なくとも，知恵には①人生経験の中から培われた豊かな知識と教養があり，②広い視野をもった理解力と的確な判断力があるとともに，③自分に対しては内省的で自分の限界を悟り，④周囲の人たちに対しては暖かい眼を向け，包容力をもつ，といった要素が含まれているようである[1]。より大局的にいえば，知恵は認知的側面と人格的・感情的側面を併せもった能力といえるだろう。

2) 知恵の心理学モデルと測定

現在，いくつかの知恵の定義とモデルがある。例えば，ピアジェの理論を発展させた，形式的操作期以降の成人の思考形態に着目した知恵に関連するモデル[2)3)]や，スタンバーグの均衡理論[4)5)]などである。本節では，その中でも代表的な知恵のモデルであり，それをもとに実際に多くの実証研究もされている，バルテスらの知恵の定義とモデルを紹介しよう（図5-2）。

彼らは，知恵とは生活の中で遭遇する問題に対する熟達した知識であると定義している[6)]。最近，より包括的に「卓越した知性と徳に向けて，知識を組織化し統合していくための認知的かつ動機づけ的なメタ・ヒューリスティクス」[7)]であるとしているが，いずれにしても，こうした知恵を身につけていくことで，ひとは人生の中で遭遇するさまざまな問題に対して優れた洞察，理解，判断力

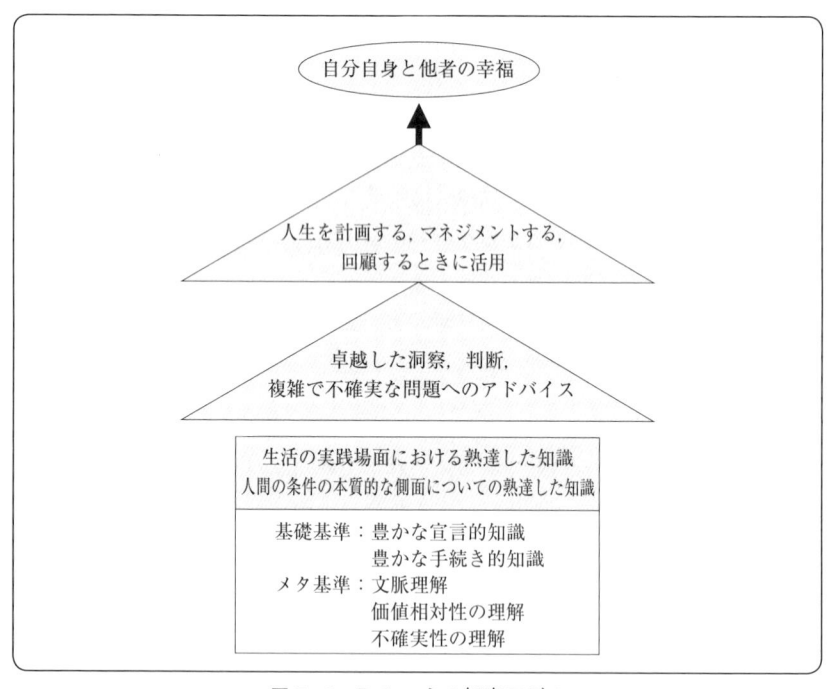

図5-2　Baltesらの知恵モデル

(Baltes & Kunzmann, 2003.)

を発揮し，他者に対して助言することもできるようになる。また，知恵が身につくには，つぎの5つの要素を満たす必要があると仮定されている。第1に豊富な知識があること（宣言的知識），第2に状況に応じた解決のための手段・方法に精通していること（手段的知識），第3に問題の背景にある文脈を理解していること（文脈理解），第4に問題解決の方向性を決定する価値観，目標，優先順位の多様性を理解していること（価値相対性の理解），そして最後に，人生の不確実性を理解した上で最善の判断・行動をすること（不確実性の理解）である。

バルテスらはこのモデルを基にした知恵の測定法を作成している。この測定法は日本語版[8]もあり，高い信頼性と妥当性が確認されている。これらを使用して，知恵の発達変化の検討や，知恵と関連のある要因の検討といった実証研究が進められている。

3）知恵の発達変化

実際に知恵は年齢とともに高まっていくのだろうか。予想に反して，これま

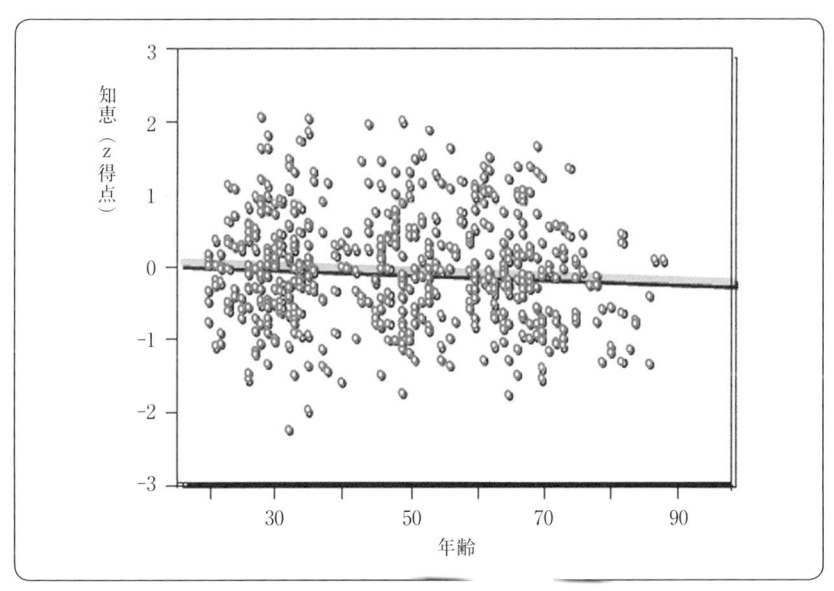

図5-3　知恵と年齢

（Baltes & Staudinger, 2000.）

での研究からは，成人期から高齢期にかけて年齢とともに単純に知恵が上がることを示すものは少ない[1)9)10)11)]。横断法による年齢群比較がほとんどなので，単純に結論づけるのは危険ではあるが，知恵の成熟は単純に年齢を重ねるだけでは得られないことが示唆されている（図5-3）。

最近は青年期頃に知恵の萌芽があるのではないかという指摘もあり，思春期・青年期を対象にした知恵の研究も行われるようになってきている[12)]。今後，知恵の発達変化を解明していくためには，思春期・青年期まで含めた縦断法，あるいは系列法による調査をしていく必要があるだろう。

4）知恵に関係する要因

知恵を成熟させていくのは単純に年齢を重ねることではなく，性格特性や認知能力，動機づけの方向性，さまざまな人生経験など，年齢以外の要因がかかわっていることが示唆される。これまでの研究から，知恵には個人特性では知能，社会的知能といった知的側面とともに開放性や特性的自己効力感などの人格的側面が関連していることが報告されている[13)14)15)]。また，知恵の得点が高い人は，自分あるいは他者をより高めようとする動機づけが高いことも報告されている[16)]。日常生活をみてみると，知恵の得点の高い中高年者は日頃から，請求書の支払いなどを人任せにしないで自分で判断・処理していたり，本や雑誌をよく読んだり，家族や若い人の相談にのる傾向があることもわかってきた[1)]。最近では，人生の回想や語りと知恵との肯定的な関係も報告されている[17)18)]。

知恵と他の特性とのかかわりに関する検討はまだ始まったばかりである。しかし，これまでの研究結果を概観すると，知恵の研究は今後，ひとの生涯発達プロセスの解明に貢献するだけではなく，サクセスフル・エイジングを実現させていくための貴重な示唆を与えてくれる存在になっていくかもしれない。

（3）創　造　性

1）創造性と創造性の発達変化

創造性とは新しく，質の高い，課題にふさわしい何かを作り出す能力である[19)]。新しい曲を作ったり，絵を描いたり，小説を書いたり，発明をしたり，科学的

な発見をする．これらはすべて創造性の能力である．

このような創造性は，一般的には20～30歳代の若いときに高く，それ以後，急速に低下するというイメージがもたれているのではないだろうか．しかし，創造性と発達変化を検討したこれまでの実証研究からは，おおむね青年期から成人期前期を通して高まり，40歳代半ばから後半にかけてピークを迎え，そののち低下に転じるが，そのスピードは緩やかであることが報告されている[20]。ピークにくる時期は比較的遅く，その後の低下も緩やかなのである．

ところで，創造性の発達曲線は概して上述したようなカーブが描かれることが報告されているが，創造的な活動をする領域によって，その曲線には相違がみられることもこれまでの研究から明らかにされている．一般的に歴史や哲学，文学など人文科学系の領域では，ピークがくる年齢はずっと遅くなる．例えばデニス（Dennis）[21]の研究では，歴史や哲学の領域での創造的な活動は，高齢期にさしかかる60歳代に最も高くなり，それが70歳代になっても維持されていることが報告されている．一方，数学や物理学などの領域では，創造的活動が最も高まる時期が30歳代頃と比較的早いことが知られている．

また，創造性は個人差もたいへん大きい．全体的な傾向としては，成人期後半になると徐々に創造性は低下を示すことが報告されているが，その一方で80歳代を超えてもなお，多くの作品を世に生み出している者も少なくない．創造性の発達曲線は，どのような領域での活動であるかということとともに，個人の創造性の潜在能力によるところも大きいようである[22]。

2）創造性に影響を与える要因

創造性が高められたり，あるいは抑制されたりするには，活動領域や創造性の潜在能力に依存するところがある．しかしそれだけでなく，そこには個人特性や環境要因などさまざまな要因が絡んでくる．例えば，個人の特性としては，新しい経験に対する開放性やあいまいさへの耐性などの性格特性が考えられる．また，リスクに挑むことへの欲求や，信念を貫く勇気といった動機づけの影響もあるだろう．環境要因としては，社会の景気や個人の経済面の変動，また社会的ネットワークの変化なども創造性に関わってくるであろう[23][24]。一

方，以前は拡散的思考能力が創造性との関連性があると考えられていた時期もあったが，最近では，これに対しては批判的な意見が出されている[25]。

3）高齢期の創造性

高齢期に生み出される作品には，表現方法や内容面で若い頃とは異なる特徴があることが指摘されている。たとえば，高齢期の作品には，客観的な事実よりも，主観的な経験が表現されることが多くなったり，以前よりも調和を求める傾向が見られたり，これまでの業績の集大成のような作品（たとえば教科書や講座本など）が作られたり，老いや死を取り上げる傾向が強くなるなどである[19]。もちろん個人差があり，必ずしもすべての作品がこれに当てはまるわけではないが，一般的な傾向として，このようなスタイルの変化が見出されるようだ。

また，晩年の創作活動でよく知られているもののひとつに"白鳥の歌現象"がある。サイモントン（Simonton）[26]はクラシック音楽家の生涯を通した作品を調べていくなかで，晩年になると小品ではあるが，旋律が明快で深みがある作品が作られる傾向があることを明らかにし，その現象を白鳥の歌現象と呼んでいる。サイモントン[22]は，白鳥の歌現象は高齢期の創造性と知恵との融合がもたらしたものかもしれないと述べている。

また，高齢期の創造的活動は人生の生きがいや生活のハリをもたらすだけでなく，人生の受容や死の受容とも関連していることが報告されている[27]。知恵とともに創造性はわたしたちのサクセスフルな生涯発達に重要な役割を果たしているのかもしれない。今後，高齢社会がますます本格化する中で，知恵や創造性の研究の重要性は増大してくるであろう。

◇文　献◇

1) 髙山緑：知恵の加齢変化と心理社会的関連要因に関する心理学的研究．博士学位論文（東京大学），2002．
2) Kitchener K. S. & Brenner H. G.：Wisdom and Reflective Judgment：Knowing in the face of uncertainty. In R. J. Sternberg (Ed.), The nature of creativity: contemporary psychological perspectives. Cambridge University Press, New York 1990；p212-229．
3) Kramer D. A.：Conceptualizing wisdom：the primacy of affect-cognition relations. In R. J. Sternberg (Ed.), Wisdom-Its nature, origins, and development. Cambridge University Press, New York 1990：p279-316．
4) Sternberg：A balance theory of wisdom. Review of General Psychology 1998；2：347-365．
5) Sternberg：Wisdom, intelligence, and creativity synthesized. Cambridge University Press, Cambridge 2003．
6) Baltes P. B. & Smith J. Toward a psychology of wisdom and its ontogenesis. In R. J. Sternberg (Ed.), Wisdom-Its nature, origins, and development. Cambridge University Press, New York 1990；p87-120．
7) Baltes P. B., & Staudinger U. M.：A Metaheuristic (Pragmatic) to Orchestrate Mind and Virtue Toward Excellence. American Psychologist 2000；55 (1)：122-136．
8) 髙山緑，下仲順子，中里克治ほか：知恵の測定に関する信頼性と妥当性の検討—Baltesの人生計画課題と人生回顧課題を用いて．性格心理学研究　2000；9 (1)：22-35．
9) Smith J., & Baltes P. B.：Wisdom-related knowledge：Age/cohort differences in responses to life planning problems. Developmental Psychology 1990；26：494-505．
10) Staudinger U. M., Smith J., & Baltes P. B.：Wisdom-Related knowledge in a Life Review Task：Age Differences and the Role of Professional Specialization. Psychology and Aging 1992；7：271-281．

11) Takayama M.：Age/Cohort differences and Gender Differences in Wisdom. 113th Annual Convention of the American Psychological Association, Washington, D.C., USA 2005.
12) Pasupathi M., Staudinger U. M., & Baltes P. B. Seeds of wisdom：Adolescents, knowledge and judgments about difficult life problems. Developmental Psychology 2001；37：351-361.
13) Staudinger U. M., Lopez D.F., & Baltes P. B.：The Psychometric Location of Wisdom-Related Performance：Intelligence, Personality, and More? Personality and Social Psychological Bulletin 1997；23（11）：1200-1214.
14) Staudinger U.M., Maciel A. G., Smith J., et al：What predicts wisdom-related performance? A first look at personality, intelligence, and facilitative experiential contexts. European Journal of Personality 1998；12：1-17.
15) 髙山緑，下仲順子，中里克治ほか：成人期から後期高齢期における知恵の心理・社会的関連要因の検討．教育心理学会第42回総会発表論文集　2000；p658.
16) Kunzmann U., & Baltes P.B. Wisdom-related knowledge：Affective, motivational, and interperosonal correlates. Personality & Social Psychology Bulletin 2003；29：1104-1119.
17) Glück J., Bluck S., Baron J., et al：The wisdom of experience：Autobiographical narratives across adulthood. International Journal of Behavioral Development 2005；29：197-208.
18) Brugman G. M., & Ter Laak J. J. F.：Narrative change. Journal of Developmental Psychology 2004；25：42-56.
19) Lubart T. I.：Creativity. In R.J. Sternberg (Ed.), Thinking and problem solving Academic Press, New York 1994；p289-332.
20) Simonton D. K.：Age and outstanding achievement：What do we know after a century of research? Psychological Bulletin 1988；104：251-267.
21) Dennis W.：Creative productivity between ages of 20 and 80 years. Journal of Gerontology 1966；21：1-8.
22) Simonton, D. K.：Creativity and wisdom in aging. In J.E. Birren & K. W. Schaie

(Eds.), Handbook of the psychology of aging (3rd ed), Academic Press, San Diego, CA, 1990.
23) Sternberg R. J., & Lubart T. I.：An investment theory of creativity and its development. Human Development 1991；34：1‐31.
24) Sternberg R. J., & Lubart T. I.：Defying the crowd：Cultivating creativity in a culture of conformity, Free Press, 1995.
25) Simonton D. K.：Career Paths and Creative Lives：A Theoretical Perspective on Late Life Potential, In C. Adams-Price (Ed) Creativity and successful aging：theoretical and empirical approaches, Springer Publishing Company, New York 1998；p3‐20.
26) Simonton D. K.：The swan-song phenomenon：Last-works effects for 172 classical composers. Psychology and Aging 1989；4：42‐47.
27) Erikson E. H., Erikson J. M. & Kivnick H. Q.：Vital Involvement in Old Age. W. W. Norton, New York, 1986.（朝長正徳・朝長梨枝子訳：老年期―生き生きしたかかわりあい，みすず書房，1990.）

5. パーソナリティの加齢変化

齢を重ねることは，心身の変化にかかわりがあるが，人柄，生き方にもかかわりがあるといえる。これまで老年期は，老化や老衰ということばに表れるように，衰退という否定的な側面から捉えられてきた。しかしながら，生涯発達という概念の広まりとともに，老年期を発達という側面から捉える試みもなされるようになってきている。そのため，単に加齢に伴う生理的変化だけでなく，主観的幸福感や生きがいなどの心理・社会的側面を考慮した多面的な検討が必要であると考えられる。

高齢者は長い間ただ生存してきたわけではなく，さまざまな人生を歩んできている。死が幕を引くまで続く老年期を生きるために，人はみな齢を重ねること，つまり加齢に伴う心身と環境の変化に適応する必要に迫られる。

本節では，加齢と加齢に伴う変化が人格形成に与える影響について検討する。高齢者が適応のためにどのような人格を形成し，どのような側面を発達させ，どのように生きようとしているのかを概観し，高齢者の人柄と生き方についての視座を示す。

（1）発　　達

発達（development）とは，受胎の瞬間から死に至るまでの身体面・精神面における量的・質的な変化の過程を示すが，特に成長（growth）と区別するために，精神面の変化（知能・性格等）を発達と呼んでいる。

各年代の発達の中でも，高齢者は65年以上もの長い人生の歴史を刻んでいる。高齢者それぞれの歩んできた人生は，1人として同じものがなく，したがって発達における個人差は大きいと考えられる。

人間の発達モデルについては，フロイト（Freud）[1]，ピアジェ（Piaget）[2]，ハヴィガースト（Havighurst）[3]，エリクソン（Erikson）[4]，ペック（Peck）[5] などの研究が代表的であるが，その中でエリクソンとペックは老年期を含む成熟期ま

表5-1　エリクソンの発達段階と各課題

ステージ	発達段階	年齢	発達課題	心理的危機	基礎的活力
1	乳児期	0～1.5歳	基本的信頼感	不信	希望
2	幼児期	1.5～3歳	自律性	恥・疑い	意志力
3	遊戯期	3～6歳	自主性	罪悪感	目的性
4	学童期	6～12歳	勤勉性	劣等感	適格感
5	青年期	12～20歳	自我同一性	同一性拡散	忠誠
6	成人初期	20～40歳	親密性	孤独	愛
7	成人期	40～60歳	生産性	停滞	世話
8	成熟期	60歳～	自我の統合	絶望	英知

出典：鹿取廣人，杉本敏夫編：心理学，東京大学出版会，1996，p.213（Erikson, E. H.：Identity and the life cycle. Psychological Issues 1957；1(1)：Monograph 1. International Universities Press.）に基づき作成

で言及している点が特徴的である。

　エリクソン[4]は，心理社会的発達段階説を唱え，乳児期から成熟期までを8つのステージに分け，各ステージにおいて獲得すべき特有の課題（発達課題）を提示している。この8つの段階は，人生周期（ライフサイクル）と呼ばれている。課題を獲得することで精神的な成長が育まれるが，失敗した場合には「心理的危機」を招くとしている（表5-1）。エリクソンは，この発達の最終段階として老年期を位置づけ，その課題を「自我の統合」とした。さらにエリクソンの死後，彼の妻ジョウンが老年期の発達について加筆を行っている[6]。それは，発達段階説の第9ステージにあたる「老年的超越性（gerotranscendence）」である。自身が90歳を超えてからの提唱であったが，この「老年的超越性」とは，物質的・合理的な視点から，より神秘的（コスミック）・超越的な視点への移行を表している。そして，通常はこの移行と共に，人生の満足感や心の平穏がもたらされると考えられている。

　ペック[5]は，エリクソンが人生前半期の心理的課題と危機を詳しく言及し

ているものの，人生後半期については大まかであるとし，老年期に３つの心理的課題と危機を仮定した。それは，①自我の分化か仕事役割の没頭か（引退の危機），②身体を超越するか身体へ没頭するか（身体的健康の危機），③自我の超越か自我への没頭か（死の危機），である。

最近はさまざまな研究において老年期の肯定的側面が取り上げられるようになった。人生を生き抜いてきた「知恵」「術（すべ）」「経験」は，やはり齢を重ねてきた者がもち得るものであると考えられる。しかしながら現実の老年期は，「衰退・喪失の方向性」と「成熟の方向性」を同時に併せ持つ時期である。それゆえエリクソンに代表されるように「自我の統合」と位置づけられているのであるが，実際のところ，「統合」にいたるというよりは疾病や身体機能の衰え，さまざまなライフイベントを経験するという，かなり厳しい課題に１つずつ対峙する時期であるといえる。

（２）人　　格

人格（personality）とは，個人の行動特徴を説明する概念である。人格は仮面を意味するペルソナ（persona）が語源であり，人が人生で演ずる役割や人間の内面的な特質を意味する[7]。

高齢者は頑固でわがままであるといわれることがある。加齢に伴って頑固になり，わがままになったのであろうか，もともと頑固でわがままな世代なのであろうか。あるいは，見る人の主観によって頑固でわがままといわれているだけなのであろうか。

高齢者の人格について述べる場合に，その形成過程を考慮する必要がある。高齢者の人格と一口にいっても，時間経過に伴う個体の側の発達変化に影響を受け（加齢効果・成熟効果），出生の時期や場所に影響を受け（コホート効果），戦争や震災などの歴史に残るような大きなできごとに影響を受けている（時代効果）。高齢になったために起こる心身の変化に適応するためにこの人格になったという場合もあれば，人生経験によってこの人格になったという場合，生まれ育った時代背景により若いころからこの人格であったという場合も考えられる[8]。

人格が生涯発達するかどうかを検証するためには，長期にわたる縦断研究が必要であった。レオンら (Leon et al.)[9] によると，45歳から54歳の男性を対象に1947年から1977年までの30年間に計4回繰り返し人格検査 (MMPI) を行った結果，加齢による人格得点の相対的な増加は，心気的，抑うつ的，ヒステリー的の特性においてみられたとしている。これまでの縦断研究によると，人格特性の変化は少なく，むしろ世代差や男女差が大きいことがわかっており，現在では，人格は30歳以降変わらないことや，人格は人生前半の若い時期よりも人生後半の老年期の方がより安定していることも主張されている[10]。ただしフィールドとミルソップ (Field & Millsap)[11] によれば，高齢者になってからの人格特性は，心が広く，率直で明るく受容的という特徴をもつ適合・協調性の人格特性が発達することが判明している。また，人格には加齢に伴い変化する側面と若い頃の傾向とあまり変わらない安定的な側面とがあることが明らかになってきている[7]。

人格は適応の側面から類型化されている。ライチャードら(Reichard et al.)[12] は，55歳から84歳の男性87名を対象に115のパーソナリティ変数をクラスター分析して，次の5つのタイプに分類した。

①円熟型：過去の自分を後悔することなく受容し，未来に対しても現実的な展望のある統合された人格をもつ。

②安楽椅子型：受身的消極的な態度で現実を受容する。引退した事実に甘んじて安楽に暮らそうとする。

③装甲型：老化への不安に対して強い防衛的態度で臨み，若いときの活動水準を維持し続けようとする。

④憤慨型：自分の過去や老化の事実を受容することができず，その態度が他者への非難や攻撃という行動で現れる。

⑤自責型：憤慨型とは逆に，過去の人生を失敗とみなして自分を責める。

ライチャードらは①から③を適応的なタイプ，④と⑤を不適応タイプとした。ニューガーテンら (Neugarten et al.)[13] は，人格のタイプと役割活動性，生活満足度の3変数の組合せから，8つの人格タイプを見出した。それはA：再統

合型，B：集中型，C：離脱型，D：固執型，E：緊縮型，F：依存型，G：鈍麻型，H：不統合型である。ライチャードらの分類との対応をみると，AとBが円熟型，CとFが安楽椅子型，Dが装甲型，EとGが憤慨型ないし自責型に対応しているが，Hはニューガーテンら独自にみられた型である[8]。

（3）感　　情

　感情（emotion）あるいは情動とは，人間が環境に適応するための行動（適応行動）を調節する過程を意味する。わたしたちは，さまざまな人・物と触れ合うことにより，「喜び」「怒り」「悲しみ」「楽しみ」といった主観的な感情（状態）を体験する。この感情（状態）は心拍数の増加といった生理的反応に影響を及ぼしたり，身体機能などにも影響を及ぼすことがある。また同時に，そのような感情の確かな徴候として，顔の表情や身体の動きといった非言語行動を用いる。例えばアイザード（Izard）[14]は，6つの基本的情動（幸福・悲しみ・怒り・恐れ・驚き・嫌悪）が人間の顔の表情に共通に認められていることを明らかにしている。

　老年期の感情は，成人期に比べて平坦になり，成熟に伴って衝動性が弱められる[15]反面，一度感情が掻き立てられた場合には，元の穏やかな状態に戻るのが難しい[16]といわれている。さらに，感情の表出に関する調査では，高齢者では1つの表情の中に複数の感情が含まれていること，そして高齢者にかかわる若年成人が，高齢者の表情に示されている感情を正確に把握していない場合が多いともいわれている[17]。

　一方，マラテスタら（Malatesta et al.）[18]は，老年期を含めた感情について，2種類の発達モデルを述べている。まず1つ目は「感情（情動）は低下する」というモデルであり，加齢に伴って感情は徐々に抑制・鈍磨し，ネガティブな感情の生起・表出が優位となる[19]というものである。そしてもう1つのモデルは，「感情機能はほとんど加齢の影響を受けない」とするモデルであり，例えば高齢となっても主観的幸福感（subjective well-being）が保持されることが報告されており[20]，老年期に必ずしも感情（情動）機能が低下するものではな

いということを指摘している。

その他に，認知症を患っている高齢者は「物忘れ」「混乱」「不安」などさまざまな問題を抱えているため，感情を刺激されると自分を抑えることが難しい場合もある。介護者・援助者の何気ない言動が，認知症を患っている高齢者の攻撃的な言動や興奮状態を招く可能性があるため留意が必要である。

（4）生 き が い

生きがいとは，広辞苑[21]には「生きるはりあい。生きていてよかったと思えるようなこと」と記述され，日本人固有の幸福感の概念であるといわれている[22]。しかし，実証的に明らかにした研究は少なく，曖昧に使用されることが多い概念である。

1）人格と生きがい

成熟した人格を獲得することは，生きがいのある老年期を達成するために重要な要素である。生きがいは，充実感や楽天的気分のような感情的側面と，生きている意味などの認識的側面が含まれ，その人の人格が大きく影響すると考えられる。

エリクソン[6]は，老年期の発達課題として「自我の統合」を提唱している。これまでの人生を再吟味し，承認，受容し，自分の人生に対して責任を受け入れること，そして死と向き合い，それでも未来を人生の一部として受け入れ，今を大切に生きることを通して，「英知」を獲得していくと述べている。

また，生きがいはマズローの欲求階層説[23]からも考えることができる。マズローは基本的欲求を，①生理的欲求，②安全と安定の欲求，③愛・集団所属の欲求，④自尊心の欲求，⑤自己実現の欲求の5つの階層として捉え，自己実現の欲求は，人間の成長の最終段階に位置づけた欲求であるとしている。マズローは，①〜④を欠乏欲求とし，⑤自己実現の欲求を成長欲求としている。欠乏欲求は，満たされないことによって生じる欲求であるが，成長欲求は，自らが求めるものである。マズローの欲求階層説の視点から生きがいをみると，生きがいは成長欲求である自己実現のレベルの概念であると考えられる[24]。

2）神谷美恵子の生きがい論

　精神科医の神谷美恵子は，国立ハンセン病療養所に勤務したときに，多くの患者が将来になんの希望も目標ももっておらず無意味感に苦しんでいる中で，一握りの患者には生きる喜びをきわだって感じさせるものがいたという経験から，生きがいについて研究を行った。著書『生きがいについて』[22]において，「生きがいということばの使いかたには，ふた通りある。この子は私の生きがいです，などという場合のように生きがいの源泉，または対象となるものを指すときと，生きがいを感じている精神状態を意味するときと，このふたつである」と述べ，生きがいを「生きがい（対象）」と「生きがい感」に分類した。そして，生きがいを感じる心（生きがい感）には，「感情としての生きがい感」と「認識としての生きがい感」の2側面があるとし，生きがい感を一番感じる人として「自己の生存目標をはっきりと自覚し，自分の生きている必要を確信し，その目標にむかって全力をそそいで歩いているひと――いいかえれば使命感に生きるひと」をあげている。また，生きがいを求める心（欲求）として，「生存充実感への欲求」「変化への欲求」「未来性への欲求」「反響への欲求」「自由への欲求」「自己実現への欲求」「意味と価値への欲求」の7つをあげている。

3）老年学における生きがい研究

　生きがいに関する実証的研究は，欧米で開発された主観的幸福感[25]と総称されるいくつかの尺度をわが国に導入したことから始まっている[26][27]。ロートン（Lawton）[28]のPGCモラールスケールやニューガーテンら（Neugarten, et al.）[29]のLSI-A（生活満足度尺度）などが代表的尺度であり，今日においてもよく使用されている。1980年代中ごろまでは「生きがい」と欧米で概念化された主観的幸福感との区別は不明確で，当時の研究においてはPGCモラールスケール等を「生きがい」測定の尺度として使用していた[26][30][31][32]。主観的幸福感に関する研究は多くの知見が蓄積されたが，「生きがい」の研究はなおざりにされてきた印象がある。しかし，1990年代以降，これまでの主観的幸福感に関する研究は日本人の幸福感である「生きがい」を測定してはいないとの批判がなされるようになった[33][34][35][36]。近藤[33]は，「従来より生甲斐感の重

要性が叫ばれながら生甲斐や生甲斐感スケールの研究が遅れて来たのは，一つにはこの主観的幸福感の研究でもって事足れりとしてしまった事，さらには舶来もので間に合わせようとした事が原因である」とこれまでの研究を批判した。また，佐藤[34]は，「我が国では，『生きがい』という言葉が一般的に用いられている。生きがいは，我が国独自の言葉と考えられており，これまでにも精神医学，社会科学，人文科学など諸分野からの検討が加えられている。しかしながら，生きがいの意味や諸外国の関連する概念などとの関連性についてはある程度の考察が加えられてはきたものの，「生きがい」概念を実証的に測定する方法や尺度として確立したものは今のところ存在していないと思われる」と述べている。

近年，「生きがい」に再び注目が集まり，報告が多くなってきたが，文献的研究[35,37,38]や記述的研究[39,40,41,42]が多く，実証的研究[36,43]はほとんどみられないのが現状である。日本人の生きがいの構造と関連要因を実証的に明らかにする研究は緒についたばかりであり，今後の課題である。

◇文　献◇

1) Freud, S.：Charakter und Analerotik. Psychiatrsch-neurologische Wochenschrift, IX, 465-467.
2) Piaget, J.：La psychologie de l'intelligence, Armand Colin, Paris, 1947.
3) Havighurst, R. J. Human development and education. Longmans, 1953.（荘司雅子訳：人間の発達課題と教育—幼年期より老年期まで—，牧書店，1958.）
4) Erikson, E. H.・Identity and the life cycle. Psychological Issues 1957；1 (1)：Monograph 1. International Universities Press.
5) Peck, R. E.：Psychological developments in the second half of life. In：W.C. Sze (Ed.), Human life cycle, Jason Aronson, 1975.
6) Erikson, E. H. & Erikson, J. M.：2001　ライフサイクル，その完結＜増補版＞（村瀬孝雄・近藤邦夫　訳），みすず書房，2001，p151-190.
7) 下仲順子：人格と加齢．老年心理学（現代心理学シリーズ〈14〉）(下仲順子編)，培

風館，1997，p62-76.
8) 佐藤眞一：老人の人格. 新版老年心理学（井上勝也，木村周編），朝倉書店，1993，p54-71.
9) Leon, G. R., Gillum, B., Gillum, R. et al.：Personality stability and change over a 30-year period-Middle age to old age. Journal of Consulting and Clinical Psychology 1979；47：517-524.
10) Finn, S. E.：Stability of personality self-ratings over 30 years：Evidence for an age/cohort interaction. Journal of Personality and Social Psychology 1986；50：813-818.
11) Field, D. & Millsap, R. E.：Personality in advanced old age；Continuity or change? Journal of Gerontology 1991；46：299-308)
12) Reichard, S., Livson, F. & Pertersen, P. G.：Aging and Personality. John Wiley, 1962.
13) Neugarten, B. L., Havighurst, R. J. & Tobin, S. S.：Personality and patterns of aging. In：Neugarten, B. L. (Ed.), Middle Age and Aging, University of Chicago Press, 1968, p173-177.
14) Izard, C. E.：The face of emotion. Appleton-Century-Crofts, New York, 1971.
15) Gynther, M. D.：Aging and personality. In：J.N. Butcher (ed.), New developments in the use of the MMPI. University of Minnesota Press, Minneapolis, 1979, p39-68.
16) Woodruff, D. S.：Arousal, sleep, and aging. In：J.E. Birren & K.W. Schaie (eds.), Handbook of the psychology of aging (2nd ed.). Van Nostrand Reinhold, New York, 1985, p261-295.
17) Malatesta, C. Z. & Izard, C. E.：The facial expression of emotion：Young, middle-aged, and older adult expressions. In：C. Z. Malatesta & C. E. Izard (Eds.), Emotion in adult development. CA；Sage, Beverly Hills, 1984, p253-273.
18) Malatesta, C. Z., Izard, C. E., Culver, C. et al.：Emotion communication skills in young, middleaged, and older woman. Psychology and Aging 1987；2 (2)：193-203.

19) Rosen, J. L., & Neugarten B. L.：Ego function in the middle and later years：A thematic apperception study of normal adults. Journal of Gerontology 1960；15：62-67.
20) Lawton, M. P.：The varieties of well-being. In：C. Z. Malatesta, & C. E. Izard (Eds.), Emotion in adult development, CA；Sage, Beverly Hills, 1984, p67-84.
21) 新村出編：広辞苑第5版．岩波書店，東京，1998．
22) 神谷美恵子：生きがいについて．みすず書房，東京，1980．
23) Goble, F.G.（小口忠彦訳）：マズローの心理学．産能大学出版部，東京，1972．
24) 小林司：「生きがい」とは何か―自己実現へのみち―．日本放送出版協会，東京，1989．
25) Lason, R.：Thirty Years of Research on the Subjective Well-Being of Older Americans. Journal of Gerontology 1978；33：109-125.
26) 前田大作，浅野仁，谷口和江：老人の主観的幸福感の研究―モラール・スケールによる測定の試み―．社会老年学　1979；11：15-31．
27) 和田修一：社会的老化と老化への適応―人生満足度尺度を中心として―．社会老年学　1979；11：3-14．
28) Lawton, M. P.：The Philadelphia Geriatric Center Morale Scale：A Revision. Journal of Gerontology 1975；30：85-89.
29) Neugarten, B., Havighurst, R.& Tobin, S.：The Measurement of Life Satisfaction. Journal of Gerontology 1961；16：134-143.
30) 古谷野亘：生きがいの測定―改訂PGCモラール・スケールの分析―．老年社会科学　1981；3：83-95．
31) 杉山善朗，竹川忠男，中村浩ほか：老人の「生きがい」意識の測定尺度としての日本版PGMの作成（1）．老年社会科学　1981；3：57-69．
32) 杉山善朗，竹川忠男，中村浩ほか：老人の「生きがい」意識の測定尺度としての日本版PGMの作成（2）．老年社会科学　1981；3：70-82．
33) 近藤勉：生甲斐感への一考察．発達人間学研究　1997；6：11-20．
34) 佐藤眞一：中高年期における生きがい概念再考―被雇用者および定年退職経験者への調査データから―．心理学紀要　1998；8：25-32．

35) 長谷川明弘,藤原佳典,星旦二:高齢者の「生きがい」とその関連要因についての文献的考察—生きがい・幸福感との関連を中心に—.総合都市研究 2001;75:147-170.
36) 近藤勉,鎌田次郎:高齢者向け生きがい感スケール(K-Ⅰ式)の作成および生きがい感の定義 社会福祉学 2003;43:93-101.
37) 野村千文:「高齢者の生きがい」の概念分析.日本看護科学会誌 2005;25:61-66.
38) 上原紀美子:高齢者福祉施策における生きがい論.久留米大学文学部紀要(社会福祉学科編) 2005;5:13-25.
39) 野田陽子:老年期の生きがい特性.老年社会科学 1983;5:114-128.
40) 柴田博:サクセスフル・エイジングの条件.日本老年医学会雑誌 2002;39:152-154.
41) 鶴若麻里,岡安大仁:高齢者の生きがいに関する研究—Spiritual Well-beingの視点から—.臨床死生学 2002;7:47-52.
42) 熊野道子:人生観のプロファイルによる生きがいの2次元モデル.健康心理学研究 2003;16:68-76.
43) 近藤勉,鎌田次郎:高齢者の生きがい感に影響する性別と年代からみた要因—都市の老人福祉センター高齢者を対象として—.老年精神医学雑誌 2004;15:1281-1290.

6. ライフイベントとストレス

(1) 高齢者のストレスとライフイベント

わが国は現在,世界の最長寿国の1つとして,政治や経済をはじめとするあらゆる領域で高齢化への対応が求められている。医学や心理学の分野では,高齢者の寝たきりや生きがい喪失などの問題が論じられており,健康長寿(心身ともに健やかな老い)を目的としたさまざまな試みが行われるようになっている。本節ではこれらの試みと関連の深い「ストレス」について,主に心理的健康との関連に焦点を当てて概説する。

1) 高齢者のストレス

ストレスによって健康が損なわれるのは,高齢者に限ったことではない。しかしながら,加齢とストレスとの関係が古くから指摘されてきたことも事実である。たとえば,老化は,ストレスに対する適応能力が次第に失われていく過程であるといわれる[1]。なぜなら,ストレスをもたらす外界の刺激(これをストレッサーという)に適応して,生体を安定した状態に保つための生理学的なメカニズム(ホメオスタシス)の機能は,加齢にしたがって低下するからである。実際,年をとると,気候に合わせて体温を調節することが難しくなったり,感染症に罹りやすくなったりすることが知られている。また最近では,「酸化ストレス」の問題もよく論じられている。すなわち,生命維持のために酸素からエネルギーを作り出す過程で発生する活性酸素が生体内で十分処理されず,これにより,タンパク質が酸化したり,DNA が傷害されたりするのである。酸化ストレスは,動脈硬化,心筋梗塞,糖尿病などの生活習慣病だけでなく,老化や老年病を引き起こす要因と考えられている。

高齢者の心理的健康がストレスにより損なわれることも,多くの研究で明らかになっている。しかしながら,高齢者の,抑うつ,怒り,緊張などのネガティブな感情表出は,一般に若年者よりも少ないことが知られており[2)3)],このこ

とから，心理的側面における高齢者の強いストレス耐性も指摘される。実際，アメリカ人を対象とした調査からは，高齢者ほど，日常生活で生じた問題を不快と感じない傾向が明らかとなっている[4]し，わが国でも，厚生労働省が，高齢世代は，男女とも他の世代と比べて「ストレスが大いにある」と回答する者の割合が少ないとする調査報告をまとめている[5]。

　高齢者がストレスに強い理由として，ガッツら（Gatz, Kasl-Godley & Karel et al.）は，加齢に伴う人間の心理的な成熟が，ストレス状況における適切な対処を可能にすること，あるいは，長い人生で体験してきたさまざまなストレス状況が「予防接種」となって，高齢者が新たなストレス状況で被る悪影響を緩和することを指摘している[6][7]。実際，ナイトら（Knight, Gatz, Heller, et al.）が大地震の被災者を対象とした調査を行ったところ，高齢者の抑うつが若年者より低いことや，被災前に体験した地震の回数が多いほど被災後の抑うつが低いことが明らかになっている。

　もちろん，だからといって高齢者のストレス対策が不必要なわけではない。たとえば，高齢者は，「職場や学校での人づきあい」，「自由にできる時間がない」などが原因でストレスを感じることは少ないが，一方，「自分の健康・病気・介護」，「身近な人の死」などが理由でストレスを感じることが多くなる傾向がある[5]。高齢期には，社会生活における過剰な役割からは解放される一方で，加齢に伴う健康状態の悪化や愛着対象の喪失が問題となりやすいようである。このように，何がストレッサーとなるかは，世代や年齢により異なるので，高齢期に対してはストレス体験の特徴に合わせた対策を講じる必要がある。以下では，高齢期の心理的健康を阻害するストレス体験に関して述べる。

2）高齢期のライフイベント

　ライフイベント（life event）とは，人が一生で体験するさまざまな出来事のことであり，心理的健康を阻害する代表的なストレッサーである。ライフイベントは，急病や交通事故といった破局的な体験だけでなく，学校，職場，家庭生活，住宅事情，対人関係など，人間生活のあらゆる領域で生じる出来事を含む[8]。人づきあい，多忙，病気，死別などもライフイベントといえる。

高齢者を対象としたイベントストレス尺度は，国内外でいくつか開発されている[9)][10)][11)]が，ここでは夏目が開発した尺度[12)]を紹介する。夏目らは，はじめに高齢期に体験されやすいイベントを内外の文献等から収集し，続いて，60歳以上の高齢者に，「結婚」のストレス強度を50点の基準とした場合，各イベントのストレス強度がどの程度となるかを0～100点の範囲で評定させた。その上で，2つの年代（60歳代と70歳代）別に，平均ストレス強度（これを生活変化単位— life change unit：LCU —と呼ぶ）を算出した（表5-2）。「配偶者の死」と「（定年）退職」は，本尺度に含まれていない「子の独立（空の巣）」と併せて高齢期の3大イベントといわれることがある[8)]が，いずれも高いLCU値を有することがわかるだろう。

　ところで，夏目のイベント尺度には，他の多くの尺度と同様，「配偶者の死」のように，通常，体験が望ましくないと考えられるイベントだけでなく，「夫婦の和解」のように，望ましいと考えられるイベント，あるいは「経済状態の大きな変化」のように，状況の悪化と好転の両方が考えられるため，望ましさ

表5-2　夏目ら[12)]による高齢者のライフイベント尺度とストレス強度（一部改変）

順位	ストレッサー	60歳代	70歳代	順位	ストレッサー	60歳代	70歳代
1	配偶者の死	87	67	25	生活環境の変化	53	44
2	自分の大きなけがや病気	78	57	25	配偶者との口論	53	36
3	職を失う	73	82	25	聴力の低下	53	56
4	退職	71	64	28	仕事の責任の変化	52	40
5	近親者の死	69	52	29	社会活動の変化	51	30
6	法律的トラブル	65	75	29	嫁，姑の葛藤	51	48
7	活力の衰えを感じる	63	57	30	結婚	50	50
7	話し相手がいなくなる	63	46	31	65歳になる	49	38
9	睡眠パターンの大きな変化	61	42	31	運転免許を失う	49	75
9	食生活における大きな変化	61	41	31	性行動の変化	49	58
9	視力の低下	61	58	31	子どもとの口論	49	38
12	家族の健康や行動上の大きな変化	60	48	35	PTAや自治会の役員になる	48	35
12	親友の死	60	42	37	近所の人とのトラブル	47	56
14	配置転換	58	40	38	自己の習慣を変える	46	27
14	70歳になる	58	48	39	話し相手が増える	44	60
14	上司とのトラブル	58	56	40	夫婦の和解	43	49
17	老人ホームに入る	57	62	40	暮し方の変化	43	44
17	痛い関節炎	57	56	42	長期休暇	42	33
19	施設より他の住居に変わる	56	40	43	祝日や記念日を過ごす	38	33
20	家族との会話の減少	55	34	43	配偶者が仕事を辞める	38	34
20	経済状態の大きな変化	55	60	45	家族との会話の増加	36	38
22	満足な活動の大きな変化	54	61	46	近所の人との和解	35	52
22	夫婦の別居	54	60	47	労働時間や条件の大きな変化	16	46
22	離婚	54	66				

の判断のつかないイベントが含まれている。これは，ストレス研究が伝統的に，ライフイベントを，その内容にかかわらず，人間に適応を要請する何らかの「変化」をもたらすものと定義し，この変化がストレスとなって心身の健康を阻害すると仮定してきたからである。しかし，近年，すべてのライフイベント体験が必ずしもストレスや健康悪化をもたらすわけではないことが指摘されるようになった。

たとえば，下仲ら[8]は，中高年地域住民に対する大規模調査の結果から，さまざまなライフイベントが，対象者の評定によって，悪いライフイベント（「大きな病気やけが」など），良いライフイベント（「孫の誕生」など），中立ライフイベント（「住環境の変化」など）に分類されることや，イベントの種類によって心理的健康との関連の強さが異なることを明らかにしている。同様に，筆者が中高年地域住民のイベント体験と心理的健康との関連を検討したところ[13]，37種のイベントのほとんどは抑うつとの関連がなかった。しかし一方，「配偶者の死亡」，「家計の悪化」，「疾病傷害」の3イベントに関しては，体験者の抑うつが非体験者よりも強いこと，反対に，「孫の誕生」は，体験者の抑うつが非体験者より弱いことが明らかとなった。

従来の研究アプローチにおいては，一定期間に体験されたイベントの合計数や，生活変化単位の合計点を，個人が直面しているストレスの指標としてきた。しかし，先に示したように，イベントの種類によってストレスや健康との関連が異なるとすれば，従来の方法ではイベントが健康に及ぼす真の影響を見逃す可能性がある。さらに，被調査者の負担を考えると，尺度に含めるイベント項目の数には限界があることや，時代背景の変化に対応してイベント項目を更新するのが難しいことから，現在では，イベントごとに心身の健康との関連を検討する研究アプローチが増えつつある[14]。このアプローチは，各イベントの特徴に配慮した調査や分析を可能にするため，ストレス状況下にある高齢者の健康維持を目的とした，具体的な介入方略を立てる上でも有用と思われる。

(2) 介護のストレス

　高齢期は心身機能の低下に伴い介護が必要となる割合が増加する。現に高齢者人口に対する要介護高齢者（要介護・要支援認定者で第2号被保険者を含む）の割合は、平成13（2001）年度の12.3%から平成19（2007）年度には17.0%まで上昇すると予測されている[15]。介護は家族により在宅で行われる場合と、介護職により施設や在宅で行われる場合がある。家族が抱えるストレスと介護職が抱えるストレスには異なる点があることが考えられる。また、介護職でも、施設介護職はチームとなって職務を遂行するが、在宅介護職は直行直帰型の勤務であることが多い。したがって、両者のストレスは職務形態の違いから分けて考える必要がある。ここでは、家族の介護負担感・ストレス、施設介護職および在宅介護職のストレスについて述べることとする。

1）家族の介護負担感とストレス

　在宅で介護を行う家族にはさまざまな負担感があることは容易に想像ができるであろう。介護負担という概念に関しては、ザリットら（Zarit, Reever, Bach-Peterson et al.）による「介護負担とは、親族を介護した結果、介護者が情緒的、身体的健康、社会生活および経済状態に関して被った被害の程度」という定義が一般的である[16]。この定義に基づいてZarit介護負担尺度（ZBI）が開発されており[16]、負担感には、Personal strain（介護そのものによって生じる負担）と、Role strain（介護者が介護を始めたためにこれまでの生活ができなくなることより生じる負担）があることが明らかにされている[17][18][19]。わが国では、荒井らによりZarit介護負担尺度日本語版（J-ZBI）の短縮版であるJ-ZBI_8が作成されている[20]。また、中谷らは、認知症高齢者を家庭で介護する主介護者の負担感について、健康状態が良好で、介護からの一時的解放という意味での職業をもち、副介護者がいる主介護者は負担感が軽減されることを明らかにし、認知症高齢者の精神症状も負担感と関連があることを確認している[21]。

　ここで、パーリンら（Pearlin, Mullan, Semple, et al.）が作成したアルツハイマー患者の介護者におけるストレス発生過程についてのモデルを紹介する[22]。パー

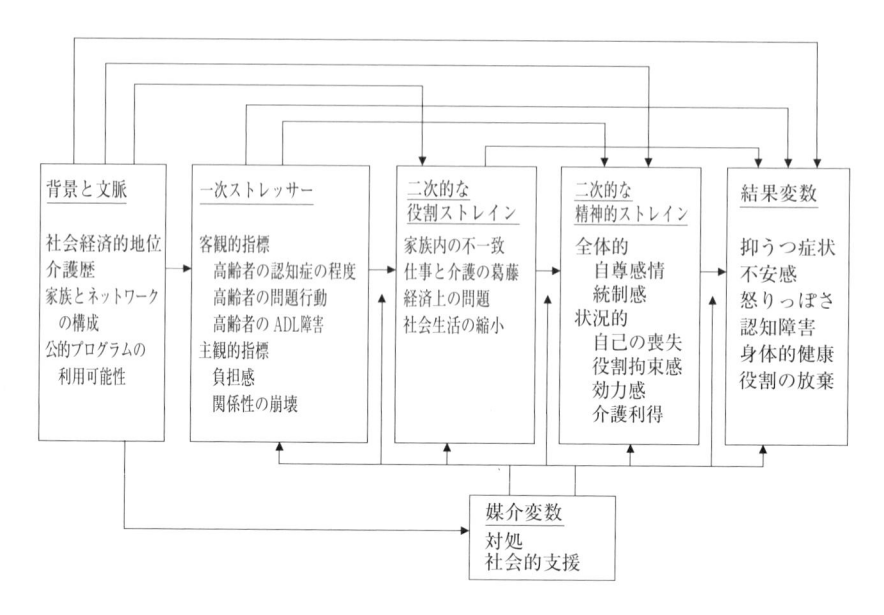

図5-4 アルツハイマー患者の介護者のストレスの概念モデル
出典：Pearlin, Mullan, Semple, et al. (1990)；杉澤ら (2003) より引用

リンらは介護によってもたらされた負担感をストレス反応として捉え，ラザルスとフォルクマン（Lazarus & Folkman）によるストレス認知理論[23]を基にしたモデルを作成している（図5-4）。このモデルは，背景と文脈から一次ストレッサー，二次的役割負担，二次的精神的負担，ストレス反応の順で引き起こされ，各要因が互いに影響を与えることが示されている。

また，要介護高齢者の介護を継続することにより，結果としてバーンアウトが生じる場合がある。バーンアウトとは，「極度の身体疲労と感情の枯渇を示す症候群」であると定義されている[24]。介護においては，その後の介護における思いやりの欠如や虐待の発生などを予防するためにも気をつけるべき重要な問題であると考えられる。それ以外に，介護の継続において，重要な点として対処（コーピング）がある。対処行動とは，「その個人の持つ資源に重い負担をかけるものとして評価された特定の内的外的要請を処理しようとして，絶え

間なく変動する認知的・行動的努力」と定義される概念である。岡林らは，対処には，①ペース配分　②介護役割の積極的受容　③気分転換　④私的支援　⑤公的支援の5つの方略があることを明らかにし，その上位概念として，接近型，回避型，支援追求型を確認している[25]。さらに，岡林らは，介護という慢性ストレス事態においては「介護におけるペース配分」と「気分転換」のような回避型の対処方略を用いることの重要性を示している[26]。

その他，近年注目されている問題には，高齢の要介護者を高齢者が介護をしているような老老介護がある。今後の日本の状況を考えると，詳細な研究が必要になると考えられる。

2) 介護職のストレス

前述したように，施設介護職と在宅介護職のストレスは，職務形態に異なる点があるので，ストレスを分けて考える必要がある。その方が，より効率的な研究が可能となり，スタッフへの効果的な対応も可能となるであろう。以下，施設介護職と在宅介護職のストレスについて個別的に述べる。

a. 施設介護職　施設介護職のストレスに関して，矢冨らによる一連の研究がある。矢冨らは，ストレッサーとして，上司とのコンフリクト（衝突），介護的仕事の負荷，利用者とのコンフリクト，事務的仕事の負荷，同僚とのコンフリクトの5つの因子があることを明らかにしている[27]。働く組織の中での連携や意思疎通の欠如，感情支持がうまく行われない，あるいは，介護職が利用者に受け入れられないというような対人関係におけるコンフリクトは，介護職の精神的健康を阻害し仕事の意欲や満足度をそぐ大きな要因となる[27]。

また，矢冨らは，これらのストレッサーに対する職場の処遇方針，指導体制，教育機会，決定参加の職場特性がストレス緩衝効果をもつかどうかを検討し，その緩衝効果の違いを示している[28]。介護ストレッサーによって緩衝効果のタイプによる効果の違いが生じる理由として，施設高齢者の介護をするという仕事が絶対的な水準でストレスフルな仕事であることがあげられる。それに加えて介護の仕事による負荷が相対的に高い群では，有利な組織

特性がストレス対処資源として機能する余地がないほどストレス情動状態が高いことを指摘している。ストレス・マネジメントの効果を上げるためには，組織特性の改善だけではなくストレッサー自体を軽減する必要がある。さらに，矢冨は，ストレス緩衝効果がもつ特性に着目し，施設介護スタッフの仕事のコントロールの程度や組織的決定への自己参加の程度が，情緒的疲弊の程度を緩衝する効果をもつことを明らかにした[29]。介護の仕事は複数のスタッフを単位としてチームで行われることが多い。組織的決定への自己参加の程度はスタッフ個人の仕事のコントロールの程度と大きく関連する要因であり，介護場面におけるストレス緩衝効果をもつものと考えられる。高齢者介護場面におけるスタッフの負担を低減し，身体的・精神的健康を維持するための方策の1つとして，介護者の仕事のコントロール力を高め，組織的決定への積極的参加を促す方向での介入の有効性を示唆するものとしている。

b. 在宅介護職　　在宅介護職が活動を行う場は，一般的に家の中という密室性の高い閉鎖的な空間でのことが多い。また，在宅介護サービスを利用する高齢者や家族の経済面や家族関係を間近で知ることとなり，在宅介護職特有のストレスが生じていると考えられる[30]。

在宅介護職に関連する問題としては，身分と待遇，仕事の内容があげられるといわれる。身分に関しては，常勤は少なく，非常勤の割合が高いといわれ，特に就業先が特別養護老人ホームへの委託の場合は，そのほとんどが非常勤であるといわれている[30]。そのため，待遇面でも低所得で，福利厚生面も十分とはいえない。自動車での移動時の交通事故，MRSAなどの感染症に対する不安を訴える意見も多い[31]。福永は，2級ヘルパー養成研修に参加した受講者を対象とした調査から，ヘルパーの仕事にやりがいがあると感じている者は多いものの，約6割の者が仕事上で困ったことがあるとも報告している[30]。

長田らは，ケアワーカーとホームヘルパーのストレッサーを比較して，ストレッサーの因子および健康度との関連を検証している。ストレッサーの因子においては，それぞれの職務内容の違いから異なる内容が確認されたと報

告している。また，健康度との関連においては，ケアワーカーおよびホームヘルパーともに業務の量的負担が大きいほど健康度が悪化することを見出している[32][33][34]。

◇文　献◇

1) Shock N.W.: Aging of physiological systems. Journal of Chronic Diseases 1983; 36: 137-142.

2) Birditt K.S., & Fingerman K.L.: Age and gender differences in adults' descriptions of emotional reactions to interpersonal problems. Journal of Gerontology B: Psychological Sciences 2003; 58: P237-P245.

3) Lawton M.P., Kleban M.H., & Dean J. Affect and age: cross-sectional comparisons of structure and prevalence. Psychology and Aging 1993; 8: 165-175.

4) Aldwin C.M., Sutton K.J., Chiara G., et al. Age differences in stress, coping, and appraisal: findings from the Normative Aging Study. Journal of Gerontology B: Psychological Sciences 1996; 51: P179-P188.

5) 厚生労働省大臣官房統計情報部（編）: 保健福祉動向調査 平成12年 心身の健康. 厚生統計協会, 2002.

6) Gatz M., Kasl-Godley J., & Karel M. Aging and mental disorders. In Handbook of the psychology of aging (4th ed), J.E. Birren & K.W. Shaie (eds), Academic Press, San Diego, 1996, p365-382.

7) Knight B.G., Gatz M., Heller K., et al. Age and emotional response to the Northridge earthquake: a longitudinal analysis. Psychology and Aging 2000; 15: 627-634.

8) 下仲順子: 高齢期における心理・社会的ストレス. 老年精神医学雑誌 2000; 11: 1339-1346.

9) Amster L.E., Krauss H.H.: The relationship between life crises and mental deterioration in old age. International Journal of Aging and Human Development 1974; 5: 51-55.

10) Bieliauskas L.A., Counte M.A. & Glandon G.L.: Inventorying stressing life events

as related to health change in the elderly. Stress Medicine 1995；11：93-103.
11) 藺牟田洋美，下仲順子，中里克治ほか：中高年期におけるライフイベントの主観的評価・予測性と心理的適応との関連．老年社会科学 1996；18：63-73.
12) 夏目誠，太田義隆，野田哲朗ほか：高齢者の社会再適応評価尺度．ストレス科学 1999；13：222-229.
13) 福川康之：中高年地域住民のストレス体験が抑うつに及ぼす影響．年齢および対人関係の調節効果，早稲田大学大学院文学研究科博士論文（未公刊）．2006.
14) Cooper C.L. & Dewe P.：Stress：A brief history, Blackwell Publishing, Malden, MA, 2004.
15) http://www.fukushihoken.metro.tokyo.jp/kourei/korei_h/mokuji.htm より（東京都高齢者保健福祉計画），2003.
16) Zarit,S.H., Reever,K.E. & Bach-Peterson, J.：Relatives of the inpaired elderly：Correlates of feelings of burden. The Gerontologist 1980；20 (6)：649-655.
17) WhitlatchCJ., ZaritSH,von Eye A：Efficacy of Interventions with caregivers：A reanalysis. The Gerontologist 1991：31 (1)：9-14.
18) Bedard M, Molloy DW, Squire L, Dubois S, Lever JA, O'Donnell M：The Zarit Burden Interview：a new short version and screening version. The Gerontologist 2001：41 (5)：652-657.
19) Hebert R, Bravo G, Preville M：Reliability, validity and reference values of the Zarit Burden Interview for assessing informal caregivers of community-dwelling older persons with dementia. Canadian Journal on Aging 2000：19 (4)：494-507.
20) 荒井由美子・田宮菜奈子・矢野栄二：Zarit介護負担尺度日本語版の短縮版（J-ZBI_8）の作成：その信頼性と妥当性に関する検討．日本老年医学会雑誌 2003；40 (5)：497-503.
21) 中谷陽明・東條光雅：家族介護者の受ける負担—負担感の測定と要因分析—．社会老年学 1989；29：27-36.
22) Pearlin,L.I, Mullan,J.T., Semple,S.J. & Skaff,M.M.：Caregiving and the stress process：An overview of concepts and their measures. The Gerontologist 1990；

30（5）：583-591.

23) Lazarus, R. S & Folkman, S.：Stress, Appraisal, and Coping． Springer，1984.
24) Maslach,C.：Burned out. Human Behavior 1976；5（9）：6-22.
25) 岡林秀樹・杉澤秀博・高梨薫・中谷陽明・柴田博：在宅障害高齢者の主介護者における対処法略の構造と燃えつきへの効果．心理学研究　1999；69（6）：486-493.
26) 岡林秀樹・杉澤秀博・高梨薫・中谷陽明・杉原陽子・深谷太郎・柴田博：障害高齢者の在宅介護における対処法略のストレス緩衝効果．心理学研究　2003；74（1）：57-63.
27) 矢冨直美・中谷陽明・巻田ふき：老人介護スタッフのストレッサー評価尺度の開発．社会老年学　1991；31；49 59.
28) 矢冨直美・中谷陽明・巻田ふき：老人介護スタッフにおける職場の組織的特性のストレス緩衝効果．老年社会科学　1992；14：82-92.
29) 矢冨直美：介護のストレスと仕事のコントロール．労働の科学　1996；51（6）：13-16.
30) 福永秀敏：ホームヘルパーの就労環境の改善を．日本医事新報　1999；3906：73-75.
31) 福永秀敏：介護保険制度を前にした問題点．日本医事新報　2000；3961：69-71.
32) 財団法人雇用開発センター「介護労働者の精神緊張とその影響に関する研究（主査　長田久雄）」平成12年度報告書，2000.
33) 財団法人雇用開発センター「介護労働者の精神緊張とその影響に関する研究（主査　長田久雄）」平成13年度報告書，2001.
34) 財団法人雇用開発センター「介護労働者の精神緊張とその影響に関する研究（主査　長田久雄）」平成14年度報告書，2002.

7. 回想と適応

（１）高齢者にとっての回想

　高齢者は，過去をよく振り返るといわれる。高齢者が昔のことを好んで思い出し話すのは，老化による記憶力の低下によって最近のことは覚えられなくなるが昔のことはよく覚えているからで，老化現象の１つであると考えられてきた。そこで，高齢者が思い出を語り出すと「また１つ話が始まった」と敬遠され，そこにはほとんど新しい重要な情報はないように思われてきた。過去を振り返らず前進することに価値を見出す，進歩・発展を目指す社会背景も，高齢者の回想への否定的な見方に影響を与えていると考えられる。

　1960年代に，こうした見方に一石を投じたのがバトラー（Butler, R. N.）であった[1]。バトラーは，死を意識することで過去を振り返るのは自然な心理プロセスであり高齢者は死を意識する機会がより多いこと，回想とは，過去の葛藤と向き合い，未解決の問題を新たな視点から捉え直すことによって人生と和解することを可能にさせる意味ある行為であるとした。そして，過去と向き合うこと，真実を見ることは時として危険を伴うが，過去を受け入れることが来たるべき死の受け止めを容易にさせる可能性があることを指摘した。

　高齢者にとって，生きてきた時間の長さは膨大である。その中には，たくさんの知識，自分が生きてきた証，自分とかかわってきた人々や自分に影響を与えた出来事の記憶など，たくさんの思い出が詰まっている。何度も思い出してきた古い記憶は，自分の一部を説明する大切な情報であり，自分を安定させる場所，心の拠り所にもなっている。自分が，いつどこで何をしたのかに関するエピソード記憶の中でも，自分の人生を形作る自伝的記憶は，人生の最終段階において「自分の人生とはどのようなものだったか」を考えるとき，とくに重要な役割を果たすことになろう。

(2) さまざまな回想

バトラーの報告以来，高齢者にとっての回想の機能を明らかにしようと，いくつかの研究が行われてきた。それらの研究結果は必ずしも一致しなかったが，それは異なるタイプの回想を一緒にして扱ってきたためと考えられ，回想の種類の分類研究へと発展していった。今日では，回想にはさまざまなタイプのものがあり，回想の種類によってその意味や影響が異なることは，研究者の一致する意見である。研究者によって分類に違いはあるが，野村の示した代表的な回想のタイプを取り上げ，適応との関係から検討してみる[2]。

a. ライフレビュー　　後悔や葛藤を含めて自分の過去と向き合い，吟味し，評価を伴う回想である。自分はどのように生きてきたのか，人生の意味は何であったのかを自答し，未解決の葛藤を意味づけし直すことが自分の人生の受け入れにつながり，統合感に結びつくと考えられている。結果的に，満足感や充足感が高まり死の不安が軽減されることが期待されるが，意味づけが失敗に終わった場合，絶望感が強くなる危険もある。

b. 道具的・問題解決的な回想　　何らかの目的をもって，あるいは目の前の問題に対処するために，過去の方法や経験を思い起こして役立てようとする際に行われる回想である。過去の情報を役立てて現在の問題を解決することは，間接的に適応を促進することになろう。

c. 伝達・交流的な回想　　伝統や歴史を伝えたり，その時代の情報や知識を伝えようとして行われる回想である。過去の経験を伝え合うことは，会話の材料となり，互いの共感を引き出し，対人関係を活発にする。さらに高齢者しか知らない情報や体験を子孫や若年者に伝える場合，高齢者はある種の役割を担うことになる。こうした活動は高齢者に使命感を感じさせ，自尊心を高めることにつながる。

d. 叙述的・単純回想　　特別な目的や意味をもたずに淡々と語られる過去は単純回想と呼ばれ，高齢者自身の情報や自伝的な物語を提供するといわれている。実際は，単純回想からライフレビューに移行したりと，さまざまなタ

イプの回想は重なり合いつながっている。

e. **逃避的な回想**　つらい現実から逃れるために，過去を美化し過去の楽しかった思い出にふける回想である。加齢によって身体機能が低下したとしても，思い出の中を自由に飛び回ることはできる。思い出を楽しむことは，気晴らしになり，一時的ではあるが不適応感を緩和することになるであろう。

f. **強迫的な回想**　過去の葛藤に執着する回想で，思い出したくなくてもいつの間にか思い出してしまい，それにとらわれ思い悩む回想である。こうした回想では，過去の失敗を引き起こした自分を責め，不運を恨み，不適応傾向はむしろ強まると考えられる。

（3）思い出される過去

　回想は，ふとしたことがきっかけで起こる。何かを見たり聞いたり，あるいはにおいをかいだりすることで過去を思い出し，それがさらに別の思い出を引き出す。実際に高齢者は，いつ頃のどのようなことを思い出すのであろうか。

　自伝的記憶の研究の中では，レミニッセンス・バンプという現象が知られている。心理学の実験で，例えば「家族」「喜び」などの刺激語を与え，思い出されるエピソードについて語ることを求める。それらのエピソードがいつ頃のものだったかを調べてみると，記憶して間がない最近のこと以外に，青年期周辺のエピソードが多くあげられるのである。思い出は，保持年数とともに直線的に増えたり減ったりするのではなく，理由があって選択的に思い出されているのである。

　「年をとると子供の頃のことを思い出す」と一般的にいわれているが，思い出すのは幼少期に限らない。仕事をしていた頃や子育てで苦労をしていた頃のこと，配偶者との生活，楽しかった時代や苦しかった時代など，さまざまなことを思い出す[3]。多くの高齢者にとって戦争体験は忘れられない体験であるが，遠い昔の思い出として思い出す人もいれば，思い出すことがつらく，触れないことで安定を保っている人もいる。亡くなった人を思い出すことは，自分と相手とのつながりを確認する作業にもなる。両親の思い出は，自分はどのように

育ってきたか，自分の根本にかかわるものである。生まれ育ったふるさとや街などを思い出すことで，自分の起点を確認し安心感を得る。いずれも，今の自分を作り上げてきた欠かせない要素である。

（4）回想の活用

　回想の効果を積極的に活かそうとした「回想法」は，高齢者施設や高齢者を対象とした講座などで，ますます盛んになってきている。回想法は，個別に行われることもあれば夫婦で，数名で，あるいは十数名のグループなど，さまざまな形で行われる。対象も認知症の高齢者から健康な高齢者まで，目的も，仲間作りや生活に張りをもたせるため，自分を確認するための思い出帳を作成するため，自伝を書くためなどいろいろである。

　グループ回想法は，通常，リーダーが会の進行役を務めるが，参加者1人ひとりが主役となる。参加メンバーは，参加者間で支え合い助けられながら思い出を楽しみ，自分の話に他者が耳を傾ける機会を得，喜怒哀楽を発散し，共感を体験する。定期的に行われる会に参加する中で，グループの凝集性は高まり，参加者相互の人間関係は深まる。認知症であっても自由に身体を動かすことができなくても，誰もが参加し楽しむことができるので，回想法は今日，高齢者臨床現場における重要なプログラムの1つになっている。

　特定の聞き手がいない場合でも，自分を振り返って自分の人生を吟味したい，自分のことを子孫に伝えたいと考える高齢者も少なくない。自叙伝や自伝ビデオ，指示に従って自分の思い出を書き入れながら自伝本を完成させるワークブックなどは，自分を確認するための作業でもあり，自分が生きた証を残したいという気持ちから起こるものであろう。回想を行うことは，高齢者にとって重要な意味ある作業なのである。

◇文　献◇

1) Butler R.N.：The life review；An Interpretation of reminiscence in the aged, Psychiatry, 1963；26：65-76.
2) 野村豊子：回想法とライフレビュー，中央法規出版，1998.
3) 長田由紀子：老人が回想する過去，現代のエスプリ；エコロジカル・マインド（佐々木正人編），至文堂，1992．p184-194.

第6章 高齢者と社会

1. 高齢者・老化と社会

（1）老化の社会的側面とは

　老化[注1)]を捉えようとする場合，そのレベルは個人と集団の2つに分けることができる。さらに，個人の老化に着目した場合，身体的，心理的，社会的（social aging）の各側面から捉えることができる。老年社会学が対象とする領域は，社会的側面であり，個人が占めている社会的地位と役割という点からアプローチされる。役割とは，集団の中で個人が占める社会的地位に対応しており，その地位にいる場合に遂行することが期待される活動や責任のことである。この定義からわかるように，個人の社会的地位と役割は，文化や制度，経済的システムによって決定されており，それを果たすことではじめて人は社会の中で社会的な地位を獲得できるのである。

　身体的・心理的な老化についても，老化の社会的側面と相互に関連し合っている。例えば，町内会，老人会あるいは趣味のサークルなど地域の団体やグループに属して活動している高齢者は，団体やグループの中で地位や役割を得ているが，このような高齢者は生活満足度が高く，また日常生活動作の自立度が維持され，寝たきりになりにくいといったことも実証されている。

　集団レベルからみた老化は，家族，地域社会，企業，自治体，国などさまざ

まなレベルの集団の高齢化に着目している。高齢者の割合が増加することによって，人々の消費行動，家族の機能や役割，企業の生産活動あるいは国や自治体の教育，年金，保健医療システムに変化がもたらされる。このような各層・各レベルの集団の高齢化によって集団が経験する構造的・文化的な変容のことを社会の老化（societal aging）と定義する[1]。そして，集団の高齢化に伴う構造的・文化的変容は高齢者の地位や役割に変化をもたらすことになることから，社会の老化は個人の老化の社会的側面にも大きな影響をもたらすことになる。

（2）社会における年齢の役割

老化の指標としては，暦年齢が最も頻繁に用いられる。暦年齢は，出生年で評価できるため簡便であるものの，身体的・心理的な老化については高齢になるほど個人差が大きくなることから，その感度はあまりよくない。しかし，個人の老化の社会的側面に着目した場合，暦年齢が大きな意味をもつ。人々の社会的地位や役割は，就学，就職，結婚，子育て，子どもの自立，職業からの引退など人生の節目となるイベントを画して大きく変化する。これらのイベントをいつ経験するか，そのタイムテーブルについては，実は，個人が自由に決定しているのではなく，暦年齢を基準とした制度的・社会文化的・歴史的な制約，つまり年齢規範の影響を受けている。同時に，人々もこの年齢規範を内面化し，年齢相応の行動をとるように努めるとともに，この規範が人々の間で共有されることで人々の行動を統制するようになる。少し古い米国の調査（1960年代に実施）であるが，ニューガーテン（Neugarten）ら[2]は，仕事から引退するにふさわしい年齢として「60〜65歳」とした人の比率が男性では83％，女性では86％であったことを明らかにしている。当時の米国の退職年齢は法的には60歳であったが，人々はほぼそれに相応する退職年齢の規範をもっていたことが明らかとなっている。

この年齢規範は，制度などを通じて直接的に高齢者の行動を統制するとともに，その背景にある身体的・心理的老化に対する人々の認知や意味づけのこと

で，高齢者の地位や役割を制約している面も無視できない。就業を例にとれば，高齢者が従業員として必要な労働能力を有しており，また就業する意欲を強くもっていたとしても，企業の経営者が高齢者の労働能力に対して画一的に「劣っている」という誤った理解や認識をもっていた場合には[注2]，高齢ということだけで採用を見送り，貴重な労働力を労働市場から排除することになりかねない。この問題は，高齢という理由による高齢者に対する系統だった偏見や差別の過程というエイジズム[3]そのものといえる。

（3）高齢者の社会的地位と役割

以上のように，老化の社会的側面は社会的地位や役割という点から捉えることができるが，そこでは，高齢者が社会から期待される役割は何かということが重要な論点となる。ロソー（Rosow）[4]は，老化に伴い多重役割からの離脱が進むため，高齢者は現実には役割期待がない地位（役割のない役割）におかれているのではないかと指摘したうえで，新しい地位や役割を創造することが必要であると訴えている。古谷野[5]も，一般的には人生の後半での社会生活の変化は，地位・役割の喪失の結果であることが多く，祖父母の地位や役割など高齢期に入ってから新しく獲得する地位・役割がないわけではないが，それらは副次的なものとみなされがちであると指摘している。

ロソーの訴えに応じることは簡単ではないが，否定的な現状を改革し，新しいステージである高齢期において新しい役割を獲得するには，教育，就業，家庭，政治など社会生活のすべての側面で高齢者が意味のある関与ができる機会を探ることが重要である。そのための1つの考えとして，ライリー（Riley）ら[6]は，現在の基礎的な社会構造（教育，就業，退職）が，教育は若年，就業は中年，レジャーは老年というように，年齢によって分離されているとしたうえで，今後はすべての年齢の人たちの多様なニーズや関心，能力に適合させるため，高齢者をレジャーという領域に押し込めるのではなく，年齢の障壁を取り払い，就業や教育の分野に関与することもできるようにすべての年齢に開かれたシステムへと移行すべきであるとしている。このことと関連して，本章では，1つ

の節としてプロダクティブ・エイジング（productive aging）を位置づけている。プロダクティブ・エイジングとは，報酬の有無に関係なく，商品やサービスを生産する高齢者の活動と定義することができる[7]。このような理念も，高齢者を「役割のない役割」に押し込めることなく，高齢者が新しい役割の主体的な担い手となること，さらに高齢者を「役割のない役割」に閉じ込めている年齢規範やステレオタイプの打破を意図しているものと思われる。

（4）個人の老化の社会的側面に影響する要因

1）エイジズム

エイジズムという言葉を最初に使ったバトラー（Butler）は，エイジズムを「人種差別，性差別が肌の色や性に対してなされるように，高齢という理由による人々に対する系統だったステレオタイプや差別の過程」[4]と定義している。このエイジズムが，さまざまな領域における高齢者の社会的な地位，役割の継続や獲得に少なからず影響をもたらしている。

米国の企業においては，バス（Bass）ら[8]が，採用，職務達成度の評価，昇進，あるいは教育の機会に制度的な年齢差別があり，その背景には生産性や教育の効果が低い，変化に対する順応性に乏しいなどの高齢就業者に対する否定的な評価を多くの企業管理者がもっていることがあると指摘している。日本においても，一般企業では高齢者の採用に対してきわめて否定的な態度をもっていることを示唆する興味深い結果が得られている。例えば，清家[9]は，一般紙・経済紙の求人広告における年齢制限の有無を調査し，ほぼ8割で年齢制限がつけられているという事実を明らかにしている。バスらの指摘は，日本においても共通しているであろう。加えて経営者だけでなく，若い雇用者の間でも高齢就業者を排除する態度が少なからずみられることが明らかにされている。たとえば杉澤[10]は，関東地区に居住する25〜39歳の男性に対して調査し，「60歳以上の就業者よりも若い人を訓練した方が有利な投資だ」「60歳以上の就業者は責任の少ないポストに退いて若い従業員に昇進の機会をゆずるべきだ」といった意見が多くを占めていることを明らかにしている。

地域においても，欧米と比較して高齢者の社会参加の割合が低いことが示されているが，その理由の1つには，日本人の高齢者観が外国と比較して否定的であるとの指摘などから推測すると[11]，高齢者の特性や能力に対する偏見などによって社会参加の受け皿となる地域の団体や組織のほうで，高齢者を排除していることも関連しているといえる。

2）ライフコース

役割移行の過程は，中高年期以前の人生（ライフコース）によって強く影響を受ける。ライフコース論の考え方では，社会変動と老化過程には不断の相互依存，相互規定の関係があるとされている。直井[12]は，社会変動という視点からみると，日本の高齢者は急速な近代化を一世代で経験してきたという意味で世界的にもまれにみる存在であり，そのためライフコース論的な視点が特に必要な存在であると指摘している。活動理論と継続理論も実は，見方としてはライフコースの視点に立っているといえる。活動理論は，同じ活動を継続する必要はないが，中年期と同じレベルの活動を維持していることがサクセスフル・エイジングに重要であるという考え方であり，継続理論は，高齢期以前のライフコースの中で発達した思考の枠組や行動パターンによって，高齢期において直面する危機に適応していこうというものである。

ライフコースの視点は研究方法論にも大きな影響をもたらすことになる。高齢者の地位や役割が高齢期以前のライフコースの帰結であるとするならば，いうまでもなく中年期以前のどの時期にどのような出来事や役割あるいは社会的地位を経験してきているのか，その過程を探るためには縦断的調査が重要な方法となるのである。

3）コホート

コホートとは，ある地域や社会において，同一の重大な出来事を一定の時期に経験した人々のことをさしている。出生コホートとは，同じ時期に生まれた人の集団を指し，この人たちは共通する政治的，文化的，経済的な環境の中で同じような出来事を経験しながら成長するため，同じ出生コホート内の人々の間では，共通する価値観，認識，態度が形成されることになる。しかしながら，

生年コホート間で観察するならば，コホートごとに成長・発達する過程で暴露する社会的環境が経済の発展や文化の変容に伴って異なるため，同じ高齢者といっても，それぞれのコホートで価値観やライフスタイルが異なる可能性がある。以上のことは，ライリー[13]がコホート中心主義の誤謬（fallacy of cohort-centrism）として警告したように，社会的側面に関する研究の蓄積がどの生年コホートを対象に導き出されたか，すなわちその結果がコホート限定的である可能性もあることから，その結果を将来の高齢者にそのまま適用するには慎重でなければいけないのである。

4）階　層

社会参加やパーソナルネットワークが階層的地位と強く関係していることについては，実証研究においてこれを支持する知見が数多く提供されている。原田ら[14]は，階層的地位とパーソナルネットワークとの関連に関する先行研究をレビューし，学歴が高い，あるいは所得が多い人では，ネットワーク全体あるいは非親族ネットワークが大きい傾向にあると従来の研究を要約して紹介している。藤村[15]も，収入や学歴がパーソナルなネットワークの人数や社会参加の個数に対して有意な効果をもっていることを実証的に明らかにしている。つまり，社会参加だけでなく，パーソナルネットワークという一見個人の選択性が高い領域でも，階層という構造的な要因が影響していることが明らかとなっている。しかし，なぜ階層が社会参加やパーソナルネットワークに影響するのか，そのメカニズムについては解明が遅れている。

■注：

注1）本稿では，老化とエイジングを同義語として使用している。エイジングは加齢とも訳されており，受精した瞬間から始まることから人生の前半においても該当する概念である。しかし，人生の前半時期においては，加齢に伴う変化を「発達」「成熟」という概念で捉える場合も多いため，ここでは，どちらかといえば成熟期以降の変化を捉えてエイジング，老化と呼ぶことにする[5]。

注2）近年の研究では，老化に伴って身体的な機能の低下は起こるものの，労働能力の

面ではある特定の分野を除き低下がほとんど起こらないことが示されている。詳細は本章4節「高齢者の就業と就業からの引退」を参照のこと。

◇文　献◇

1) Atchley R.：Aging and society. In：Aging：The social context, 2nd ed, Morgan L, Kunkel S (eds), Pine Forge Press, Thousand Oaks, CA, 2001, p3-30.
2) Neugarten B., Moore J., Lowe J.：Age norm, age constrains, and adult socialization. American Journal of Sociology 1965；70 (6)；710-717.
3) Butler R.N.：Ageism. In：The encyclopedia of aging：A comprehensive resource in gerontology and geriatrics 3rd, Maddox GL (ed. in Chief), Springer Publishing Company, New York, 2001, p38-39.
4) Rosow I.：Status and role change through the life cycle. In：Handbook of aging and the social sciences, 2nd ed, Binstock R.H., Shanas E. (eds), Van Nostrand Reinhold, New York, 1985, p62-93.
5) 古谷野亘：高齢期をみる目．新社会老年学—シニアライフのゆくえ—（古谷野亘・安藤孝敏編著），ワールドプランニング，2003，p13-26.
6) Riley M.W., Riley J.：Age stratification and the lives of older people. The Gerontologist 1994；34；110-115.
7) Caro F.G., Bass S.A., Chen Y-P.：Introduction：Achieving a productive aging society. In：Achieving a productive aging society, Bass S.A., Caro F.G., Chen Y-P. (eds), Auburn House, Westport, CA, 1993, p3-25.
8) Bass S.A., Caro F.G.：Productive aging：A conceptual framework. In：Productive aging：Concepts and challenges, Morro-Howell N., Hinterlong J., Sherraden M. (eds), The Johns Hopkins University Press, Baltimore, 2001, p37-78.
9) 清家篤：年金・雇用制度が高齢者の就業におよぼす影響—生涯現役社会をつくるために—．生涯現役社会の雇用政策（清家篤編著），日本評論社，2001，p1-38.
10) 杉澤秀博：老年学領域における就業に対するアプローチ—プロダクティブ　エイジングとサクセスフル・エイジングの両立．エイジフリー社会の実現を目指して—年

齢に中立な経済・社会の構築を—（エイジフリー研究会編），2006，p201-215.

11) Koyano W.: Japanese attitudes toward the elderly: A review of research findings. Journal of Cross-cultural Gerontology 1989；4；335-345.

12) 直井道子：幸福に老いるために—家族と福祉のサポート．勁草書房，2001．

13) Riley M.W.: On the significance of aging in sociology. American Sociological Review 1987；52；1-14.

14) 原田謙，浅川達人，斎藤民ほか：インナーシティにおける後期高齢者のパーソナルネットワークと社会階層．老年社会科学　2003；25（3）；291-301.

15) 藤村正之：社会参加，社会的ネットワークと情報アクセス．高齢期と社会的不平等（平岡公一編），東京大学出版会，2001，p29-50.

2. 高齢期の社会関係を捉える―概念と測定―

(1) 社会関係を捉える概念

個人の社会関係を捉える概念としては，ソーシャルネットワークとソーシャルサポートがある。ソーシャルネットワークは，個人の社会関係の構造的側面に着目しており，対人交流の頻度，多重性，持続性，対称性，親密性など個人単位で測定可能な指標として用いられる。ソーシャルサポートは，社会関係の機能的側面のうちの援助に着目した概念である[1]。この両者は，同じものではなく，ソーシャルネットワークはソーシャルサポートの源泉であり，ソーシャルサポートに大きな影響を与えているものである[2]。さらに，ウエルビーイング（well-being）に対する効果にも違いがあり，構造的な特質を捉えたソーシャルネットワークよりも，質的な側面を捉えたソーシャルサポートの方がウエルビーイングに対してより強い効果があるといわれている[3]。

(2) ソーシャルサポートの分類

ソーシャルサポートについては，いくつかの分類軸が設定できる。分類軸は，①サポートの内容，②測定方法（期待か，実績か，評価か），③サポートの機能性，④サポートの授受の方向性，⑤サポートの相手，に整理できる[注1)4)]。

①サポートの内容については，大きく情緒的サポートと手段的サポートの2つに区分できる。情緒的サポートとしては，具体的には励ます，悩みを聞くなど精神的な支えとなるような行為で捉えられ，手段的サポートとしては，お金やものを貸す，介護する，作業を手伝うなどといった具体的な援助行為が該当する。

②測定方法（期待か，実績か，評価か）[5]のうち，期待とは，困ったときを想定してもらい，そのときにサポートを得ることができるか否かで把握するものである。実績とは必要なときにサポートを得ることができたか否か，その実績

で把握するものである。評価は受け取ったサービスの満足度などで把握するものである。これらの指標のいずれが有効であるかについては，健康やウエルビーイングに対する効果という点からすれば，期待および評価で測定した指標の方が，実績で測定したものよりも効果が大きいことがいくつかの研究で明らかとなっている[6〜8]。さらに，期待サポートが単にパーソナリティ特性ではなく，過去の実績などの根拠をもっていること，さらにウエルビーイングに与える効果についての理論の提案とその検証も行われつつある[9]。

③サポートの機能性については，肯定的側面だけでなく否定的な面にも着目することである。否定的な影響をもつ関係の種類としては，効果的でないサポート，過度なサポート，希望しないサポート，不快な相互作用など4つのタイプがあるといわれている[10]。さらに，否定的な効果が生じる理由についても，否定的な相互作用はまれにしか起こらないため人々を驚かせ，期待を裏切ることになるからなど3点にわたって整理されている。アントヌッチ（Antonucci）のレビューでは[11]，否定的なサポートの方が肯定的なサポートよりもウエルビーイングに大きな効果をもっていることを明らかにした研究が紹介されている。

④サポートの授受の方向性については，互酬性という視点から言及されている。互酬性には，同じ品物やサービスの交換，同じものではないが等しい価値のもの同士の交換，他者からのサポートの受領とその人以外の他者へのサポートの提供，という3つのタイプがあるといわれている[12]。互酬性に関する実証研究では，次のような知見が得られている[11]。たとえば，家族内に着目した世代間の互酬性についての研究では，高齢者の場合若い世代からより多くのサポートを受けており，そのような関係が成立する理由として，慈善や長期間にわたるサポートの受領を基盤とした扶養義務などが関係していることが示唆されている。続柄による互酬性に対する評価の違いに関する研究も行われており，友達については，同等の交換が行われている場合には，友達関係に対する満足度が高いものの，不釣合いな交換では孤立感が強くなり，関係に対する満足度も低いことが明らかにされている。

⑤サポートの相手については，次の2つの課題設定に基づき検討が加えられている。第1の課題は，高齢者が誰からサポートを受け取るのか，その相手を選択する際の原理に関する研究であり，第2の課題は，サポートを提供してくれる相手によってウエルビーイングへの効果に違いがみられるかに着目した研究である。

第1の課題に関しては，課題特定モデルと階層的補完モデルの2つのモデルが提案されている[注2]。課題特定モデルは，リトウォク(Litwak)ら[13]によって提案されたものであり，サポートの提供者との続柄とサポートの課題には適合性があると考えるモデルである。このモデルの名称は，カンター(Canter)[14]によるといわれている。階層的補完モデルは，サポートの提供者とサポートの内容との適合性よりも，サポートの提供者の間に序列が存在し，サポートの内容とは無関係に，その序列に基づいてサポートの提供者が決定されるというものであり，カンター[14]によって提案された。前田[15]は，研究のレビューに基づき，どちらか一方を支持する研究は限られており，双方のモデルに限定的な支持を与える研究が多く，明確な結論を得るには至っていないと要約している。

第2の課題，すなわちサポートを提供してくれる人によるウエルビーイングへの効果の違いについては，例えば，家族と友人とでウエルビーイングに対する効果の違いを比較した研究などがそれにあたる。友人からのサポートの方が家族からのサポートよりも効果が大きいことを示した研究が多いことから[16]，サポートの効果を検証しようとする場合，サポートの提供者の違いを考慮した分析枠組みを立てることが必要であることが示唆されている。

（3）社会関係を理解するための理論

社会関係を理解するための理論としては，高齢期のみに着目しそれを静態的に把握しようとするものと，ライフコースの視点からその動態を把握しようという2つに類別できる[注3]。ここでは，ライフコースの視点から人々が取り結ぶ社会関係の変化，すなわちライフコースを通じて安定している領域と変化する領域を把握しようと試みた2つの理論を紹介したい。その1つがコンボイモ

デル (convoy model) であり，他の1つが社会情緒的選択理論 (socioemotional selectivity theory) である。

1）コンボイモデル

カーン (Kahn) とアントヌッチによるコンボイモデル[17]は，ライフコースの視点から高齢期の対人関係を捉えようとした最も初期の理論枠組みの1つといえる。藤崎[18]は，この概念を次のように簡潔に説明している。「加齢にともなう役割関係の変化，すなわち役割移行や役割喪失などによって生じる役割ストレスに対して個人がとりまく支援システムが重要である。こうした支援システムは，個人のパーソナルネットワークを基盤にして形成され，それはさながら，大海の航路をともにすすんでいく護衛艦 (convoy) にもたとえられる」。このモデルの特徴は，次の点にある。①ライフコースを役割という視点から捉える。すなわち，個人の生活は遂行している役割によって定義されており，ライフコースは長年にわたる役割の連続的なパターンであるとする。②パーソナルネットワークは，個人が担う役割との関係で形成・継続されると同時に，例えば，職場の同僚との友人関係が退職後にも継続する，あるいは仕事役割からくるストレスへの対処を配偶者が手助けするというように，その役割の境界線を越えて時間的・空間的にも広がりをもつ。③役割はストレスの原因となるとともに，サポートを得るための機会や資源を提供する。④慢性的なストレスへの対処には，ストレスそのものを減らすこととストレスの効果を緩和することの2つがあるが，このモデルでは特に緩衝効果のあるソーシャルサポートに着目する。⑤ネットワークの概念をコンボイの概念に適用する場合，一般のレベルの社会関係ではなく，サポートの面から「愛情」「肯定」「援助」を1つ以上含むものとしてネットワークの定義を明確にし，測定可能なものとする。⑥ネットワークを静態的に捉えるのではなく，役割移行との関連でサポートの構造がダイナミックに変化する点に着目する。

カーンらは，コンボイの性質が老化のパターンにおいて重要な意味をもつことを例示している。それによれば，役割喪失は繰り返し直面するものであるが，年齢と結びついたものが多く，他方高齢者へのサポートが全体として役割関係

に依存しているため,役割を喪失した場合それに伴ってサポートも弱体化し,結果として悲惨な状況に陥る可能性がある。コンボイの中心部に役割関係以外の親密な関係にある人が位置づけられている場合には,役割喪失はサポートの喪失とはならず,ウエルビーイングが保持されることになる。

以上の枠組みを利用した実証研究には,例えばアントヌッチと秋山[19]によるものがある。この研究では,米国の代表性のある50歳以上のサンプルを用いて,サポートネットワークの構造を親密さの度合いに従って3つの層に区分して記述している。そこではネットワークに含まれるメンバーとしては,75歳の人では50～64歳の人と比較して,高齢である,知り合ってからの期間が長い,遠くに住んでいる,接触頻度が低いという特徴があること,しかし,その総数はいずれの親密さの層においても年齢階級の間では有意な差がないこと,さらに,親密さの度合いが高い層では低い層と比較して,家族のメンバーが含まれる割合が高いことなどが明らかにされている。この研究は,特に,年齢によってネットワークに含まれるメンバーの総数に有意差がないという結果を示しており,この知見は,これまでの常識,すなわち高齢になるとネットワークのメンバーが減少するということと矛盾するということで注目を浴びた。この例に示されるように,コンボイモデルは,高齢期におけるサポートネットワークの構造を把握するために用いられてきた。しかし,中心的な枠組みであるライフコースとの関連でネットワークがどのように形成・持続・縮小していくのかを検証した研究は現在までのところほとんどみあたらない。なお,コンボイシステムを空間的に図示することについては,浅川[4],藤崎[18]の論文を参照のこと。

2) 社会情緒的選択理論

社会情緒的選択理論は,カールステンセン(Carstensen)[20][21]が生涯発達の枠組みに基づき提唱した理論である。その問題関心は,ソーシャルネットワークの規模が小さくなっているにもかかわらず,マイナスの感情の増幅がなぜ起こっていないかを理解することにあった。この理論の柱の1つはソーシャルネットワークの選択にあり,ソーシャルネットワークからの社会的・情緒的な

利得を最大にし、リスクを最小とするため、高齢者はソーシャルネットワークを戦略的・順応的に選択しており、それを通じてサクセスフルエイジングが達成されるというものである。他の1つの柱が「時間の認識」であり、人々がソーシャルネットワークを選択する際の基準として、残された時間がどの程度あるかという認識が重要であるとしている[22]。

　この理論では、ソーシャルネットワークを求める動機として「知識の獲得」と「感情規制」の2つを取り上げている。他者を観察する、他者から指導を受けることを通じて行われる「知識の獲得」は家族や地域の人たちとの交流によって生活に必要な言語や価値、文化などを習得しているなど、人々が生活を維持していく上でなくてはならないことである。「感情規制」も他者との交流を通じて獲得されるものである。「感情規制」には、マイナスの感情をできるだけ避け、プラスの感情を得ようというだけでなく人生の意味を見出したり、他者と一体感を感じたり、社会の一員としての感覚を得たりすることなども含まれる。

　時間の認識がネットワークを求める動機やその選択にどのように影響を与えるかについては、次のように考えられている。時間に余裕があると考える場合には「知識の獲得」が、残された時間に限りがあると考える場合には「感情規制」が優先されると仮定されている。暦年齢は人生における残された時間と反比例する関係にあるため、若い学生と高齢者とを例に考えてみよう。学生の場合は、人生はこれからという時期であるため、これからの人生において残された時間がどの程度あるかという意識はほとんどもたないと思われる。そのため、明るい将来を展望して就職の際に役立つ知識や技術あるいは人脈を獲得しようと努力するであろう。すなわち、彼らがネットワークを選択する動機としては「知識の獲得」に大きな比重が置かれることになるが、これを達成するために、ストレスを感じながらも、一面識もない多種多様な人との接触を試みることになるだろう。他方、高齢者はほぼ同じ年代で死亡する人も少なくなく、残された時間に限りがあるという意識を強くもつことになる。志向性としては、未来志向よりも現在志向をもち、現在をより楽しく、満足して生きること

を追求する傾向が強くなるであろう。そのため，あえて自らストレスの原因となるような知らない人にアプローチし，無理に人間関係を広げようと努力しはしない。交流する人たちを気心が知れた家族や本当に親密な友人などに限ることで，そのなかで精神的な安楽を感じ，自分の居場所を見出そうとすることを選択する。この限定された人とは，コンボイの概念でいうと，役割に規定されずにサポートを提供してくれる，つまり中心部の円に位置している人たちということになる。

　この理論の妥当性については，いくつかの視点から検証されている。カールステンセンらのレビューに基づき[22]，現在の研究の到達点を整理してみよう。①この理論では，まず対人関係をみる際の1つの要素として「感情規制」が重視されている。他者に対する心的表象や他者との交流の記憶を調査したところ，全年齢を通じて対人関係の要素として「感情規制」が大きな割合を占めており，なかでも高齢者や予後不良で死が近い人ではいずれも「感情規制」の比重がより大きいことが示されている。すなわち，この知見は社会情緒的選択理論が妥当であることを裏づけている。②理論によれば，高齢期においてネットワークを求める動機として「感情規制」がより一層大きな規制力として働いていることになるが，自己報告，観察，実績の収集といった各種の調査方法を用いて，この仮説を支持する結果が得られている。③ネットワークを求める動機として，高齢者の場合には「感情規制」の比重が大きいことから，ソーシャルネットワークは，承認や愛情が感じられる人たちに限定された，相対的に小さいものであるという仮説が立てられる。高齢者ではソーシャルネットワークの規模が縮小しているものの，情緒的に親密な人たちの割合については大きくなっており，この仮説も支持されている。④時間の認識と暦年齢との間の関係から推測すると，若年者でも時間の制限がある場合（例えば引越しが迫っているなど）には高齢者と同じ反応を示し，親しいネットワークメンバーとの交流を優先的に図ろうとする，つまり高齢というのは時間に制限があるという認識の代理変数であるとの仮説が立てられる。時間が限定されている条件設定のもとでは，若い人でも高齢者と同じように親密なネットワークメンバーとの接触を

選択するということが実証研究においても明らかにされており，この仮説についても支持される結果が得られている。

ここではコンボイモデルと社会情緒的選択理論を紹介した。この両者は，分析枠組みの中に社会関係だけでなく，その効果を評価する結果変数として心理的ウエルビーイングを位置づけているという点で共通しているものの[17]，社会関係の変化の要因をどこに求めるかという点で大きな違いがあることに注目する必要がある。コンボイモデルでは役割移行に基づくソーシャルネットワークの構造の変化に着目しており，他方，社会情緒的選択理論ではソーシャルネットワークの構造よりも，加齢に伴う社会関係の意味づけの変化という心理メカニズムに着目している点で特徴がある。

（4）社会関係はなぜ健康に効果があるのか

社会関係が健康に及ぼす効果については実証研究が数多く行われている。そのなかでは，その効果の様式として大きく次の2つの仮説に基づき研究が行われている[1]。2つの様式とは直接的な効果と間接効果のことであり，直接効果には，社会関係が健康の悪化を予防するように作用する場合と，社会関係が乏しいことそのものがストレッサーになる場合とがある。間接的な効果には，人々が出来事を経験してもそれをそれほど深刻に受け止めない，つまりストレス認知に影響する可能性と，ストレスと感じても社会関係から得られるさまざまな支援によって適切な対処行動をとることができ，ストレスフルな出来事が健康に与える影響を軽減する可能性の2つがある。

直接的な効果の経路としては，次の3つがあると考えられる。第1に，社会関係が豊かな人は多くの援助を期待できるため，健康に支障を来すような問題が起こることを懸念せずに，積極的で安定した自己を維持することができる，第2には，社会関係を通じて得られる情報によって予防的保健行動に取り組む可能性が高まる，第3には，社会関係の豊かさは社会的役割が多様であることでもあることから自己評価を高め，不安や絶望を回避させるなどの経路がある。

以上に示した仮説は原始的なものである。社会関係の概念としてソーシャル

ネットワークとソーシャルサポートの両方を枠組みに入れたバークマン (Berkman) ら[23]の包括的なモデル，期待サポートと実績サポートの健康に与える効果の因果連関がどのように異なるかを仮説として示したクラウス (Krause) らの研究[24]も，この領域における研究を進めるにあたって参考になる．

■ 注：

注1）浅川による分類を参考とした．浅川（2003）は，他者の識別レベルについても分類に加えている．ここでは，高齢者個人を単位とした場合と，高齢者と一人ひとりの他者との関係を単位とした場合の違いに言及しており，高齢者個人を単位とした場合，例えば，続柄別にサポートの総量をまとめあげて聞くなど調査方法として容易であるが，多くの情報が失われ，社会関係の態様が誤って把握される可能性があると指摘している．

注2）階層的補完モデルや課題特定モデルについては，前田[15]，藤崎[18]の論文に詳しく紹介されている．

注3）社会関係の静態的な状況を把握しようとする理論にはリトウォク (Litwak) らの研究がある．この理論の詳細は藤崎の論文[18]を参照のこと．

◇文　献◇

1) 野口祐二，杉澤秀博：社会的紐帯と健康．新老年学［第2版］(折茂肇編集代表)，東京大学出版会，1999, p1343-1348.
2) Lin N.: Social networks and status attainment. Annual Review of Sociology 1999; 25: 467-487.
3) Antonucci T.C., Jackson J.S.: Social support, interpersonal efficacy, and health: A life course perspective. In: Handbook of clinical gerontology, Carstensen L.L., Edelstenin B.A. (eds), Pergamon Press, Elmsford, NY, 1987, p291-311.
4) 浅川達人：高齢期の人間関係．新社会老年学—シニアライフのゆくえ—（古谷野亘，安藤敏孝編著），ワールドプランニング，2003, p109-139.
5) 直井道子：幸福に老いるために—家族と福祉のサポート．勁草書房，2001.

6) Krause N.：Anticipated support, received support, and economic stress among older adults. Journal of Gerontology 1997；52B；P284-P293.
7) Krause N.：Received support, anticipated support, and morality. Research on Aging 1997；19；837-422.
8) Norris F.H., Kaniasty K.：Received and perceived social support in times of stress：A test of the social support deterioration deterrence model. Journal of Personality and Social Psychology 1996；71；498-511.
9) Krause N.：Social support. In：Handbook of aging and the social sciences 5th ed. Binstock R.H., George L.K.(Eds), Academic Press, San Diego, CA, 2001, p273-294.
10) Rook K.S., Pietromonaco P.：Close relationship：Ties that heal or tie that bind?. In：Advances in personal relationships (Vol.1), Jones W.H., Perlman D.(eds), AI Press, Greenwich, CT, J 1987, p1-35.
11) Antonucci T.C.：Social supports and relationships. In：Handbook of aging and the social sciences, 2nd ed. Binstock R.H., George L.K.(eds), Academic Press, San Diego, CA, 1990, p205-226.
12) Wellman B., Hall A.：Social networks and social support：Implications for later life. In：Later life：The social psychology of aging. Marshall(ed), Sage Publication, Beverly Hills, CA, 1986, p191-231.
13) Litwak E., Szelenyi I.：Primary group structure and their functions：Kin, Neighbors, and friends. American Sociological Review 1969；34(4)；465-481.
14) Canter M.H.：Neighbors and friends：An over looked recourses in the informal support system. Research on Aging 1979；1；434-463.
15) 前田尚子：非親族からのサポート．新老年学［第2版］(折茂肇編集代表)，東京大学出版会，1999，p1405-1415.
16) Pruchno R., Rosenbaum J.：Social relationships in adulthood and old age. In：Handbook of psychology Vol. 6：Developmental psychology. Lerner R.M., Easterbrooks M.A., Mistry J.(eds), John Wiley and Sons, Hoboken, NJ, 2003, p487-509.

17) Kahn R.L., Antonucci T.C., Convoys of social support : A life course approach. In : Aging : Social change. March J.G. (ed), Academic Press, New York, 1981, p383-405.
18) 藤崎宏子：高齢者・家族・社会的ネットワーク，培風館，1998.
19) Antonicci T.C., Akiyama H. : Social networks in adult life and a preliminary examination of the convoy model. Journal of Gerontology 1987 ; 42 (5) ; 519-527.
20) Carstensen L.L. : Selectivity theory : Social activity in life-span context. In. Annual review of Gerontology and Geriatrics 1991 ; 11 ; 195-217.
21) Carstensen L.L. : Social and emotional patterns in adults : Support for socioemotional selectivity theory. Psychology and Aging 1992 ; 7 (3) ; 331-338.
22) Carstensen L.L., Isaacowitz D.M., Charles S.T. : Taking time seriously : A theory of socioemotional selectivity. American Psychologist 1999 ; 54 (3) ; 165-181.
23) Berkman K.E., Glass T. : Social integration, social networks, social support, and health. In : Social epidemiology. Berkman L.F., Kawachi I. (eds), Oxford University Press, New York, 2000, p137-173.
24) Krause N., Borawski-Clark E. : Social class differences in social support among older adults. The Gerontologist 1995 ; 35 ; 498-508.

3. 高齢期の家族・友人

（1）家族形態の変容

安達[1]は近年における家族形態の特徴を以下のように要約して示している。①夫婦のみの暮らしやひとり暮らしが増加してきており，欧米型と呼ばれてきたような，子ども家族などと別居しながら交流を保つ，すなわち修正拡大家族として捉え直す必要性があるような事態が進行しつつある。②一方で急激な減少傾向にあるとはいえ，65歳以上の高齢者のいる世帯において三世代型は1996年では31.8％を占めており，依然として多くの高齢者が，子ども夫婦や孫といった世代の異なる同居家族の中で暮らしている。③しかし，外見的に同じであっても，その構成は大きく異なってきている。表面的には「家」意識に結びついた直系家族制の形態はとっていても，実際の生活の場面においては，相互に独立した複数の核家族の連合体であり，親夫婦と子ども夫婦，あるいはそこに孫夫婦が加わった，夫婦を単位の基本とした世代間関係が成り立っている。④かつては，子どもの結婚と同時に同居するという生涯型同居が多かったが，子どもの結婚の際に親夫婦がすぐに同居せず，介護を必要としたり，配偶者を喪失した場合に同居するという晩年型同居も多くなっている。

さらに，家族形態の今後についても，世論調査において共通しているのは，同居別居のいずれかに集中することなく，同居も別居も1つの選択肢となっており，さまざまなバリエーションを含みながら分散する傾向にあると指摘している。

（2）配偶者との関係

日本では夫婦関係に関する研究が少ない。その理由として，袖井[2]は親子関係（とりわけ家長と家督相続人との関係）が重視され，夫婦間の情愛は二次的なものに過ぎなかったこと，寿命が短く，出生数が少なく，さらに既婚子との同

居が多かったことなどの事情から，老後に夫婦のみで暮らす期間がほとんどなかったこと，などを指摘している。以下では，配偶者との関係について，結婚満足度と離死別の影響の2つの課題を取り上げ検討してみよう。

　結婚満足度については，論点の1つとしてライフスパンにおける変化を中心に，米国において数多く研究が行われている。すべての研究において支持される結果が得られているわけではないが，多くの研究では，結婚直後では満足度が高いものの，中年期に低下し，子どもが離家すると上昇するというU字カーブを描くことが示されている[3]。その理由としては，結婚当初は満足しているものの，中年期にはチャレンジングな困難な出来事（例えば，子育て，キャリアの開発，介護問題）に遭遇し，それへの対処に追われ，夫婦のかかわりが減ることになるため，満足度が低下する。高齢期には満足度の低い夫婦は離婚するなどの選択が働く，あるいは中年期の生活ストレスが軽減することで結婚満足度が回復するといった解釈がなされている。また，高齢の夫婦については，長く生活をともにすることで，経験が共有され，生活史も蓄積される。そのことによって人間としてのつながり，親密さ，さらに夫婦としての自己の同一化が強められることになり，中年期と比較して結婚満足度が高くなるという指摘もある[4]。

　日本においては，ライフスパンにおける変化を縦断的にはもちろんのこと，結婚経過年数によって横断的に比較する研究もほとんど行われていない。袖井は，1977年に行われたNHK放送世論調査所「日本の夫婦像の調査」の「夫婦だけで遊びにいく」「折にふれていたわりの声をかけてくれる」の項目の集計結果では，いずれの項目とも「はい」の比率が新婚期で高く，子育て期にかかる結婚後3～9年の人たちの間で低下し，中年以降に再び上昇するというU次カーブを描いていると指摘している[2]。妥当性の検証が必要であるが，この結果を見る限り，日本でも米国と同じようなライフスパンにおける変化の可能性があることが示唆されている。

　高齢期における結婚満足度に関する研究のもう1つの流れとしては，満足度の関連要因の分析がある。日本の研究をレビューした袖井は[2]，性によって関

連要因に違いが大きいことを明らかにしている。すなわち，結婚満足度は男性の方が高いこと，関連要因の性差については，女性では配偶者との会話時間や一緒の行動が満足度にとりわけ強く関連していたものの，男性ではこれらの要因の影響が弱いこと，夫婦規範に関わる要因としては「妻は夫につくすべき」といった伝統的な夫婦関係の意識は夫の満足度を高めるものの，妻の満足度を低下させていることを明らかにした研究があると指摘している。これらの結果から，袖井は，結婚満足度については，今なお性別役割分業の社会構造を反映しており，男性の場合には妻が家庭生活を円滑に運営してくれることが，女性の場合には夫が情緒的欲求を満たしてくれることが満足度につながっていると要約している。

　離死別の影響については，日本では配偶者との死別の影響を評価した研究が多い。日本では，第二次大戦前は，夫婦関係よりも親子関係を中心とする直系家族制度があり，意識や規範もそれを支えていた。戦後制度的に大きな変革をとげ，夫婦を基本とする家族制度となった。しかし，三世代家族がかなりの割合を占めているなど，現在の日本においても親子関係を基本とする意識・規範が色濃く残っていると解釈可能な現実もある。そうであるならば，配偶者を喪失したとしても，その配偶者が果していた家庭内の役割や精神的・手段的なサポートを子どもが代替して果たすことができるため，それほど深刻な影響がないといった仮説も成り立つ。しかし，日本においても死別の影響が深刻であることがわかってきている。工藤[5]が日本における研究をレビューしているが，それを参考に，筆者なりにその知見を要約してみると，初期の研究では精神的な問題はないとする報告もあったが，その後の研究では，①老年期うつ病や認知症の発症，不眠，腰痛，倦怠感，疲労感，孤独感あるいは寂寥感など精神的・身体的問題をかかえる，さらに，死亡率，経済的困難にまでその影響が及ぶ，②精神的・身体的な面への影響は死別後1年以内くらいには回復する，③死別後の生活適応に有効であるのは，良好な家族関係以外に，友人ネットワークが重要であること，④経済的な影響は女性に顕著であるものの，精神的問題や幸福感，社会関係に対する影響は男性の方が深刻である，⑤以上の結果は米国と

ほぼ共通する，等が明らかとなっているといえる。離婚については，その数が絶対的に少ないことが影響していると思われるが，日本では研究がほとんど行われておらず，その影響についてはほとんどわかっていない。

（3）子どもとの関係

では，親子関係についてはどうなのであろうか。直系家族制度を支えてきた「親孝行規範」が薄れ，子ども世代が親の面倒をみなくなるなど，親子関係の希薄化が起っているのであろうか。また子どもとの関係は高齢者の健康や幸福感にどのような影響を与えているのであろうか。

まず，子どもとの関係が幸福感に与える効果についてみてみよう。研究事例は少ないが，杉澤ら[6]は有配偶者の場合には子どもの有無は抑うつ症状に有意な効果を及ぼさないものの，無配偶者の場合には，子どもをもつ人では同居別居にかかわらず子どもがいない人と比較して抑うつ症状が低いことを明らかにしている。直井[7]も杉澤らの知見と共通する結果を示している。他方，米国では日本と同じように子どもの存在が，無配偶者で抑うつ症状に強い影響を与えているものの，その効果は日本と比較して弱いこともわかっている。これはどのように解釈可能なのだろうか。藤崎[8]は，日本において高齢者の親しい関係が配偶者や子どもに集中することを，実際のデータ分析に基づいて明らかにし，これは日本においては「甘え」の意識があり，それが高齢者で特に許容されること，さらに「家」制度的な規範が生涯にわたる親子関係の基盤を保障している，といった規範意識も作用しているのではないかと考察している。他方，米国では親しい関係が子どもに集中しないのは，米国においては「自助」「自立」の価値意識から，親子関係が援助する側から援助される側へと「役割逆転」することが高齢者の葛藤となるからであると指摘している。本稿での日本におけるレビューの結果も高齢者とその子どもとの関係に関する文化的・規範的な違いを反映しているとみることができる。

次に子どもとの交流や子どもからのサポートについて検討してみよう。子どもとの交流については，2000年に実施された「高齢者の生活と意識　第5回

国際比較調査」[9]において，対面や電話による別居子との交流頻度が「ほとんど毎日」「週に1回以上」とする人が日本では47.2%と，米国の81.7%と比較してかなり低いことが明らかにされている。しかし，同居子の割合が日本では54.5%，米国では15.1%とかなりの差がみられることから同居子も加えて交流頻度を比較したところ[注1)]，日本では月あたり6.2回であり，米国の4.6回と比較して交流頻度がかなり多くなる。米国と比較した場合，子どもとの関係は必ずしも疎遠ではないということになる。直井[7]は，1996年から1997年にかけて自身で収集したデータに基づき，同居子の有無別に別居子との往来の回数を比較し，同居子がいない方が別居子との往来の回数が多く，1970年頃の社会学者の結論といわれる「同居子がいると別居子とはやや疎遠になる」という特徴が継続していることを明らかにしている。サポートの授受についても，白波瀬[10]は，1990年代においても子どもが行う親への支援機能は大きく低下しておらず，それどころか親の都合に合わせて子は親を支援し，伝統的な男性型直系家族規範が介在すると思われる世代間サポートも継続している可能性を指摘している。

（4）友人，近隣との関係

日本においては，家族や親族に限定した研究が多く，友人・近隣を対象とした研究は少ない。藤崎[8]は，リトウォクの拡大家族，近隣，友人などの諸カテゴリ間の構造的・機能的差異やアーリングが調査知見として見出した家族と友人・隣人が及ぼす心理的効果の違いなど，高齢期におけるネットワークの欧米におけるモデルを紹介し，日本においても友人・近隣関係の意義を十分に検討すべきであるとしている。

友人関係が幸福感や抑うつ症状に与える影響については，アントヌッチ[11]が，親族によるサポートよりも友人によるサポートの方が高齢者の幸福感に強く関連しているという結果を示し，その理由として次のような指摘をしている。すなわち，高齢者にとって家族とのつながりには義務的な要素がつきまとい，また，親族の場合もサポートすべきという規範があるため，家族や親族からの

サポートは当然のことと感じられてしまうのではないか。他方，友人の場合は任意で，サポートをしてくれなくても当然という気持ちをもつことから，友人からサポートをうけることがより一層強く幸福感に結びつくのではないかと解釈している。日本においても，子どもより友人・隣人との交流の頻度の方が抑うつ症状に対して強い効果があり，米国と共通する傾向があることがわかってきている[6]。

友人・近隣からのサポートの特徴については，日本と欧米においては同様の知見が得られていると浅川は指摘している[12]。例えば，情緒的サポートについては近隣や友人から提供を受けることもある程度期待できるが，提供者の負担が重い手段的サポートについては期待することができず，近隣には負担の軽い手段的サポートをいくらか期待していること，また，大事なことを頼むときには配偶者や子ども，趣味や余暇活動では友人が選ばれるという傾向も，欧米で得られている知見と同様であるとしている。

日本ではほとんど行われていないものの，欧米では友人関係の加齢に伴う変化をパネルで明らかにした研究も行われている。通説では，高齢になるほど友人も高齢な人が多く，死亡リスクを抱えることになるため，友人数は減少するということになっている。しかし，アダムス（Adams）[13][14]は3年間の追跡調査によって，女性の高齢者では失った友人よりも多くの友人を獲得したこと，そして失った友人の代替は，地域活動，近隣，以前の職場の仲間などを友達にすることによって行われることを明らかにしている。この研究について，アッチェリー[3]は加齢それ自体よりも，退職，死別，健康問題など年齢に関連したイベントの発生が友人関係に影響をもたらしているのではないかと指摘している。

■ 注：
注1）交流頻度はカテゴリで回答を得ている。そのため各カテゴリにそれに近似する回数を代入することで平均交流回数を算出した。

◇文　献◇

1) 安達正嗣：高齢期家族の社会学．世界思想社，1999．
2) 袖井孝子：老年期の夫婦関係．新老年学［第2版］（折茂肇編集代表），東京大学出版会，1999，p1429‒1447．
3) Atchley R.C., Barusch A.S.：Social forces and Aging：An introduction to social gerontology 10th ed. Wadsworth/Thomson Learning, Belmont, CA, 2004, p193‒194.
4) Markson E.W.：Social gerontology today：An introduction. Roxbury Publishing Company, Los Angeles, CA, 2003, p240.
5) 工藤由貴子：老年期の死別と離別．新老年学［第2版］（折茂肇編集代表），東京大学出版会，1999，p1436‒1444．
6) Sugisawa H., Shibata H., Hougham G.W., Sugihara Y., Liang J.：The impact of social ties on depressive symptoms in U.S. and Japanese elderly. Journal of Social Issues 2002；58（4）；785‒804.
7) 直井道子：幸福に老いるために―家族と福祉のサポート，勁草書房，2001．
8) 藤崎宏子：高齢者・家族・社会的ネットワーク，培風館，1998．
9) 内閣府：H12高齢者の生活と意識に関する国際比較調査結果の概要【PDF形式】（http://www8.cao.go.jp/kourei/ishiki/h12_kiso/pdf/0‒1.html），2001．
10) 白波瀬佐和子：少子高齢社会のみえない格差―ジェンダー・世代・階層のゆくえ，東京大学出版会，2005．
11) Antonucci T.C.：Social supports and relationships. In：Handbook of aging and the social sciences, 2nd ed. Binstock R.H., George L.K.（eds）, Academic Press, San Diego, CA, 1990, p205‒226.
12) 浅川達人：高齢者の人間関係．新社会老年学―シニアライフのゆくえ（古谷野亘・安藤孝敏編），ワールドプランニング，2003，p109‒139．
13) Adams R.G.：Patterns of network change：A longitudinal study of friendships of elderly women. The Gerontologist 1987；27（2）；222‒227.
14) Adams R.G.：Conceptual and methodological issues in studying friendships of older adults. In：Older adults friendship. Adams R.G., Blieszner R.（eds）, Sage Publication Company, Newbury Park, CA, 1989, p17‒41.

4. 高齢者の就業と就業からの引退

（1）はじめに

　就業は老年社会学領域における主要な論点の1つであった。しかし，それは就業の継続というよりも就業からの引退ということで議論が行われた。すなわち，老化の理論として活動理論と離脱理論があることについてはすでに述べたが，いずれの場合も高齢期における就業からの引退を不可避なものとして捉えており，活動理論では就業に代わる新しい地位や役割を確保し，活動を継続することがサクセスフル・エイジングにとって重要であるとする一方，離脱理論では活動から引退することが社会の側からみても高齢者の側からみてもノーマルな老化のあり方であるとしている。

　しかし，現在においては，活動理論や離脱理論が提唱された1960年頃と異なり，高齢化が著しく進む中で，高齢期における就業の位置づけが大きく転換しつつある。すなわち，就業からの引退を不可避とみるのではなく，個人の側からみれば「生涯現役」といわれるように個人の能力と意欲がある限り就業を継続できる，社会の側もそれを可能にする「エイジフリー社会」といった議論すら行われている。

　ここでは，老年社会学の議論の中心であった就業からの引退を高齢者個人の適応の側面からのみ検討するというミクロの次元から捉えるだけでなく，高齢者の就業・引退に伴う問題をマクロな次元からも検討してみたい。具体的には，次のような3つの課題について議論する。まず，①マクロな次元で中高齢者の就業の動向とその背景を分析するとともに，②ミクロ・マクロな次元で高齢者の就業推進・阻害要因を明らかにする。さらに，③ミクロな次元で高齢者の職業ストレスおよび就業からの引退が高齢者の適応に与える効果について既存研究の結果を紹介することにする。

（２）高齢者の就業動向―マクロ次元の分析

1）高齢男性の労働力率の低下とその背景

　まず，高齢者の就業率の全体的な動向についてみてみよう。図6-1に示したように，直近の2005年の労働力率は60〜64歳の男性では70.3％，65歳以上の男性では29.4％であった。1970年代にはそれぞれの年齢階級の男性の労働力率は60〜64歳では80％前後，65歳以上では40％以上の水準であったことからすると，長期的にみて低下傾向にあるといえる。しかし，現時点でもフランス，ドイツ，イタリアなどと比較すると高い水準を維持している。女性については同じ年齢階級で見ると，2005年ではそれぞれ40.1％と12.7％であり，男性と異なり，60〜64歳においては長期的にみてほとんど低下傾向は見られない。実は，このような傾向は欧米でも同様である。ただし，日本の女性の場合，欧米の女性と比較して就業率はむしろ低いレベルにあり，この点では

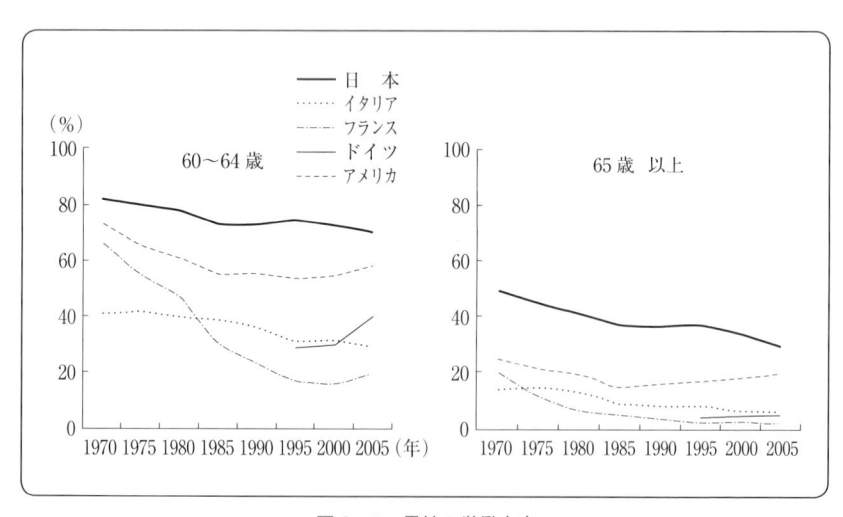

図6-1　男性の労働力率

　出典：日本は，「労働力調査」，欧米諸国は「International Labour Office, LABORSTA Internet」。公開されているデータの制約から，イタリアについては1970年は1971年，1975年は1977年，フランスについては1970年は1968年，2005年は2004年，アメリカについては1990年は1991年のデータとした。

男性の傾向とかなり異なっている。

高齢男性の労働力率の減少傾向については，その理由として，年金制度の拡充の影響が指摘されており[1]，これは欧米諸国における高齢男性の労働力率の低下要因と共通している。加えて，日本において欧米諸国よりも高齢男性の労働力率が高い理由として，①年金制度が普及しつつある現状においても生活保障には現行の公的年金などの社会保障制度では不十分，あるいは不安であると感じていること，②仕事志向が強いこと[注1]，③ヨーロッパを中心に若年者の失業率を下げる目的で高齢者の早期引退政策が採用されたが，日本では定年延長など高齢者雇用促進政策が実施されてきたこと，などが指摘されている[2][3]。他方，高齢女性，中でも60〜64歳の女性の労働力率については，長期的にみて減少傾向が観察されないか，むしろ増加傾向にあるがこれは日本だけではなく，欧米においても共通にみられる傾向である。この理由については，近年の若い女性世代における労働力率の上昇が結果として高齢期における就業率の上昇要因となっている，つまりコホート効果であるとの見方が示されている[4]。

2) 定年前後の年齢における就業率の低下

中年期から高齢期にかけての就業から引退までのプロセスをみてみよう。プロセスを把握するには，パネル調査が必要であるが，利用できるパネルデータがないため，厚生労働省「平成16年高年齢者就業実態調査結果の概況」(2004)を利用し，年齢階級別の就業状況の違いからプロセスを推測してみたい。図6-2に示したように，55〜59歳，60〜64歳，65〜69歳の男性では，普通勤務の雇用者の人口に占める比率がそれぞれ60.7％，26.9％，11.0％と定年年齢を画して激減している[注2]。他方，短時間勤務の比率はそれぞれ2.7％，12.4％，10.1％と定年年齢を画して急増している。普通勤務で就業していた人が定年退職以降に勤務形態に大きな変化が生じ，短時間勤務へと移行しているというプロセスをうかがい知ることができる。

しかし，同時に，未就業者中に占める就業希望者の比率も55〜59歳，60〜64歳，65〜69歳でそれぞれ7.7％，16.1％，21.0％と，60歳以降で急増している。完全失業率でみても，2005年では60〜64歳の男性で完全失業率が6.2％

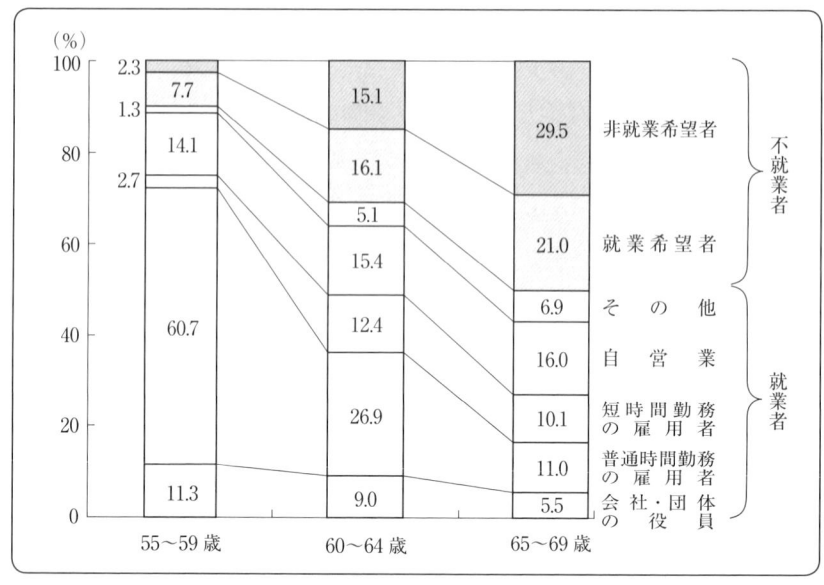

図6-2 年齢階級別男性高齢者の就業・不就業状況
出典：厚生労働省：平成16年高年齢者就業実態調査結果の概況．

であり，2000年の10.4%のほぼ半分に減ってきているものの，55～59歳の4.3%よりもかなり高い値を示している[5]。定年退職後に再就職に成功しなかった人がかなりの割合で存在していることが示唆されている。定年退職が就業継続に与えるマイナスの効果については，定年退職が就業率の低下に有意な効果をもっていることを実証的に示した清家の研究[6]からも示唆されている。他方では，就業者・不就業者を合わせた全体に占める自営業主の割合はいずれも15％程度と違いがなく，自営業層についてはかなり高齢まで就業を継続している人も多いことを示唆する結果となっている。

3) 労働力の高齢化と企業の対応

指摘しなければならない傾向のもう1つが，労働力人口の高齢化である。労働力人口の総数（15歳以上労働力人口）は2005年で6,650万人，一般的な定年年齢である60歳以上の労働力人口は969万人，労働力人口の総数に占める60歳以上の者の比率は14.6％であった。2015年にはこの比率は16.6％となると

推計されている。この比率は1980年においては9.3％であり，労働力人口の高齢化が著しいことがわかる[7]。雇用者について従業員規模別に全従業員に占める60歳以上の比率をみると，1～9人でこの比率は17.9％と，1,000人以上の3.2％と比較してかなり大きく，高齢化は従業員規模が小さい企業で著しくなっている[8]。この要因の1つには，大企業を定年などで退職した中高年者が中小企業に再就業するという日本の雇用慣行が関係していると思われる。

　企業が高齢労働者のために特別な措置をどの程度実施しているかについては，「平成16年高年齢者就業実態調査結果」[9]では，60歳以上の労働者を雇用している事業所において，60歳以上の労働者の雇用のために「何らかの特別の措置をとっている」事業所の比率が30.1％（2004年）と，4年前の調査と比較し5ポイント程度（25.0％）高くなっているものの，労働力の高齢化に対応して高齢労働者に対する措置が進んでいるといえる比率ではない[10] [注3]。さらに事業所規模により高齢労働者のための措置をとる企業の割合に差があり，この割合は従業員数が1,000人以上の事業所では92.4％であるに対して，従業員数が30人未満の事業所では46.8％と，規模の小さい企業では高齢化の進展が著しいものの，それに対して対策が十分にとられていない現状にある。

　「高齢者等の雇用の安定等に関する法律」の改正が2004年に行われ，2006年4月から施行されている。この改定は，公的年金の支給開始年齢の引き上げのスケジュールに合わせて，60歳代前半の雇用確保のために行われたものであった。この改定によって，高齢者の就業や企業の高齢労働者のための特別な措置がどの程度進展するか注視する必要がある。

（3）高齢者の退職の時期に影響する要因

1）高齢者側の要因──ミクロ次元の分析

　米国では，収入，健康，仕事の質（仕事の満足度，モラールなど），あるいは家庭内役割や性役割が高齢者の退職時期に影響する要因であることがわかっている[11]。

　日本においても，年金の収入額が退職時期を決定する重要な要因であること

が多くの研究で明らかとなっている。塚原[12]は，研究をレビューし，高齢者の就業の有無に年金受給額が大きな効果をもっていること，また，自身のデータを分析し，自営業を含まない単身の高齢者でこれまでの知見を支持する結果が得られたことを示している。塚原は加えて高齢者の家計状況を分析し，高齢者夫婦の4分の1，単身高齢者の2分の1が生活保護水準の基準に達していないなど，公的年金だけで老後の最低生活を維持することが困難であることを踏まえ，高齢者によっては就業が最低の生活を維持するために不可欠なものであると指摘している。清家・山田[13]は，高齢者自身に就業理由を質問している厚生労働省の「高年齢者就業実態調査」の結果を年次別に分析し，男女に共通して，いずれの年齢階級においても，またどの年次でも就業している理由の半数は，「自分と家族の生活維持のため」もしくは「生活水準を上げるため」といった金銭的な理由が多くなっていることを明らかにしている。

健康状態が高齢者の退職や退職希望の時期に強い影響力をもつことについては常識的にも考えられることであり，また，多くの研究でそれを支持する結果が得られている[注4]。仕事の特性が退職の時期や退職希望の時期に影響するか否かについては，日本では研究が少ない。数少ない例としては，黒澤ら[14]の研究があげられる。この研究では中年の男性を対象として60歳以上においても就業したいか否かに関連する要因を仕事特性との関連で検討している。分析の結果，自分の生活が仕事抜きでは語れないなど仕事人間か否かを評価するスケールが60歳以上の就業希望に有意な効果があることが明らかにされている。

家庭内役割や性役割については，特に女性の場合に重要な要因であるといえる。欧米の研究事例を引きながら，モーガン (Morgan) ら[15]は，男性とは異なり女性の場合，経済的な要因の影響が小さく，それに対して家族介護，配偶者の健康，配偶者の就業状況など男性ではほとんど取り上げられてこなかった家族側の要因が退職時期を決定していると，これまでの知見を要約して示している。

以上のほか，1つ見逃せない要因として現役時代のキャリアの違いがある。企業では年功的な人事処遇制度に基づき，新規の学卒者は組織の末端に配属さ

れ，それ以降，配置転換を頻繁に繰り返しながら，そのことを通じて職務上の知識と経験と管理調整能力を向上させ，ジェネラリストとしてのキャリアを形成してきたといわれている[16]。しかし，このようなジェネラリストはその企業の内部においては通用するものの他の企業でも通用する専門職能を蓄積できず，定年や整理解雇によって転職を余儀なくされた場合には転職先を見つけにくいという問題点が指摘されている[14]。このことを検証するため，黒澤らは専門職能というキャリアを積んだ人とそうでない人とで，60歳以降の就業状況がどのように異なるかを分析している。専門職は機械や電気などの技術職，医師，教員などと定義し，専門職キャリアか否かについては50歳時点の職種で測定されている。専門職以外の人と比較すると，専門職キャリアでは60歳代前半においては，就業率，正社員の比率，以前の経験や教育・訓練で受けた技能を生かせる比率，仕事満足度などがいずれも高く，また平均給与も高いという結果が得られており，ジェネラリストか，専門職かで，60歳以降の就業状況が大きく異なることが示唆されている。

2）企業側の要因―マクロ次元の分析

有効求人倍率（求人数均等配分方式）は，男女合計であるが60～64歳で0.5と極めて低い。先に示したように，この年齢階級の男性の失業率や不就業者の比率が高いのは，求人に対して労働需要が絶対的に少ないことが関係している。高齢者の労働需要が低い理由としては，①労働コストや賃金構造の問題，②加齢による生産性の低下（加齢に伴い機能が低下することと急激な産業・技能構造の中でそれに対応した新しい技術に転換することが困難であること），③若年者との「置換効果」の3点が指摘されている[1][3]。

賃金コストの増加や賃金構造の問題については，これを支持するデータや研究が多い。例えば，「雇用管理調査」では60歳代前半層の定年延長に対する課題を企業に質問しており，その結果，「賃金体系を別体系にする」という回答が36.5％と最も高い比率であることが示されている[17]。研究面では奥西[10]が賃金構造と定年制の運用との関係を実証的に検討し，次のような結果を得ている。賃金カーブの傾きが緩い，あるいは賃金カーブの広がりが大きい企業，

すなわち年功的な賃金構造を採用していない企業ほど、定年制がないか、あっても縛りが緩いこと、さらに定年制がないか、あっても縛りが緩い企業では60歳以上の従業員比率が高いことも明らかにしている。

　加齢に伴う生産性の低下については、少なくない企業が高齢者の雇用を推進する際の懸念材料の1つとして考えている。先に示した60歳代前半層の定年延長に対する課題に関する企業調査[17]において、「賃金体系を別体系にする」(36.5%)、「健康面への配慮」(28.8%) に次いで、「作業能率低下の防止」が23.1%と上位に位置している。さらに、採用に際しても、日本労働研究機構の調査[18]では、求人職種において上限の年齢を設定している企業が90.2%あり、こうした回答を選択した企業に上限を設定している理由を尋ねた結果では「年輩者は体力的に対応できない」(33.8%)、「年輩者は賃金が高く人件費がかかるから」(26.9%) に次いで、「年輩者は職業能力的に対応できないから」が24.9%と上位に位置していることが示されている。他方では、加齢に伴って身体機能が低下するものの、その低下が高齢者の労働能力・生産性の低下には必ずしもつながらないということを示した実証研究も多くなっている[19]。したがって、年齢という要因だけで画一的に「高齢者は労働能力・生産性が低い」というステレオタイプな認識を企業側がもっているとするならば[20][注5]、解決しなければならない問題といえるが、同時に生産性は賃金コストによっても大きく影響を受けることから、単に労働能力の評価だけでなく賃金構造の問題をも併せた総合的な検討が必要ということになる。

　中高年者の雇用が多いことが若年者の雇用抑制と関係している、見方をかえれば、若年者の雇用推進が中高年者の雇用を抑制していることと関係しているという「置換効果」については、玄田[21]は、中高年が多い事業所では労働流入率、採用率、求人予定数が減少するという結果に基づき、実証的に明らかにしている。この指摘に対し、「置換効果」はないという知見も清家・山田[13]、樋口[22]から出されている。清家らは、OECD (経済協力開発機構) のデータに基づき、若年失業率が低下した国では高齢就業率もまた高くなる傾向があることを明らかにしており、樋口はドイツやフランスの例を出し、これらの国では若年失業

の問題を深刻に受け止め，一定の条件を満たす高齢者に対しては失業保険や年金の早期給付を実施し，労働供給を削減する政策をとったが，若年の失業問題は解決されなかったことを示している。ただし，「置換効果」の有無についての相反する結果は，玄田の研究がミクロレベルでの分析であり，清家らと樋口の分析はマクロなレベルにあるという分析次元の違いを反映している可能性もある。

3）制度的要因──マクロとミクロの次元の分析

ここでは定年制度の影響を指摘したい。清家[6]はこれまでの研究をレビューし，定年経験が就業確率に有意にマイナスの影響を与えているとともに，その効果の大きさについても言及し，計測された時代や分析対象者の年齢層によって異なるものの，定年経験は他の条件を一定にした場合，60歳代の男性については就業確率を2割程度まで低下させる可能性をもっていると指摘している。

4）就業と健康・幸福感

a. 就業からの引退が健康・幸福感に与える効果

米国では数多い研究の蓄積がある。米国における研究を概括したホイマン[11]は，高齢者の退職は健康破綻の原因ではないと結論づけている。退職後に健康が破綻する人もいるが，多くの人は退職後に健康が改善している。なぜならば職業上のストレスなどから解放されるからである。退職が健康に悪影響を及ぼすという一般的な見方と反対に，退職直後に死亡した人は健康状態が悪いために退職したと考えられる，と述べている。では，日本の場合はどうであろうか。日本企業の雇用システムの編成原理は，長期的生活保障と長期的能力開発にあるといわれている[23]。企業は長期的に生活を保障することで，雇用者に会社への高いコミットメントなど一定の価値志向を求め，他方，雇用者は企業への忠誠心の証として会社・仕事中心の生活を送り会社や仕事への強いコミットメントを企業に示すことで，生活の保障を得ることができる[24]。このような企業文化の特徴から，また「濡れ落ち葉」「わしも族」「粗大ごみ」といった典型的な定年退職後の男性の事例も身近に見聞きすることから，欧米の「ハッピー

リタイアメント」という肯定的な評価とは反対に，日本では定年退職や就業からの引退は高齢者，中でも男性にとって否定的な意味をもつものと考えられている．しかし，日本においても定年退職に限定しているわけではないが，就業からの引退は否定的・肯定的のいずれの影響もないとする研究が多い[注6]．

　以上の結果は男性についてであったが，興味深いのは女性についてである．杉澤らはケース数が少ないため，結果の一般化には慎重でなければいけないとしながらも，女性の場合定年退職がうつ症状を悪化させる可能性があることを指摘している[25]．欧米においても，モーガンら[15]は男性においては退職のマイナス効果を認める研究はあまりないが，女性については結果が一致せず，退職の不満が高いということを示した研究もあると述べている．袖井[26]が指摘するように，男性中心社会の中で男性以上の働きを示すことで地位を確保してきた女性の場合は特に，定年に伴う役割喪失は大きなストレスとなり，男性以上に適応に困難を感じている可能性がある．

b．就業上のストレス要因

　本節の冒頭で述べたように，老年社会学においては，就業からの引退に対する適応のみを問題にしてきたため，就業そのものの質についてはほとんど検討してこなかった．他方，高齢者の就業そのものを扱ってきた労働経済学においても，就業の延長という量的の側面からの検討は行われているものの，その質についてはほとんど検討してきていない．労働力が高齢化しつつある現状においては，高齢就業者の就業の質の検討は不可欠となっている．

　年齢階級別にみた仕事全体に対する満足度については，厚生労働省の「仕事と生活の調和に関する意識調査」[27]で調べられており，「満足」「どちらかといえば満足」の合計が40歳代では49.0％，50歳代では56.1％，60歳以上では76.4％と，高齢就業者では満足度が高いこと，「賃金」「勤務時間」といった個別領域の満足度においても高齢就業者の方が満足度が高くなっており，この調査からすれば，全体としてみた場合その質に問題はないとみることができる．

　この領域における数少ない研究としては，杉澤ら[25]によるものがある．杉澤らは，定年後に再就職した人たちが直面する問題は何か，さらに仕事満足度

を高める要因が現役の就業者と同じか否かを，ストレス論の枠組みを参考に検討している。定年退職者が直面する問題に特徴があるか否かについて，定年退職後に再就職した男性と定年退職前の常勤の男性とを比較した結果，仕事満足度，雇用の不安定，知識や技術の活用度については有意な差がなく，主観的な評価の面では定年退職後の仕事の質に特別大きな問題はないことを明らかにしている。仕事満足度に関連する要因については，定年後の就業者，定年未経験の常勤雇用者ともに，知識や技術の活用度が高い場合あるいは雇用の不安度が低い場合に仕事満足度が高いということでは共通する結果が得られている。特徴的であったのは就業収入の影響であり，定年未経験の常勤雇用者では就業収入が仕事満足度に有意に影響していたものの，定年経験のある就業者では有意な効果を与えていなかった点である。定年を経験する前の現役世代と異なり，定年後の就業者では，就業収入よりも自分の知識や技術を生かし自己実現できるような職業につくことが仕事満足度の維持に特に重要なことであるという結果であった。ただし，以上のような動向が今後も継続するか否かは慎重に検討しなければならない。基礎年金の支給開始年齢が繰り上げられており，より一層経済的な理由での就業が増えてくることが考えられることから，定年前の人たちと同じように収入が仕事満足度に大きな影響をもたらす可能性はある。

（4）検討すべき課題

老年社会学に限定し，検討すべき課題を示してみたい。1つ目の課題は，高齢期における就業継続と引退の時期を規定する要因を検討することである。分析の視点としては，学歴，家族歴，職業歴など高齢期にいたるまでのライフコースが重要である。理論的には蓄積的不利・蓄積的有利といった枠組みが示されているが，実証的な研究が立ち遅れている。加えて，就業形態の多様化の影響も見逃せない。現在は，正規職員として定年を迎える人が多いものの，今の若い世代の間では正規職員ではない，非常勤や派遣といった多様な形態での就業が増えている。正規でない職員はキャリア形成，年金の受給などの面で大きな不利を抱える。このような就業形態の多様化という最近のライフコース上の変

容も高齢期における就業の質や就業期間に無視できない影響をもっている。

2つ目の課題は、高齢女性の就業に関する研究の推進である。これまでの研究では、高齢期の就業継続・引退についての検討対象は男性に限定されていた。しかし、若い世代における女性の就業率の向上に伴い、高齢期における女性の就業率も徐々にではあるが増加しつつある。男性モデルがそのまま適用可能か否かも含め、高齢女性を対象とした就業継続・引退の課題解明に取り組む必要がある。

3つ目の課題は、企業と高齢者双方のニーズに応ずることができる高齢者のキャリア養成・訓練のためのプログラム開発である。高齢者雇用を推進させるためには、定年制、賃金構造、年金システムなどの制度改革が必要とされるが、同時に企業の技術革新や労働市場の動向に合わせた人材育成が必要である。しかし、日本においては中高年を対象とした職業キャリア養成のためのプログラム開発が遅れている。どのような技術訓練が必要なのか、その内容の検討と有効性の評価、さらに費用負担の問題について検討が求められている。

■注：

注1）岡[2]は、欧米では仕事の面白さが仕事志向に関連しているが、日本の場合には仕事が面白いというよりも、他にやることがないため消極的な選択として仕事志向になっていると指摘している。

注2）厚生労働省「平成16年高年齢者就業実態調査結果の概況」をもとに筆者が計算。

注3）奥西[10]による研究では、継続雇用者の労働時間短縮あるいは仕事軽減を行っている企業では、60歳以上の従業員比率が低いという結果が得られており、一般的に考えられている仮説とは反対に、高齢者対策が高齢者雇用に対してマイナスに作用していることを明らかにしている。この結果の解釈として、労働時間が短く、仕事の負担が軽い高齢雇用者を多く抱えることができないといった企業側の事情と、企業内労働者にとってはこのような条件の変化が雇用継続への意欲を喪失することになっているという雇用者側の事情があるのではないかと指摘している。

注4）塚原[12]、清家・山田[13]の研究の例などがある。

注5) 労働省の調査[20]では,職場管理者と従業員に「60歳以降も普通に働ける」か否かを質問している。それによると,「普通に働ける」とした人の割合は,職場管理者では30.6%で従業員の55.3%よりも厳しい評価をしている。しかし,回答者の年齢階級によって大きな違いがあり,55歳に限定すると,「普通に働ける」と答えた人の割合は職場管理者で58.5%,従業員で69.2%であった。つまり,若い年齢層では,特に職場管理者において厳しい評価となっており,客観的な事実に基づかない高齢就業者に対する評価,すなわちエイジズムの存在をうかがわせる結果が示されている。

注6) 杉澤ら[25]は,高齢者の就業からの引退に対するウエルビーイングへの効果を検証した日本における研究をレビューしている。

◇文　献◇

1) 橘木俊詔：高齢者の就業問題．高齢化社会の経済学（金森久雄,伊部秀男編），東京大学出版会,1990,p85-106.
2) 岡眞人：高齢期の職業と家計．新社会老年学―シニアライフのゆくえ（古谷野亘・安藤孝敏編），ワールドプランニング,2003,p83-108.
3) 西村周三：高齢者雇用．超高齢化社会と向き合う（田尾雅夫,西村周三,藤田綾子編），名古屋大学出版会,2003,p189-207.
4) Atchley R.C., Barusch A.S.: Social forces and aging: An introduction to social gerontology 10th ed, Wadsworth/Thomson Learning, Belmont, CA, 2004, p236-237.
5) 総務省統計局：労働力調査．
6) 清家篤：年金・雇用制度が高齢者の就業におよぼす影響．生涯現役時代の雇用政策（清家篤編著），日本評論社,2001,p1-38.
7) 内閣府：平成18年度高齢社会白書,2006.
8) 総務省統計局：平成14年就業構造基本調査結果（全国編），2003.
9) 厚生労働省大臣官房統計情報部：平成16年高年齢者就業実態調査結果,2005.
10) 奥西好夫：高齢化と雇用制度改革の方向性．生涯現役時代の雇用政策（清家篤編著），日本評論社,2001,p39-84.
11) Hooyman N.R., Kiyak H.A.: Social gerontology: A multidisciplinary perspective

6th ed., Allyn and Bacon, Boston, MA, 2002.
12) 塚原康博：収入状況と就業行動・同居行動．高齢期と社会的不平等（平岡公一編），東京大学出版会，2001，p61-77.
13) 清家篤，山田篤裕：高齢者就業の経済学，日本経済新聞社，2004，p52-54.
14) 黒澤昌子，樋口美雄：生涯現役の危機：中高齢期の就業状況の分析．生涯現役の危機—平成不況下における中高年の心理（杉澤秀博，柴田博編著），ワールドプランニング，2003，p13-36.
15) Morgan L., Kunkel S.：Aging：The social context 2nd ed. Sage Publications Company, Thousand Oaks, CA, 2001, p292.
16) 労働省：労働白書．1989，p175-176.
17) 厚生労働省：平成12年雇用管理調査．
18) 日本労働研究機構：求人の年齢制限に関する実態調査結果，2000.
19) 松山美保子：労働能力．新老年学［第2版］（折茂肇編集代表），東京大学出版会，1999，p1385-1397.
20) 労働省：加齢と職業能力に関する調査の結果について（要約），1982.
21) 玄田有史：ジョブ・クリエーション，日本経済新聞社，2004.
22) 樋口美雄：雇用と失業の経済学，日本経済新聞社，2001.
23) 稲上毅：総論　日本の産業社会と労働．講座社会学6 労働（稲上毅，川喜多喬編），東京大学出版会，1999，p1-31.
24) 佐藤博樹：日本型雇用システムと企業コミュニティ．講座社会学6 労働（稲上毅，川喜多喬編），東京大学出版会，1999，p33-73.
25) 杉澤秀博，柴田博：職業からの引退への適応—定年退職に着目して．生きがい研究　2005，12，73-90.
26) 袖井孝子：定年退職—家族と個人への影響．老年社会科学　1988；10(2)；64-79.
27) 厚生労働省：仕事と生活の調和に関する意識調査，2004.

5. プロダクティブ・エイジング

(1) プロダクティブ・エイジングの概念と定義

1) プロダクティブ・エイジングの背景と概念

活動理論や離脱理論にみられるように，高齢期における役割や活動からの離脱と継続が老後の適応とどのような関係にあるかという問いは，古くから社会老年学における重要な課題であった。平均寿命が延びて高齢期が長くなった現代においては，高齢者が役割や活動を継続または獲得することに対して多くの関心が向けられるようになり，そのための機会を拡大することが政策的・学術的な課題として取り上げられるようになっている。このような流れの中で，プロダクティブ・エイジングという概念が，現代の高齢者を語る上でのキーワードとして提唱されている。

プロダクティブ・エイジングという概念を最初に提唱したのは，エイジズム(年齢差別)という語を創り出したバトラー (Butler) である。バトラーはピュリッツァー賞を受賞した著書「Why Survive? Being Old in America」(1975)の中で，アメリカ人が老後に直面する数々の問題，すなわち貧困・医療・住居等の問題や高齢者に関する誤った固定観念が高齢者に与えている影響を指摘し，これらの問題の解決を訴えた[1]。その中で彼は，高齢者は非生産的であるというのは作り話であり，高齢になっても生産的・独創的な能力を維持している人は多いこと，それにもかかわらず根拠のない慣行や偏見などの年齢差別によって，高齢者の能力が活かされていないことを指摘している。そして，バトラーが中心となり，女性解放運動で著名なフリーダン (Friedan) らを加えて，1982年にエイジズムに対する反論としてプロダクティブ・エイジングという概念が唱道された[2]。

プロダクティビティ (生産性) というと有償労働と関連づける場合が多いが，バトラーたちはボランティア活動や家庭内の無償労働などの社会に対する貢献

も生産性の概念の中に含めている。有償労働だけに限定していては，高齢者や女性が行っている社会的な貢献を看過してしまうからである。このように生産性の概念を広く捉えることによって，高齢者の生産性を過小評価するエイジズムを批判し，高齢者が増えると介護や社会保障など社会の負担が増すという考え方から，高齢者の能力をもっと社会的に活用しようという発想へと転換できることを提案した。バトラーたちの提案の背景には，AARP（旧全米退職者協会）やグレイパンサーなど1960年代以降のアメリカにおける高齢者の公民権拡張運動があり，雇用における年齢差別禁止法[注1]とも呼応している。

　以上のように，プロダクティブ・エイジングという概念はエイジズムに対する反論として唱道されたが，その前提として，高齢期においてプロダクティブな活動に関与し続けることは，高齢者個人にとっても社会にとっても良いことであるという考えがあった。この考えは，社会的な活動度が大きいほど生活満足度は高いという「活動理論」の主張に通じる。また，ロー（Rowe）とカーン（Kahn）によるサクセスフル・エイジングの概念モデルの中にも，プロダクティブな活動への関与が組み込まれている[3]。ローとカーンは，サクセスフル・エイジングの構成概念として，「疾病防止」「高い認知・身体機能の維持」「生活への積極的な取り組み」をあげており，生活への積極的な取り組みの中には「他者との交流の維持」と「プロダクティブな活動の継続」を位置づけている。

　サクセスフル・エイジングとプロダクティブ・エイジングは，どちらも老いを肯定的に捉えようとしている点で共通しているが，両者の強調点は大きく異なる。サクセスフル・エイジングは，高齢者個人の身体的・精神的・社会的な機能の維持や高齢期における適応に焦点をあてており，望ましい高齢者像を提示することを意図している。それに対してプロダクティブ・エイジングは，社会の中で高齢者が果たしている，または果たしうる役割に焦点をあてており，意欲と能力のある高齢者に対して機会を拡大することを意図している。

　したがって，プロダクティブ・エイジングはすべての高齢者を対象としているわけではなく，プロダクティブな活動に関心をもっている人たちを念頭においた概念である。また，生産的であることが高齢期における最高の到達目標と

いっているわけでもない。しかし，プロダクティブ・エイジングという概念が強調されるようになると，すべての高齢者が経済的な意味で生産的であるかどうか，とりわけ有償労働に従事できるかどうかという価値基準によって判断されかねないという懸念も生じている。そうなると，女性や虚弱者，人種的なマイノリティなど，そもそも有償労働にアクセスしにくい人たちは非生産的とみなされ，その価値を一層下げられてしまうのではないかといった批判もある[4]。

2) プロダクティブな活動の定義

バトラーらプロダクティブ・エイジングの提唱者たちは，有償労働だけでなく高齢者が行う無償の貢献もプロダクティブな活動の定義の中に含めるべきであると主張したが，具体的にどのような活動を「プロダクティブ」と見なすのか，その操作的な定義について当初は明確に示していなかった。1980年代後半以降，プロダクティブ・エイジングに関する実証研究がアメリカを中心に行われるようになると，プロダクティブな活動の操作的な定義がいくつか提案されるようになった。しかし，これらの定義は一致しているわけではない。

概観すると，「報酬があるか否かにかかわらず，物財やサービスを生産する活動」をプロダクティブな活動と定義し，具体的には有償労働，ボランティア活動，親族や友人，近隣に対する無償の支援提供（家事，介護，子どもの世話など）を指す場合が多い[5]。しかし，それに加えて，有償労働やボランティア活動を行う能力を高めるような活動もプロダクティブな活動の中に含める意見[6]や，可能な限り自立や自律を維持することも，社会や家族にかかる介護等の負担軽減に貢献するのでプロダクティブと見なす意見[7]もある。

具体的にどのような活動をプロダクティブと見なすかについては，狭義には有償労働とフォーマルなボランティア活動（組織や団体等を通して行うボランティア活動）を指すが，広義には能力開発やセルフケア行動のように生産的な能力の維持・向上に役立ち，ひいては社会的な貢献にもつながるような活動がすべて含まれる。実証研究者は，概念の混乱を避けるために狭義の定義に従う傾向が強いが，バトラーのようなプロダクティブ・エイジングの唱道者たちは，前述したプロダクティブ・エイジングに対する批判を意識してか，セルフケアも

含めた広義の定義を採用する傾向が見受けられる。

　以上，プロダクティブ・エイジングの概念や定義について述べたが，「プロダクティブ・エイジング」「プロダクティビティ」「プロダクティブ・アクティビティ」を日本語で表現するには，どのように言えば良いだろうか。直訳すれば，それぞれ「生産的な老い」「生産性」「生産的活動」となるが，日本語で生産的・生産性というと就労などの経済的な活動をイメージする場合が多いため，プロダクティブ・エイジングの概念を適切に表しているとはいえない。他方，これらの用語は高齢者が社会に対して行う有償・無償の貢献を指すことから，「社会貢献」という語を対応させる場合もある。しかし，社会貢献というと，一般的にはボランティア活動のイメージが強くなってしまう。プロダクティブ・エイジングに類する言葉として「生涯現役」という用語もあるが，労働経済の分野で生涯現役というと「就労の継続」を意味するのに対して，保健や福祉の分野では「高齢者が自立して生きがいをもって生活」している姿を指す場合が多く，分野によって意味する内容が異なる。プロダクティブ・エイジングの概念を適切に表す日本語訳はいまだ結論が得られているわけではなく，立場によって適訳が異なる可能性も考えられるため，本節では原語のカタカナ表記を用いた。

（2）プロダクティブ・エイジングの実態

1）ボランティア活動の定義

　前述したように，狭義には有償労働とボランティア活動がプロダクティブな活動とみなされている。有償労働については第6章-4に実態と動向が述べられているので，ここではボランティア活動について日本の高齢者の実態を示す。

　1995年の阪神・淡路大震災時の救援活動を通してボランティア活動の意義が国民に広く認知されたこと[注2]や1998年の特定非営利活動促進法（通称NPO法）の制定など，日本では1990年代にボランティア活動への関心・期待が急速に高まった。このような流れを受けて，高齢期における社会参加のあり方としても，ボランティア活動への関心が高まっている。

ボランティア活動への関心は高まっているものの，ボランティア活動の定義は統一的ではなく，時代や国，調査によってボランティア活動とみなされる活動内容は異なる。そのため時系列での比較や国際比較などを行う場合には注意を要する。一般的に，「自発性」に基づいた行動であること，他人への援助や社会問題の解決などの「社会貢献性」があることは，多くの定義に共通する。基本的には無償の活動であるが，「無償性」の概念については幅があり，実費や謝金等を認める非営利の有償活動も，最近ではボランティア活動に含める場合が少なくない。ボランティア団体や公的な組織等を通して行う活動はボランティア活動として把握しやすいが，私的に行われる活動は，本人の自覚の程度にもよるため把握しにくく，どこまでをボランティア活動とみなすかの線引きも難しい。家族や親戚のための活動は一般的にはボランティア活動に含めないが，友人のための活動をボランティア活動と見なすか否かは判断が分かれる。狭義の定義では，組織等を通して行うフォーマルなボランティア活動に限定する場合が多い。

　日本では，ボランティア活動の実態を量的に把握できる調査として総務省（旧総務庁）「社会生活基本調査」が活用されている。この調査は，国民の生活時間の配分や自由時間等における主な活動を調べる目的で，1976年以降5年ごとに実施されている。特に，直近の2001年に実施された調査は，それまでの調査における「社会奉仕活動」という名称を「ボランティア活動」に改め，その定義と活動内容をより明確に示している[8]。2001年の社会生活基本調査におけるボランティア活動の定義は，「報酬を目的としないで自分の労力，技術，時間を提供して地域社会や個人・団体の福祉増進のために行う活動をいう。活動のための交通費など実費程度の金額の支払いを受けても報酬と見なさないで，その活動はボランティア活動に含めるが，ボランティア団体が開催する催し物への単なる参加はボランティア活動に含めない。」となっている。具体的には，10種類の活動がボランティア活動として示されている（表6-1上）。

　その他に，ボランティア活動の実態について調査した経済企画庁（現内閣府）「平成12年度国民生活選好度調査」では，12種類の活動内容がボランティア

表6-1 「平成13年社会生活基本調査」と「平成12年度国民生活選好度調査」における
ボランティア活動の種類と内容例

平成13年社会生活基本調査	
種　類	内容例
健康や医療サービスに関係した活動	献血，献血活動への呼びかけ，巡回医療・診療，健康相談
高齢者を対象とした活動	高齢者と若者（子ども）との交流の場づくり，高齢者へのレクリエーション指導および相手，生きがいづくりのための技能指導，友愛訪問や散歩相手，寝たきりやひとり暮らしの高齢者への給食サービス
障害者を対象とした活動	盲児・肢体不自由者の学校などへの誘導，障害者へのレクリエーションまたは技能指導，在宅障害者への友愛訪問・訪問介助サービス，障害者の社会参加協力（車いすの提供など），点訳・朗読・レコーディング・手話などの奉仕
子どもを対象とした活動	赤ちゃん相談，児童遊園地などでのレクリエーション指導，子ども会の援助・指導，児童保育，いじめ電話相談
スポーツ・文化・芸術に関係した活動	スポーツ：スポーツ教室における指導，スポーツ会場の警備 社会教育：各種講習会の開催，社会人大学の講師 文化・芸術：音楽家・芸術家の育成支援，市民劇団の開催，演劇の鑑賞会の企画，伝統文化の継承と普及
まちづくりのための活動	道路に花を植える，駅の自転車置き場の整理，道路・公園などの清掃，都市と農村の交流，地域団体のリーダーとしての活動，村おこし・地域おこしの活動
安全な生活のための活動	地域の危険場所点検のための巡回，通学路の安全確保活動，交通安全運動，「火の用心」の巡回
自然や環境を守るための活動	廃油を使った石鹸作りの指導，海浜美化活動（ごみ集め），野鳥の観察・保護
災害に関係した活動	救援物資の確保・輸送，災害復旧のための資金の募集・現地での労力奉仕，炊き出しなどの災害時の救援，災害後の被災者への救援
その他	難民支援，海外技術協力，砂漠の緑化活動（植林），海外への食料援助，留学生支援，生活保護者の支援 上記にあげる活動を行う団体の運営または活動に関する連絡，助言，または援助の活動

平成12年度国民生活選好度調査	
種　類	内容例
公共施設での活動	公民館における託児，博物館の展示説明員など
青少年の健全育成に関する活動	ボーイスカウト・ガールスカウト活動，子ども会など
体育・スポーツ・文化に関する活動	スポーツ・レクリエーション指導，まつり，学校でのクラブ活動における指導など
人々の学習活動に関する指導，助言，運営協力などの活動	料理，英語，書道など
自然・環境保護に関する活動	環境美化，リサイクル活動，牛乳パックの回収など
国際交流（協力）に関する活動	通訳，難民救援，技術援助，留学生支援など
社会福祉に関する活動	老人や障害者などに対する介護・身のまわりの世話・給食，保育など
保健・医療・衛生に関する活動	病院ボランティアなど
交通安全に関する活動	子どもの登下校時の安全監視など
自主防災活動や災害援助活動	
募金活動，チャリティバザー	
その他	

（資料：総務省統計局「平成13年社会生活基本調査」(2001年)，経済企画庁国民生活局「平成12年度国民生活選好度調査」(2000年)）

活動として示されている（表6-1下）[9]。ボランティアやNPOの活動についてまとめた経済企画庁（現内閣府）「平成12年度国民生活白書」では，特定非営利活動促進法（NPO法）における12分野（保健・医療・福祉，社会教育，まちづくり，文化・芸術・スポーツ，環境保全等）に相当する活動を，ボランティア活動として取り上げている（ただし2003年施行の改正NPO法では，特定非営利活動は17分野に増えている）[10]。

2）ボランティア活動の実態

ボランティア活動の定義は一様ではないものの，日本におけるボランティア活動の実態を把握する上での代表的な調査である総務省「社会生活基本調査」（2001年）の結果をみると，1年間に何らかのボランティア活動を行った人の割合（行動者率）は，男性では30歳代後半以降おおむね3割前後となっている。それに対して女性は，30歳代後半から40歳代前半の行動者率は42.9%と高いが，それ以降は年齢が上がるにしたがって減少し，50, 60歳代では男性とほぼ同じ3割程度の行動者率となっている。行動者率は3割程度だが，「今後，ボランティア活動に参加してみたい」という人はかなり多く，50, 60歳代の男女の7割近くに参加意欲がみられる（図6-3）。

行動者率，参加意欲とも中年期までは女性の方が男性より高いが，行動者率は60歳代後半以降，参加意欲も50歳代前半以降，男性の方が女性よりも高くなっている。全国社会福祉協議会「全国ボランティア活動者実態調査報告書」（2002年）[11]をみても，この調査が対象としている福祉系ボランティアの24.5%を定年退職者が占め，専業主婦（38.1%）に次ぐ担い手となっている。定年退職者が福祉系ボランティアに占める割合は，1996年に実施された同調査の結果（16.5%）と比べると，10%近く増加している。これらのことから，男性高齢者のボランティア活動に対する関心は，同世代の女性と比べて低いわけではなく，経時的にみても関心が高まっているといえる。

246　第6章　高齢者と社会

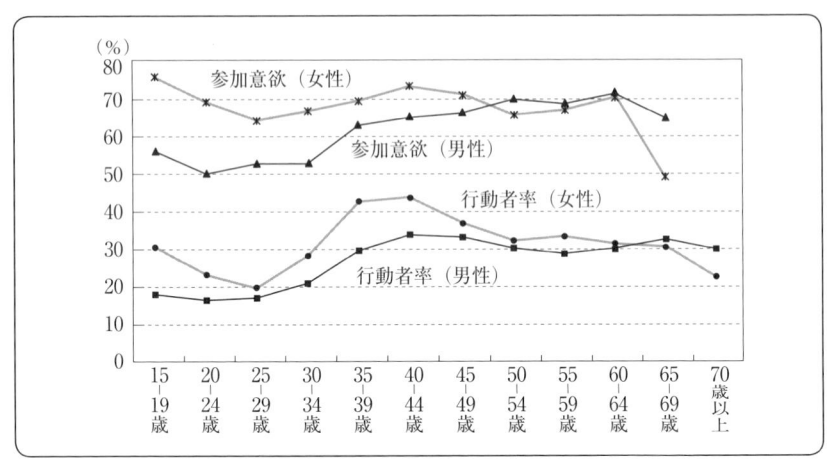

図6-3　ボランティア活動の行動者率と参加意欲

注：行動者率は，属性別の人口に対する「過去1年間に何らかのボランティア活動を行った人の数」の比率．参加意欲は，今後ボランティア活動に「是非参加してみたい」または「機会があれば参加してみたい」と回答した人の割合．

出典：行動者率は総務省統計局「社会生活基本調査」(2001年)，参加意欲は経済企画庁国民生活局「国民生活選好度調査」(2000年)

（3）プロダクティブ・エイジングの概念モデルと研究動向

1）プロダクティブ・エイジングの概念モデル

　シェラデン（Sherraden）らは，包括的であったとしても検証が困難な大理論ではなく，検証可能な命題から構成されている「中範囲の理論」となるように，プロダクティブ・エイジングの概念モデルをまとめた[12]．このモデルは，性や年齢などの「社会人口学的特性」，法規や税制などの「公共政策」，健康状態や技能など「個人の能力」，職場や市民団体，家庭など，活動の場となる「組織の能力」，「プロダクティブな行動」，および「その結果」といった要素で構成されている（図6-4）．

　社会人口学的特性と個人の能力は，どちらも高齢者個人に関する特性であるが，社会人口学的特性は介入が難しい背景要因であるのに対して，個人の能力は変容の可能性があるものとして区別されている．マクロレベルでの環境要因

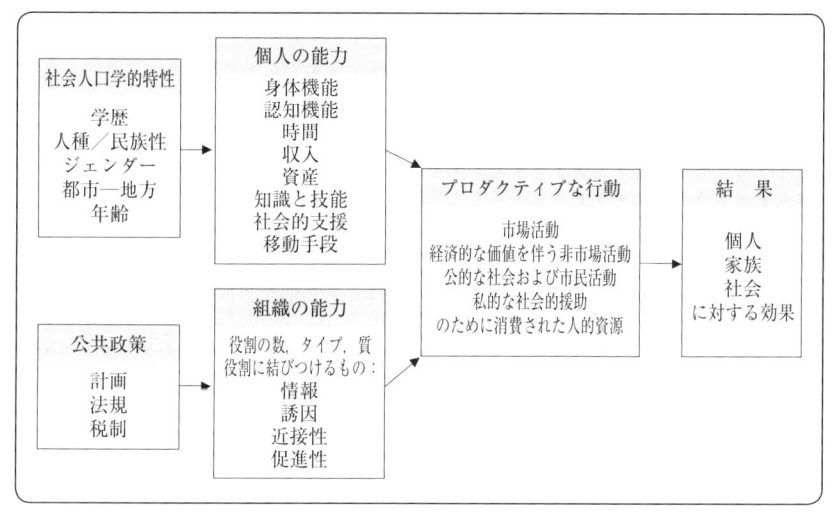

図6-4 高齢期におけるプロダクティビティの概念モデル

出典：Sherraden, M., Morrow-Howell, N., Hinterlong, J., & Rozario, P.：Productive aging：Theoretical choices and directions. In：Productive aging：Concepts and challenges, 2001, p277.

としては文化的，社会的，政治的，経済的なさまざまな要因が考えられるが，実証可能なモデルの構築という観点から，操作化が可能で，かつプロダクティブな活動への影響が強いと考えられる公共政策が，このモデルでは限定的に取り上げられている。さらに，高齢者個人の能力以上に，活動の場となる組織側の能力が，行動を規定する重要な要因として明示されている。その中には，役割の特質や個人を役割に結びつける情報，誘因などが含まれる。これらの社会構造的，個人的な要因によってプロダクティブな行動が規定され，その行動の結果として，個人，家族，社会に対して何らかの効果が生じると考えられている。

このモデルよりはやや包括的であるが，バス（Bass）とキャロ（Caro）は，プロダクティブな活動への参加レベルをアウトカムとし，参加レベルを規定する要因として，経済や文化などの「環境要因」，役割や組織の状況，個人の健康や経済状況などの「状況要因」，動機や適性，人種やジェンダーなどの「個

人要因」，雇用や年金政策などの「社会政策要因」で構成された概念モデルを提示している[13]。

シェラデンらのモデルが表しているように，プロダクティブ・エイジングに関する研究は，大きくは2つに分類することができる。1つは，プロダクティブな活動への参加レベルを規定する要因の検討で，もう1つは，プロダクティブな活動の効果に関する検討である。

2）高齢期におけるプロダクティブな活動の規定要因

シェラデンらのモデルに基づいて，プロダクティブな活動の規定要因を整理してみる。社会人口学的特性との関連を調べた研究は多く，その中でも年齢，性，人種の影響は，多くの検討が行われている。加齢に伴ってプロダクティブな活動は減少するのかという問いに関しては，有償労働は加齢に伴って減少するが，ボランティア活動や家事については，年齢の影響は顕著でないことが指摘されている[3][5][14]。有償労働の加齢に伴う減少は，年齢というより制度や社会規範の影響の方が大きいと考えられるため，いわゆる生物学的な年齢は，他の属性や社会的要因と比べると，プロダクティブな活動の規定要因としては弱いといえる。しかし，活動の加齢変化は性や人種によって異なることも指摘されている[5][15]。また学歴の高さは，高齢期の有償労働やボランティア活動の促進要因であることが報告されている[14][16][17]。

政策的な要因に関しては，日本では，高齢者の就業については定年制や年金政策などとの関連で議論されているが，ボランティア活動と政策的な要因との関連については，あまり言及されていない。介護については，介護保険制度の施行が介護者の介護継続意欲や負担軽減にどのように影響しているかが検討されている。

高齢者個人の能力とプロダクティブな活動との関連については，健康状態が良好であることや身体的・認知的な機能障害がないことは，有償労働とボランティア活動を促進すること，経済状態が良いことは，ボランティア活動を促進するが，有償労働は抑制されることが報告されている[14][16][17]。ボランティア活動に関しては，社会関係が豊かであることも促進要因となっている[17]。

個人的な要因以上に制度や組織上の要因がプロダクティブな活動を理解する上で重要であると指摘されているが[12]，プロダクティブな活動と組織的な要因との関連については議論が不足している。就業については，第6章-4に述べたような企業側の要因が報告されているが，ボランティア活動については，組織側の要因についての検討は少ない。全国社会福祉協議会「全国ボランティア活動者実態調査」では，活動を開始するための情報や活動に必要な知識・技術の研修機会の不足，活動に必要な経費の援助の必要性を感じている活動者が多いことが報告されていることから，これらの条件がボランティア活動を促進する可能性が考えられる[11]。

シェラデンらの概念モデルには明確に示されていないが，プロダクティブな活動間での相互作用も考慮する必要がある。例えば，介護はプロダクティブな活動である反面，介護をすることによって就業できなくなる場合も少なくない。つまり，介護はプロダクティブな活動であるとともに，別のプロダクティブな活動を阻害する要因ともなり得る。ボランティア活動については，活動理論に基づけば，職業からの引退などによる役割の喪失を補うためにボランティア活動が行われるのではないかとの仮説が考えられるが，この仮説は必ずしも支持されているわけではない[14]。ボランティア活動をしている高齢者の多くは高齢期に入る以前からボランティア活動の経験をもっていることから，喪失した役割の代替というより，中年期までに形成された行動パターンが定年後も継続される「継続理論」のほうが合致するという報告もある[14]。

このように，高齢期における活動を理解するにはライフコースの視点も必要である。健康や学歴，経験といった活動を規定する重要な要因は，高齢期になるまでに決定づけられる場合が多いからである。さらに，健康の悪化や配偶者との死別など高齢期に生じやすいライフイベントや生活の変化も高齢者の活動の継続や離脱に影響するが，プロダクティブな活動の規定要因についてはパネル調査に基づく検討が少ないため，ライフコースの視点やライフイベントの影響に関する検討は十分ではない。

3) 高齢期におけるプロダクティブな活動の効果

　プロダクティブな活動は，健康で心理的にも問題が少ない人が行う場合が多いため，パネル調査でないと健康や心理面への効果を明確にすることはできない。パネル調査に限定して効果をまとめると[注3]，有償労働は，死亡や身体機能低下のリスクを軽減することが指摘されている。ボランティア活動の効果を検討した調査研究は多く，死亡や機能障害のリスクの軽減や健康度自己評価の維持，抑うつ傾向の抑制や生活満足度，幸福感，自尊感情などの維持・向上に貢献することが報告されている。家庭内の無償労働については，家事や庭仕事は死亡や機能障害のリスクを軽減する可能性が報告されているが，介護，とりわけ認知症高齢者の介護については，介護者の身体的，精神的健康に悪影響を及ぼすことが知られている。しかし，介護が介護者の精神健康に良い効果をもたらす可能性もあり，介護の肯定的側面についての検討も近年行われている。また，プロダクティブな活動の種類別にではなく，各種のプロダクティブな活動を総合した指標でみても，死亡や認知症のリスクを軽減することが報告されている。

　このように，プロダクティブな活動への関与は，概して高齢者の身体健康や心理面に良好な効果をもたらすことが示唆されているが，このような効果は，性や年齢，人種，高齢者の状況などによって異なる可能性が指摘されている。例えば，若い人より高齢者の方がボランティア活動から多くの心理的な利益を得ていること，ボランティア活動が死亡のリスクを抑制する効果は，友人や近隣，親戚との交流が乏しい高齢者で特に大きいことが報告されている。

　どの程度の活動量が健康や心理面に効果的なのかという問いに関しては，ボランティア活動や有償労働は，ある程度の活動量を超えると，それ以上多く活動したとしても必ずしも効果が上がるわけではないことが指摘されている。このことから高齢期においては，過度な労働ではなく適度な活動が好ましい可能性が考えられる。

　プロダクティブな活動が高齢者の健康に良好な効果をもたらす理由については，心理的要因，身体活動，社会関係を媒介要因とする仮説が提示されてい

る[19]。心理的要因を介する仮説は，プロダクティブな活動を行うことによって意味のある社会的役割を担っているという意識が芽生え，自己概念や心理的なウエルビーイングが高まり，それによって健康に良い影響がもたらされるというものである。身体活動を介する仮説は，プロダクティブな活動に伴って身体活動も活発になり，健康が促進されるというものである。社会関係を介する仮説は，プロダクティブな活動に参加することによって社会的ネットワークや社会的支援などの社会関係が充実し，それによって健康が増進するというものである。

このように，いくつかの仮説が考えられるものの，これらの仮説を実証的に検討した研究は今のところ少ない。これらの結果をみると，どちらかというと心理的要因を介して健康に影響する仮説を支持する報告が多いが，心理的要因よりも社会的統合を媒介したものであるという報告もある。いずれの報告に関してもプロダクティブな活動が健康に与える効果のごく一部しか説明できていないため，より一層の検討が必要である。

（4）今後の検討課題

規定要因の検討については，第一に，概念モデルでは複数のレベルの要因がプロダクティブな活動への参加を規定することが示されているが，これらの要因を総合的に検討した研究はほとんどなく，個人の特性との関連のみに留まっているものが大多数である。個人の特性以上に組織や制度的な要因，文化的背景がプロダクティブな活動への参加を規定する可能性が指摘されていることから，これらの要因も視野に入れた検討が求められている。

第二に，規定要因の検討は横断調査によるものが多く，パネル調査に基づいた検討が少ないという問題がある。そのため，例えば社会関係が豊かな人ほど，そのネットワークを活用してプロダクティブな活動に参加するようになっているのか，それとも活動に参加した結果，社会関係が豊かになっているのか等の因果関係を明確にすることができない。また，高齢期以前のライフコースやライフイベントの影響についても十分に検討できていない。

プロダクティブな活動が健康や心理面に与える効果については，第一に，性や年齢，人種，高齢者の状況などによって，あるいは活動の種類や量によって効果が異なる可能性が指摘されている。今後は，高齢者の特性や状況，および活動の種類や量などを考慮した，より詳細な効果分析が求められている。

第二に，なぜプロダクティブな活動は高齢者の心身の健康に対して良好な効果をもたらすのか，そのメカニズムについては実証的な検討が乏しい。心理的要因，身体活動，社会関係を媒介要因とする仮説が提示されているものの，いずれもプロダクティブな活動が健康に与える効果のごく一部しか説明できていない。分析方法や測度の工夫，あるいは新たな仮説の提示も含めて，効果のメカニズムに関する検討が必要である。

最後に，シェラデンらの概念モデルではプロダクティブな活動は高齢者個人だけでなく，家族や社会に対しても影響を及ぼすことが示されているが，高齢者個人に対する効果と比べると，家族や社会に対する効果については検討が遅れている。例えば，被介護者やボランティアの受け手に対する効果，あるいは地域や社会に対する効果など，プロダクティブな活動が他者や社会に与える効果についても今後研究の蓄積を図り，多角的にプロダクティブな活動の効果を評価することが望まれる。

■注：

注1）1967年に制定。1986年の改正で対象年齢の上限を撤廃し，一部の例外を除いて，40歳以上の労働者について採用・解雇・賃金その他雇用の場面での差別が原則的に禁止されている。

注2）この年はボランティア元年と呼ばれている。

注3）論文数が多いため，引用文献の記載は省略した。部分的ではあるが，ハーゾック（Herzog）ら[18]がプロダクティブな活動の心身の健康に与える効果についてレビューしている。

◇文　献◇

1) Butler, R. N.：Why survive? Being old in America, NY：Harper & Row, 1975.（内

薗耕二監訳：老後はなぜ悲劇なのか？ ―アメリカの老人たちの生活, メヂカルフレンド社, 1991.)
2) Butler, R. N., & Gleason, H. P. (Eds.)：Productive aging：Enhancing vitality in later life, NY：Springer, 1985.（岡本祐三訳：プロダクティブ・エイジング―高齢者は未来を切り開く, 日本評論社, 1998.）
3) Rowe, J. W., & Kahn, R. L.：Successful aging, NY：Pantheon, 1998.
4) Holstein, M.：Productive aging：A feminist critique. Journal of Aging and Social Policy 1992；4 (3/4)；17-34.
5) Herzog, R. A., Kahn, R. L., Morgan, J. N., et al.：Age differences in productive activities. Journal of Gerontology：Social Sciences 1989；44；S129-S138.
6) Caro, F. G., Bass, S. A., & Chen, Y.-P.：Introduction：Achieving a productive aging society. In：Achieving a productive aging society, Bass, S. A., Caro, F. G., & Chen, Y.-P. (Eds), Westport：Auburn House, 1993, p3-25.
7) Butler, R. N., & Schechter, M.：Productive aging. In：The encyclopedia of aging, Maddox, G. L. et al. (Eds.), NY：Springer, 2001, p824-825.
8) 総務省統計局：平成13年社会生活基本調査報告, 東京：日本統計協会, 2003.
9) 経済企画庁国民生活局：平成12年度国民生活選好度調査, 東京：財務省印刷局, 2001.
10) 経済企画庁：平成12年版国民生活白書, 東京：大蔵省印刷局, 2000.
11) (社福) 全国社会福祉協議会：全国ボランティア活動者実態調査報告書, 全国ボランティア活動振興センター編, 2002.
12) Sherraden, M., Morrow-Howell, N., Hinterlong, J., & Rozario, P.：Productive aging：Theoretical choices and directions. In：Productive aging：Concepts and challenges, Morrow-Howell, N., Hinterlong, J., & Sherraden, M. (Eds.), Baltimore：Johns Hopkins University Press, 2001, p260-284.
13) Bass, S. A., & Caro, F. G.：Productive aging：A conceptual framework. In：Productive aging：Concepts and challenges, Morrow-Howell, N., Hinterlong, J., & Sherraden, M. (Eds.), Baltimore：Johns Hopkins University Press, 2001, p37-78.
14) Chambré, S. M.：Is volunteering a substitute for role loss in old age? An empirical

test of activity theory. The Gerontologist 1984；24；292-298.
15) Glass, T. A., Seeman, T. E., Herzog, A. R., et al.：Change in productive activity in late adulthood：MacArthur studies of successful aging. Journals of Gerontology：Social Sciences 1995；50；S65-76.
16) Parnes, H. S., & Sommers, D. G.：Shunning retirement：Work experience of men in their seventies and early eighties. Journal of Gerontology 1994；49；S117-S124.
17) Wilson, J., & Musick, M.：Who cares? Toward an integrated theory of volunteer work. American Sociological Review 1997；62；694-713.
18) Herzog, A. R., Ofstedal, M. B., & Wheeler, L. M.：Social engagement and its relationship to health. Clinics in Geriatric Medicine 2002；18；593-609.
19) Luoh, M. C., & Herzog, A. R.：Individual consequences of volunteer and paid work in old age：Health and mortality. Journal of Health and Social Behavior 2002；43；490-509.

6. 社会参加

（1）社会参加の概念と定義

　社会参加 (social participation)，社会的活動 (social activity)，社会的役割 (social roles)，社会的統合 (social integration) という概念は，古くから社会老年学の中で重要な位置づけにあり，主に老後の適応や健康，ウエルビーイングとの関連が論じられてきた。しかし，いずれの概念も幅広く，相互に重なる部分もあり，明確な概念規定がなされないまま研究が進められている場合が少なくない。

　社会参加についても，いくつかの論文において概念規定や操作的な定義が示されているが，それらは多様で一致した見解を得ているわけではない。欧米の先行研究をみると，特に年代の古い研究においては，社会参加を社会的統合の指標と同一視しているものが見受けられる[1)2)3)]。このような研究においては，社会参加はインフォーマルとフォーマルな形態に大別され，親族や友人との交流は「インフォーマルな社会参加」，地域組織や宗教，社会的組織，職能団体などへの参加は「フォーマルな社会参加」として考えられている。フォーマルな社会参加については，社会参加として捉えることの合意が多くの研究で得られているが，私的な対人交流のようなインフォーマルな社会参加については，必ずしも合意が得られているわけではない。したがって，社会参加を狭義に捉えるならば，フォーマルな社会参加に限定される。

　しかし，フォーマルな社会参加についても，何らかの組織的・集団的な活動への参加という程度の共通理解はあるものの，明確な定義を示しているものは少ない。比較的明確な定義を示している例として，ヤング (Young) はフォーマルな社会参加を「名称と明白な目的をもった地域組織の中での自発的な活動」と定義し，地域志向の目的をもったクラブ，政治活動，ボランティア活動への参加のように社会貢献性が高い組織活動と，会員自身の利益のための自己完結的な組織活動とに分類している[4)]。また，ブーコー (Bukov) は高齢者の

政策への参加を重視し，フォーマルな社会参加を「集団的」「生産的」「政治的」の3種類に分類している[5]。集団的な社会参加とは，趣味やスポーツ，学習など自分たちの利益のための自己完結的な組織活動のことで，生産的な社会参加とは，ボランティア活動や有償労働などのプロダクティブな活動を通して他者や社会に貢献する行為を，政治的な社会参加は，政党などを通して政策的な意思決定に参加する行為を指す。

他方，社会参加を広義に捉える研究では，フォーマルあるいはインフォーマルな社会参加に加えて，テレビやラジオ，新聞，雑誌といった「メディアの利用」や，映画等の鑑賞，スポーツ観戦などの「社会文化的な活動への参加」のように，個人的に行う活動であっても社会にかかわろうとする活動であれば社会参加と見なしている場合もある[6][7]。

それでは欧米とは社会文化的な背景が異なる日本においては，社会参加はどのように概念規定されているだろうか。奥山は，社会参加を「家族生活をこえた地域社会を基盤にして，同一の目的を有する人々が自主的に参加し，集団で行っている活動」と定義している[8]。この考え方は欧米におけるフォーマルな社会参加に対応していると思われるが，地域社会を基盤にしているという制約が加わっているので，例えば就労のように地域社会を基盤としない場合も多い活動については，社会参加と見なすか否かの判断が分かれるであろう。この定義は日本の社会老年学分野において早い時期に提示されたものであるため，奥山が示した「地域社会を基盤」「自主的に参加」「集団で行う活動」という考え方は，その後の日本における社会参加の概念規定の基準となっている。

松岡は，おおむね奥山の概念規定に沿っていると思われるが，操作的に社会参加を定義するにあたり，「集団としての活動に限定し，個人的な活動や職業労働は除外する」という考え方を示した[9]。集団としての活動とは組織だった活動のことで，気のあった数人の仲間で行う活動は除外している。また，職業労働のうち，シルバー人材センターなどの「生きがいとしての就業」は，社会参加の中に含めている。

奥山や松岡の定義は，欧米におけるフォーマルな社会参加をより限定的に捉

えたものであるが，他方で欧米におけるフォーマルおよびインフォーマルな社会参加の概念規定に沿った定義も示されている．西下は，社会参加を「個人が主体的・自発的な動機に基づいて団体・組織あるいは社会関係の網に継続的に参加すること」と定義し，この定義に基づいて高齢者の社会参加を，①就労を通じての社会参加，②地域社会への参加，③地域社会を超えた人間関係のネットワークや団体・サークルへの参加，に大別している[10]．この考えは，いわゆるフォーマルおよびインフォーマルな社会参加の概念に合致する．

このように国内外における概念を概観すると，「集団で行っている諸活動への自発的な参加」を社会参加と定義している点はおおむね一致しており，これに従えば，グループや組織・団体に属して行うボランティア活動・地域活動・趣味や学習等の活動を，狭義の社会参加として捉えることができる．一方，「私的な対人交流」や「個人的に行う社会文化的な活動（メディアの利用も含む）」，および「就労」を社会参加に含めるか否かについては意見が分かれる．特に，友人同士の集まりへの参加や個人的に行う奉仕活動・就業・投票行動などは判断が難しい．就労は社会性を帯びた活動ではあるが，自発的というより義務的な場合もあり，自営業など組織に属さない形態もあるため，社会参加を「集団で行う活動への自発的な参加」として捉える研究では除外されることが多い．

しかし，どのような活動を社会参加とみなすかは，ライフステージや性別，状況によっても異なるものと思われる．例えば，障害者や女性に関しては，就労は重要な社会参加の形態として一般的に認識されている．定年年齢を過ぎた高齢者に関しても，就労は義務的というより社会参加としての側面が強まる可能性がある．個人で行う社会文化的活動や友人等との交流も，中年期以前の世代にとっては一般的には社会参加とは考えにくいだろうが，社会的役割や健康，人間関係などの喪失経験が増える高齢期においては，このような活動に積極的に取り組むことは社会とのかかわりを保つ重要な機会となり得る．

このように，社会参加の概念は状況依存的な面もあるため，広義に捉えようとした場合に合意を得るのは困難であろう．また，社会参加といっても多様な活動が含まれるので，それらを総合的に扱うことにも問題がある．社会参加の

各活動内容を区別しないで総合的に集計している研究もあるが，活動内容によって差異があるため，社会参加と見なすことができる個別の活動内容ごとに実態や機能等を分析する方が適切である。

（２）高齢者の地域社会への参加状況

日本の高齢者の社会参加状況を全般的および時系列に調べている統計資料としては，内閣府（旧総務庁）の「高齢者の地域社会への参加に関する意識調査」がある。これは，全国の60歳以上の男女を対象に，1988年以降5年ごとに実施されている調査である。この調査では，「この1年間に，個人または友人と，あるいはグループや団体で自主的に行われている何らかの活動に参加したことがあるか」という質問に関して，いくつかの活動内容の選択肢を示すという方法で，社会参加を測定している。この質問を前述した社会参加の定義に照らし合わせると，フォーマルな社会参加とインフォーマルな社会参加，および個人で行う社会文化的な活動が含まれており，社会参加を比較的広義に捉えているといえる。ただし，活動への参加を重視した質問であるため，メディアの視聴や友人との単なる交流のように活動性が低いものは除外されている。

2003年に実施された調査結果をみると，「参加したものがある」という高齢者は54.8％と過半数を超えている（表6-2）。時系列にみても参加率は増加しており，高齢者の社会参加に対する意識や関心が高まっていることがわかる。性別にみると，男性（57.5％）のほうが女性（52.6％）よりも若干参加率が高い。男性では「健康・スポーツ」「地域行事」への参加率が高く，女性では「趣味」「健康・スポーツ」が高い。年齢階級別にみると，高齢になるほど参加率は下がるものの，80歳以上であっても4割弱の人は何らかの活動に参加している。表には示していないが，活動形態としては，「主に個人または友人と行っている」(52.6％) が，「主にグループや団体の活動に参加している」(47.4％) を上回っていた。「趣味」は，主に個人・友人と活動する割合が高く，「安全管理」「生活環境改善」「高齢者の支援」といったボランティア系の活動は，グループ・団体の活動に参加する形態が多い。

表6-2 時系列，性，年齢別にみた「高齢者が参加している活動」

(複数回答)

	総数	参加したものがある	趣味	健康・スポーツ	生産・就業	教育・文化	生活環境改善	安全管理	高齢者の支援	子育て支援	地域行事	その他	参加したものはない
	人	%	%	%	%	%	%	%	%	%	%	%	%
昭和63年	2,451	36.4	11.5	16.4	2.1	2.8	4.6	2.7	2.9	※	8.7	※	63.6
平成5年	2,385	42.3	17.9	18.9	3.9	4.7	5.6	3.6	4.2	※	9.9	※	57.7
平成10年	2,303	43.7	17.1	18.3	4.1	6.4	6.7	4.8	5.0	※	12.8	※	56.3
総数（平成15年）	2,860	54.8	24.8	25.3	6.0	6.7	9.1	4.8	4.8	1.9	19.6	3.7	45.2
[性]													
男性	1,251	57.5	20.6	28.5	8.5	7.4	11.6	7.5	4.2	1.4	24.9	2.7	42.5
女性	1,690	52.6	28.0	22.9	4.2	6.2	7.1	2.7	5.3	2.2	15.4	4.5	47.4
[年齢]													
60～64歳	693	62.0	26.6	34.3	6.6	8.2	12.1	6.6	6.2	3.3	26.3	3.8	38.0
65～69歳	692	58.2	25.9	29.6	6.6	6.9	8.5	5.1	6.1	2.5	22.4	3.3	41.8
70～74歳	650	55.5	23.7	22.9	5.7	6.0	10.2	4.9	5.1	0.9	18.2	4.0	44.5
74～79歳	490	50.0	24.1	19.6	6.7	7.6	7.6	4.1	3.1	0.4	15.1	3.7	50.0
80歳以上	335	37.9	22.1	11.0	3.3	3.3	3.9	1.2	1.5	1.5	9.3	3.9	62.1

注：※は調査時に選択肢がないなどで，データが存在しないもの．
出典：内閣府「高齢者の地域社会への参加に関する意識調査」(2003年)

　この調査では，「団体や組織への参加」という面からも社会参加の状況を調べている。2003年の調査結果では，「現在参加している団体や組織がある」という人は65.3%で，60歳以上の男女の3分の2が何らかの組織に参加していた（表6-3）。この割合は，時系列にみても，ほとんど変化がない。団体や組織への参加は，いわゆるフォーマルな社会参加に対応する質問であるが，社会参加をより広義に捉えた表6-2に示した参加率よりも団体・組織への参加率の方が高いのは，単に所属しているだけで，たまにしか参加しない団体や組織も回答の中に含まれているためと考えられる。

　このように社会参加の状況を把握する際に，活動内容で測定するか，参加組織で測定するかによって結果が異なる可能性があることに留意しなければならない。さらに，この調査では活動内容で測定するにしろ参加組織で測定するに

しろ参加頻度までは問うていないので，参加状況を過大評価している可能性がある。前述した社会参加の定義をみても，参加頻度にまで言及した定義はほとんどない。どの程度の参加頻度を「社会参加あり」と見なすかについても，今後検討が必要であろう。

2003年の調査結果をみると，参加している団体・組織としては「町内会・自治会」(39.1%)への参加率が最も高く，次いで「趣味のサークル・団体」(22.0%)，「老人クラブ」(20.9%)となっている。時系列にみると，「老人クラブ」の参加率は減少しており，対して「趣味のサークル・団体」は増加傾向を示している。性別にみると，女性(63.2%)よりも男性(68.0%)の方が組織への参加率は高い。「町内会・自治会」への参加率は女性より男性で高く，「趣味のサー

表6-3 時系列，性，年齢別にみた「参加している団体」

(複数回答)

	総数	参加団体あり	老人クラブ	町内会・自治体	女性団体	趣味のサークル・団体	健康・スポーツのサークル・団体	学習・教養のサークル・団体	市民活動団体(NPO)	宗教団体(講などを含む)	ボランティア団体(社会奉仕団体)	商工会・同業者団体	シルバー人材センターなどの生産・就業組織	退職者の組織(OB会など)	その他	参加していない
	人	%	%	%	%	%	%	%	%	%	%	%	%	%	%	%
昭和63年	2,451	64.8	33.3	31.5	4.2	11.0	7.4	2.7	1.3	7.6	2.9	3.5	※	0.7	3.1	35.2
平成 5年	2,385	63.0	27.0	31.0	5.1	18.4	9.9	5.0	1.6	6.0	4.4	4.9	※	1.4	1.1	37.0
平成10年	2,303	66.4	24.8	34.6	6.1	19.8	9.8	6.0	1.8	6.3	5.6	4.4	8.3	1.7	2.1	33.6
総 数(平成15年)	2,860	65.3	20.9	39.1	3.9	22.0	14.1	4.7	1.7	5.1	6.0	3.3	7.4	1.9	1.7	34.7
[性]																
男 性	1,251	68.0	21.1	44.4	0.2	18.7	14.9	4.4	2.0	4.9	6.1	5.8	13.7	3.0	1.4	32.0
女 性	1,690	63.2	20.8	34.9	6.7	24.5	13.4	4.9	1.5	5.3	6.0	1.3	2.5	1.0	1.9	36.8
[年齢]																
60～64歳	693	65.8	5.1	43.4	6.5	25.5	17.5	3.2	2.5	5.3	8.7	4.8	7.2	1.7	1.7	34.2
65～69歳	692	66.9	14.0	39.3	3.5	22.1	16.3	5.1	2.2	5.8	6.2	3.2	9.0	2.9	1.0	33.1
70～74歳	650	68.6	25.7	41.1	3.4	20.8	13.5	5.5	1.5	5.7	5.7	3.2	8.5	2.3	2.2	31.4
74～79歳	490	64.1	35.5	38.2	3.3	21.8	12.0	6.7	1.0	3.9	5.3	2.9	7.3	1.0	1.6	35.9
80歳以上	335	56.4	37.3	27.2	1.2	17.0	6.3	2.4	0.6	4.2	2.1	1.2	2.7	0.3	2.1	43.6

注：※は調査時に選択肢がないなどで，データが存在しないもの。
出典：内閣府「高齢者の地域社会への参加に関する意識調査」(2003年)

クル・団体」は男性より女性の参加率が高い。年齢階級別にみると,「老人クラブ」は後期高齢者の参加率が高く,「町内会・自治会」は前期高齢者の参加率が高い。

　国際的にみると,日本の高齢者の社会参加状況は,どのような特徴があるだろうか。内閣府「高齢者の生活と意識:第5回国際比較調査」によると,「現在,どのようなグループ活動に参加しているか」という問いに対して,「参加していない」という回答が最も少ない,すなわちグループ活動への参加率が最も高いのは米国であり,日本はドイツやスウェーデンとほぼ同程度の参加状況であった(表6-4)。参加しているグループ活動の種類は,日本では「町内会・自治会活動」「趣味活動」「健康維持のための活動」への参加率が高いが,米国では「宗教活動・教会活動」が最も多く,次いで「町内会・自治会活動」「社会福祉活動」「趣味活動」「健康維持のための活動」「政治活動」となっており,日本と比べると宗教活動やボランティア活動,政治活動など,高齢者が参加しているグループの種類が多様である。

表6-4　グループ活動への参加状況の国際比較

(複数回答)　(%)

	日本	アメリカ	韓国	ドイツ	スウェーデン
社会福祉活動	8.7	18.0	5.6	8.6	8.1
趣味活動	18.1	17.3	3.8	17.3	22.9
健康維持のための活動	14.0	15.0	3.8	18.3	16.0
環境保持のための活動	8.6	4.9	3.8	1.0	1.8
消費者保護のための活動	1.6	0.9	0.2	0.2	1.0
政治活動	1.6	10.0	0.3	5.4	4.8
宗教活動・教会活動	5.8	44.6	16.3	13.1	14.4
町内会・自治会活動	24.7	30.7	16.3	17.5	16.0
その他	4.2	5.0	0.4	7.6	4.3
参加していない	47.4	26.3	65.5	45.7	43.0

出典:内閣府「高齢者の生活と意識:第5回国際比較調査」(2001年)

(3) 高齢者の社会参加を規定する要因

　高齢者の社会参加を規定する要因については古くから検討されているが，研究上の課題が多く残されている。第一に，横断的な検討が多いため因果関係を明確にできないこと，第二に，理論的，概念的な枠組みがほとんど示されていないという問題がある。第一の問題については，例えば，親しい友人や隣人が多い人ほどグループ活動に参加しやすいということが指摘されているが，それらはグループ活動に参加した結果によるものかもしれず，横断調査では因果の順序性を特定することができない。第二の問題については，参加の関連要因は同列ではなく，個人の要因と環境・組織の要因，変容可能性のある要因とない要因などがあり，さらに，関連要因の間にも因果的なつながりが考えられるが，このような概念枠組みのないままに経験的な知見だけが蓄積されたとしても，結果を一般化することはできない。概念枠組みに基づいて参加の関連要因とプロセスを特定することは，参加を促すための介入策の検討にも役立つ。

　以上のような課題はあるが，先行研究で指摘されている関連要因を整理すると，①社会人口学的特性，②個人が保有するリソース（資源），③地域環境・組織要因，④ライフイベントに伴う役割の喪失やライフコース，に分類できる。これらの要因のうち，性や年齢などの「社会人口学的特性」や，健康，知識，ネットワークなどの「個人のリソース」については，数多く検討されている。職業からの引退や配偶者との死別などに伴う「役割の喪失」と社会参加との関係についても，活動理論や離脱理論，継続理論との関連で繰り返し検討されている。それに対して「地域環境・組織要因」については検討が少なく，制度などマクロレベルでの要因の影響についてもほとんど検討されていない。

　社会人口学的特性のうち，年齢については，高齢になるほど社会参加は減少するという結果が多い。しかし，このような減少は年齢そのものの影響というより，加齢に伴う健康や経済などのリソースの減少や年齢コホートの違いに起因するものであり，これらの影響を調整すると，中年期よりは若干減少するものの，高齢になってもグループ活動への参加状況はかなり安定しているという

報告もある[11]。

　性別と社会参加との関連についても，結果は一致していない。社会参加状況の性差を考える際に注意すべきは，活動内容の違いである。先述した内閣府「高齢者の地域社会への参加に関する意識調査」の結果をみても，町内会・自治会のような，どちらかというと目的や職務が明確な組織への参加率は男性の方が高く，趣味のグループへの参加率は女性の方が高い。つまり，社会参加のどの側面を調べるかによって，男性の方が参加しているのか女性の方が参加しているのかが異なる。このように活動状況に性差が生じる背景には，男女の社会経済状態や性役割の違い等が関係していると指摘されている[5]。さらに，同じ活動内容であっても，男女で参加の関連要因が異なる可能性もある[12]。

　個人が保有するリソースについては，健康状態，社会経済状態（学歴，職業，収入），家族（配偶者，子ども），友人・隣人等との交流頻度について主に検討されており，これらのリソースを多くもつ人ほど情報や知識，技術，自由時間が多いため，グループ活動への参加が促進されると考えられる。この仮説はおおむね支持されているが[5,9,11]，収入については関連が明確でない[12]。

　地域環境・組織要因については，活動の場が近所にあるといったアクセスの問題や交通の利便性，居住地域が都市部か農村部か，周辺環境はどのような状況か，といった要因と社会参加状況との関連が検討されているが，報告数が少ないため結論は得られていない[13]。組織側の要因については，高齢者就労については若干検討されているものの（6章-4参照），それ以外のグループ活動についての検討は少ない。政策面では，日本ではNPO法の施行や職場におけるボランティア休暇・休職制度の導入など，ボランティア活動の支援策が推進されており，ゴールドプラン21（2000～2004年の高齢者保健福祉施策5ヶ年計画）や改正介護保険法（一部を除いて2006年4月施行）においても，介護予防対策の1つとして閉じこもり予防，社会参加の促進が掲げられている。このような政策が高齢者の社会参加に与える影響についても今後検討が望まれる。

　職業からの引退や配偶者との死別などによる「役割の喪失」が社会参加状況をどのように変化させるかという問いについては，失った役割の代替として他

の活動への参加が促進されるという仮説と，役割の喪失に伴って社会参加レベルが全体的に低下するという仮説が検討されている。後者については，役割の喪失に関連して生じる生活状況の悪化，例えば引退や死別に伴う収入の減少や心身の健康状態の悪化などによって社会参加が減少すると考えられている。また，役割の喪失の影響は，フォーマルな参加よりもインフォーマルな参加，すなわち私的な対人交流に対して大きいという指摘や，女性よりも男性の方で影響が大きい可能性が指摘されているが，結論には至っていない。他方，役割の喪失の影響よりも，中年期以前からの参加状況やライフスタイル，社会経済状態やネットワークなどの個人特性の方が社会参加状況を規定するという仮説もあり，継続理論やライフコースの視点に基づいた仮説を支持する結果が得られている[3]。

（4）高齢期における社会参加の意義

社会参加と幸福感や生活満足度などの心理的ウエルビーイングとの関連は，アメリカを中心に検討されてきた[2][6]。近年では，社会参加が死亡率の低下や身体機能・認知機能の低下予防につながることも，複数の前向き研究で確認されている[4][14][15][16][17]。日本においても社会参加の効果が報告されており，全国の60歳以上の男女を追跡した結果，地域で行われているグループ活動に月1回以上参加している人では，まったく参加していない人よりも生存率の下がり方が緩やか，つまり長生きする傾向が強いことが示されている（図6-5）[15]。この調査では，グループ活動への参加は，ADL障害の予防や回復にも効果的であることが示されている[16]。ただし，社会参加が死亡や機能障害のリスクを抑える効果は，女性よりも男性で顕著であることが，国内外のデータで報告されている[14][15][16]。

性差のほかにも，社会参加の効果に違いをもたらす交絡要因が存在するものと考えられる。例えば，就労のような社会的役割への関与状況によっても，社会参加の効果が異なる可能性がある。全国の定年年齢前後（55〜64歳）の男女を対象に社会参加と自尊感情との関係を調べた結果，男性は就労の有無にか

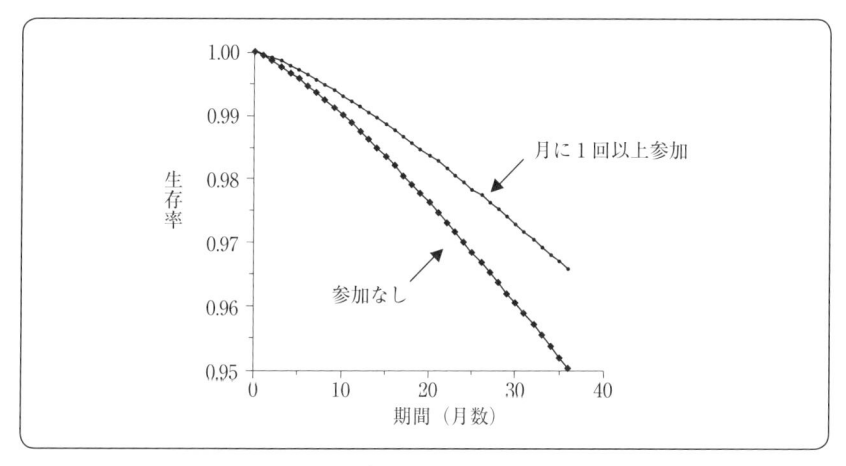

図6-5 グループ活動への参加と生存率との関係

出典：Sugiyama, H., Liang, J., & Liu, X.：Social networks, social support, and mortality among older people in Japan. Journal of Gerontology 1994；49；S3-S13.

かわりなく，ボランティア活動や趣味活動に参加している人の方が自尊感情は高かったが，女性については就労状況によって異なり，専業主婦ではボランティア活動が，就労から引退した女性では趣味活動が，それぞれ自尊感情の高さと有意な関連を示したものの，就労を継続している女性では，いずれの活動も自尊感情との有意な関連性を示さなかった[18]。すなわち，他の役割への関与状況によって社会参加のもつ意味が異なる可能性があり，特に女性において，その傾向が強い可能性が示唆されている。男性に関しては，女性よりも社会参加の効果が顕著に現れることが国内外の調査結果で示されていることから，他の役割への関与状況にかかわらず，社会参加は良好な効果をもたらす可能性が高い。

（5）今後の検討課題

社会参加の実態や規定要因，効果等を分析する際に重要なのは，各活動を集約して分析するのではなく，活動内容ごとに検討するという点である。活動内容によって効果や規定要因が異なるからである。また，参加頻度によっても効

果や規定要因が異なる可能性がある．今のところ，どの程度の参加頻度をもって社会参加と見なすかといった明確な定義づけはほとんど行われていないが，参加の有無だけでなく，参加頻度も考慮した上で効果や規定要因等を分析する必要がある．

高齢者の社会参加を規定する要因については，横断調査に基づく検討が多いので，縦断調査に基づいて，因果的な序列やライフコースを踏まえた研究の蓄積を図る必要がある．また，個人の特性との関連だけでなく，地域環境や参加組織に関する要因，あるいは高齢者の社会参加を推進する政策の影響についても検討が望まれる．さらに，経験的な知見の蓄積を統合できるよう，社会参加の規定要因を説明するのに役立つ概念枠組みの提示も望まれる．

社会参加は高齢者の健康や心理面に良好な効果をもたらす可能性が既存の研究結果より示されているが，社会参加の効果は，性や年齢，高齢者が担う社会的役割など，高齢者の状況によって異なる可能性も示唆されている．今後は，どのような高齢者において，どのような活動が効果的なのか，また，それを説明する理論的な仮説の提示へと研究を進める必要がある．

最後に，観察型の調査研究だけでなく，社会参加を促進するためのプログラムの開発や介入研究の必要性を指摘したい．日本においては高齢者の社会参加の推進は，介護予防や生きがい対策との関連で重要な政策目標として掲げられているが，有効性が実証的に確認された介入策はほとんどない．同じ活動内容であっても，性や年齢，高齢者の状況によって参加を促進・阻害する要因が異なる可能性も示唆されていることから，どのような高齢者に対して，どのような介入が効果的なのか，具体的なプログラムの開発とエビデンスの蓄積が望まれる．

◇文　献◇

1) Graney, M. J.：Social participation roles. In：Social roles and social participation, Mangan, D. J. & Peterson, W. A. (eds.), Mineapolis：University of Minesota Press, 1982, p9-42.
2) Phillips, D. L.：Social Participation and Happiness. American Journal of Sociology 1967；5；479-488.
3) Wan, T. T. H., & Odell, B. G.：Major role losses and social participation of older males. Research on Aging 1983；5；173-196.
4) Young, F. W. & Glasgow, N.：Voluntary social participation and health. Research on Aging 1998；20；339-362.
5) Bukov, A., Maas, I., & Lampert, T.：Social participation in very old age：Cross-sectional and longitudinal findings from BASE. Berlin Aging Study. Journals of Gerontology：Psychological Sciences 2002；57；510-517.
6) Graney, M. J.：Happiness and social participation in aging. Journal of Gerontology 1975；30；701-706.
7) Smits, C. H. M., Van Rijsselt, R. J. T., Jonker, C., & Deeg, D. J. H.：Social participation and cognitive functioning in older adults. International Journal of Geriatric Psychiatry 1995；10；325-331.
8) 奥山正司：高齢者の社会参加とコミュニティづくり．社会老年学　1986；24；67-82.
9) 松岡英子：高齢者の社会参加とその関連要因．老年社会科学　1992；14；15-23.
10) 西下彰俊：老化の社会学的理論：社会参加．長寿科学研究エンサイクロペディア情報開発事業報告書，長寿科学振興財団，1997，p1006-1007.
11) Cutler, S. J., & Hendricks, J.：Age differences in voluntary association memberships：Fact or artifact. Journals of Gerontology：Social Sciences 2000；55；S98-107.
12) Klumb, P. L., & Baltes, M. M.：Time use of old and very old Berliners：Productive and consumptive activities as functions of resources. Journals of Gerontology：Social Sciences 1999；54；S271-S278.

13) Krout, J. A., Cutler, S. J., & Coward, R. T.：Correlates of senior center participation：A national analysis. Gerontologist 1990；30；72-79.
14) House, J. S., Robbins, C., & Metzner, H. L.：The association of social relationships and activities with mortality：Prospective evidence from the Tecumseh Community Health Study. American Journal of Epidemiology 1982；116 (1)；123-140.
15) Sugisawa, H., Liang, J., & Liu, X.：Social networks, social support, and mortality among older people in Japan. Journal of Gerontology 1994；49；S3-13.
16) 杉澤秀博：高齢者における社会的統合と生命予後との関係．日本公衆衛生雑誌 1994；41；131-139.
17) Bassuk, S. S., Glass, T. A., & Berkman, L. F.：Social disengagement and incident cognitive decline in community-dwelling elderly persons. Annals of Internal Medicine 1999；131；165-173.
18) 杉原陽子：「生涯現役」をめぐる疑問：向高齢期における実態と意義．生涯現役の危機—平成不況下における中高年の心理（杉澤秀博，柴田博編著），ワールドプランニング，2003，p107-136.

7. 高齢者の保健・医療・福祉サービスの利用

(1) サービス利用を規定する要因

保健・医療・福祉サービスの利用を規定する要因を説明する概念モデルとして最も多用されているのは，アンダーセン (Andersen) らの行動モデルである[1][2]。アンダーセンとニューマン (Newman) は，保健・医療サービスの利用を規定する要因を，技術や規範などの「社会的要因」，医療サービスに関係する人的・物的資源や組織のあり方などの「サービスのシステム」，およびサービスの受け手となる人々の「個人的要因」に分類した。社会的要因は直接，あるいはサービスシステムを介して間接的に個人的要因に影響を及ぼし，そして個人的な要因がサービス利用を直接的に規定するという枠組みを彼らは提示している。さらに，サービス利用に影響を及ぼす個人的要因については，「素因 (predisposing characteristics)」「利用促進要因 (enabling resources)」「ニード要因 (need)」に分類され，これらの要因によって保健・医療サービスの利用が規定されるという「行動モデル」を，アンダーセンらは示している (図6-6)。

素因は，発症前，すなわちニードが発生する以前から個人がもっている特性で，年齢や性，婚姻状況などの「人口学的特性」，学歴，人種，職業などの「社会構造的特性」，健康や病気，サービスに対する態度，価値観，知識などの「信念 (ヘルスビリーフ)」に細分される。利用促進要因は，サービス利用を可能にする資源のことで，収入や保険などの「家族 (または個人) 資源」と，居住地における医療従事者数や施設数などの「地域資源」に分けられる。ニード要因は，モデルの中で最も直接的かつ中心的にサービス利用に影響する要因で，症状や全体的な健康状態の自己評価といった「主観的ニード」と，専門家によって診断された症状などの「客観的ニード」がある。

行動モデルは，当初は保健・医療サービスの利用を説明する概念モデルとして考案されたが，今日では福祉サービスの利用も含めて，幅広いサービスに適

```
┌─────────────────────────────────────────────────────────────────┐
│ 素因         →    利用促進要因   →   ニード要因    →  サ │
│ ●人口学的特性    ●家族(個人)       ●主観的            ビ │
│  ┌──────┐     ┌──────────┐   ┌──────┐        ス │
│  │年齢  │     │収入      │   │障害  │        利 │
│  │性    │     │保険      │   │症状  │        用 │
│  │婚姻状況│   │定期的な介護者の│ │全体的な健康状態│    │
│  │病歴  │     │ タイプと利用可能性│└──────┘        │
│  └──────┘     └──────────┘                     │
│ ●社会構造的特性  ●地域            ●客観的            │
│  ┌──────┐     ┌──────────┐   ┌──────┐        │
│  │学歴  │     │医療従事者や施設の│ │症状  │        │
│  │人種  │     │ 人口対比 │     │診断  │        │
│  │職業  │     │サービスの価格│  └──────┘        │
│  │世帯員数│   │居住地域  │                     │
│  │民族性│     │都市部・農村部│                    │
│  │宗教  │     └──────────┘                     │
│  │住居移動性│                                     │
│  └──────┘                                      │
│ ●信念(ヘルスビリーフ)                                │
│  ┌──────┐                                      │
│  │健康や病気に関する価値観│                         │
│  │サービスに対する態度│                            │
│  │病気についての知識│                              │
│  └──────┘                                      │
└─────────────────────────────────────────────────────────────────┘
```

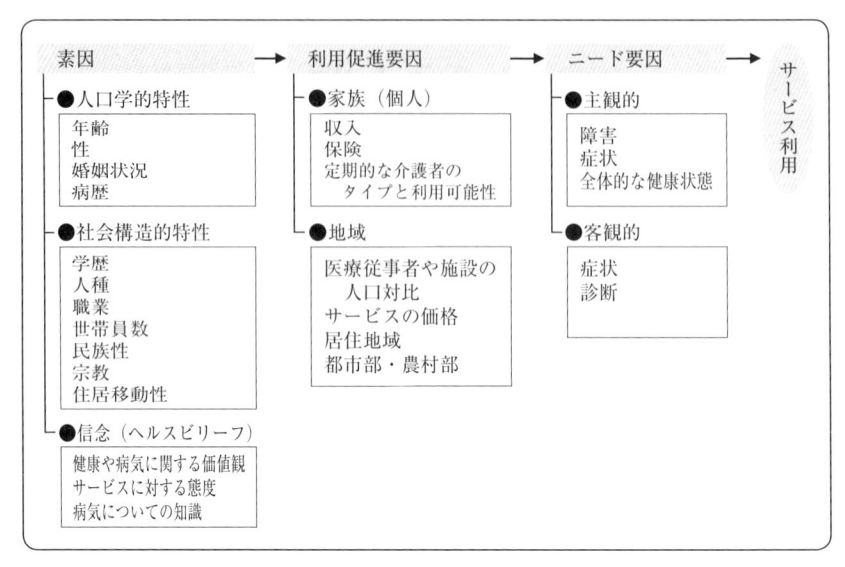

図6-6 保健・医療サービスの利用を規定する個人的要因：アンダーセンらの行動モデル

出典：Andersen, R., & Newman, J.F.：Societal and individual determinants of medical care utilization in the United States. Milbank Memorial Fund Quarterly. Health and Society 1973；51；107.
Andersen, R. M.：Revisiting the behavioral model and access to medical care：does it matter? Journal of Health and Social Behavior 1995；36；2.

用されている。しかし，サービスの種類によってモデルを構成する各要因の影響の仕方は異なる。例えば，入院のように深刻な症状に対応するサービスの利用に関しては，ニード要因の影響が最も大きい。それに対して，例えば歯科受診のように任意性が比較的高いサービスの利用に関しては，社会構造的特性やヘルスビリーフ，利用促進要因の影響が強まるものと考えられている[2]。

　高齢者の保健・医療・福祉サービスの利用を規定する要因についても，アンダーセンらの行動モデルに基づいた検討が多数行われてきた。しかし，これらの検討結果を概観すると，このモデルでは高齢者のサービス利用のごく一部しか説明することができず，それも実質的にはニード要因の影響がほとんどで，素因や利用促進要因の説明力は低いという結果が多い。そのため，概念の拡張や測度および分析方法の工夫など，さまざまな改良が提案されている。

モデルの改良の1つとして，家族や友人などによる私的支援が，行動モデルの中に位置づけられるようになった。特に高齢者においては，保健・医療・福祉サービスを利用するにあたって，家族が直接あるいは間接的に影響を及ぼす場合が多いため，私的支援を考慮する必要性は高い。アンダーセンらの行動モデルにおいても，世帯構成や配偶者の有無のような家族の構造的側面を現す指標は素因の中に位置づけられていたが，家族や友人などが提供する支援のような機能的側面については位置づけられていなかった。改良されたモデルにおいて，私的支援は一般的には利用促進（または抑制）要因として位置づけられている。

さらに，バス（Bass）とノールカー（Noelker）は，行動モデルを在宅での介護サービスの利用に適用するにあたって，高齢者だけでなく介護者の素因，利用促進要因，ニード要因も加えた拡張行動モデルを提案した[3]。介護者の素因は，もともとの行動モデルで取り上げられている人口学的特性や社会構造的特性，信念を，介護者にも適用している。利用促進要因については，高齢者と介護者で共通する場合が多く，特に高齢者と介護者が同居している場合は概ね一致している。介護者のニード要因としては，介護によって生じる負担やストレスが指標として含まれている。

分析上の工夫としては，行動モデルを構成する各要因の直接的な影響だけでなく，間接的な影響や要因間の交互作用についても検討されるようになった。それにより，例えばサービスに与える影響が少ないと考えられていた素因は，ニード要因を介して間接的にサービス利用に影響していることや，素因によってニード要因がサービス利用に及ぼす影響の強弱が異なるなど，要因間の構造的な関係性も考慮されるようになった。

（2）サービス利用と私的支援との関連

サービス利用と私的支援との関係については，いくつかの仮説が提示されている。第一の仮説は，私的支援が入手できないときに，それを代替・補完するものとしてサービスを利用するという考え方で，カンター（Cantor）の「階層

的補完モデル (hierarchical-compensatory model)」に基づいている[4]。このような傾向は高齢者世代ほど強いと考えられており，高齢者においては，一般的には最初に支援を期待する相手は親族で，親族からの支援を得ることができない場合に友人，隣人，そして最後の選択肢としてサービスが位置づけられている。すなわち，私的支援の利用可能性が高ければ，サービスの利用は抑制されることになる。

第二の仮説は，家族や隣人などの私的支援は，高齢者を適切なサービスに結びつける橋渡し役として機能するという考え方で[5]，「連結仮説 (linking hypothesis)」といわれている[6]。例えば，家族や隣人が高齢者のニーズに気づいたり，サービス提供機関と連絡を取ったり，情報を入手することによって，高齢者は適切なサービスを利用しやすくなる。この仮説に基づけば，私的支援が多い人ほどサービスの利用も促進されることになる。

第三の仮説は，必要とする支援の内容に応じて支援の提供者が選択されるという考え方で，リトウォク (Litwak) の「課題特定モデル (task-specific model)」に基づいている[7]。親族や友人，隣人，サービスは，それぞれ提供できる支援の内容が異なるので，家族が提供できる支援を他のものが代替することはできないし，逆に専門的なサービス機関でしか提供できない支援もあると考えられている。したがって，この仮説が成り立つ場合は，私的支援とサービスは目的に応じて使い分けられるため，私的支援の利用可能性はサービス利用に影響を及ぼさないことになる。

これらの仮説については，いずれか1つの仮説によって私的支援とサービス利用との関係が普遍的に説明できるというわけではなく，私的支援の提供者の種類（配偶者か，子どもか，隣人か等）やサービスの種類によって両者の関係性は異なってくる。さらに，制度や文化，サービス資源の状況などの社会的・システム的な要因によっても，私的支援とサービス利用との関係性は変化する可能性がある。したがって，私的支援の種類やサービスの種類，その他の状況要因を考慮した上で適切な仮説を考える必要がある。

(3) ストレスプロセスとサービス利用

保健・医療・福祉サービスの中でも、入所施設での介護サービスについては、アンダーセンらの行動モデルやバスとノールカーの拡張行動モデルのほかに、パーリン (Pearlin) らのストレスプロセスモデル[8]が、利用の規定要因を説明する概念モデルとして多用されている。施設入所は、介護ストレスが強くなるなど在宅での介護が継続困難になった結果生じる現象と考えることができるため、施設入所をストレスの結果として位置づけ、そこに至るプロセスを説明しようとしたストレスプロセスモデルが、概念モデルとして比較的多く適用されるのであろう。

ストレスプロセスモデルは、個人にストレスをもたらすさまざまな状況がどのようにして起こり、互いにどのように関連し合っているかに着目した概念モデルである。ストレスプロセスを介護に適用したモデルは[8]、①背景要因（人口学的特性や社会経済状態など）、②一次ストレッサー（被介護者の身体・認知的機能障害などの客観的ストレッサーと介護者のオーバーロード（過剰負荷）などの主観的ストレッサー）、③二次ストレッサー（介護と他の役割との葛藤など介護によって二次的に派生する心理・社会的問題）、④緩衝要因（社会的支援やコーピングなどストレッサーの影響を緩衝する心理・社会的資源）、⑤ストレス結果（身体的・精神的な健康問題や介護役割の継続困難）という要素で構成されている。背景要因と一次・二次ストレッサーは、直接あるいは他の要因を介して間接的にストレス結果に作用すること、緩衝要因は、一次・二次ストレッサーやストレス結果に対して直接または間接的に作用したり、ストレッサーがストレス結果に及ぼす影響を調節する、といった要因間の関係性が、このモデルの中で示されている（図6-7）。

ストレスプロセスモデルは、行動モデルにおけるニード要因を一次・二次ストレッサーとして細分し、さらに各ストレッサーに因果的な序列を設定している点が特徴的である。ストレスプロセスモデルに基づいて入所の規定要因を分析した調査結果では、被介護者の障害レベルなどの一次ストレッサーよりも介護によって二次的に派生する介護者の心理的、社会的な問題の方が、施設入所

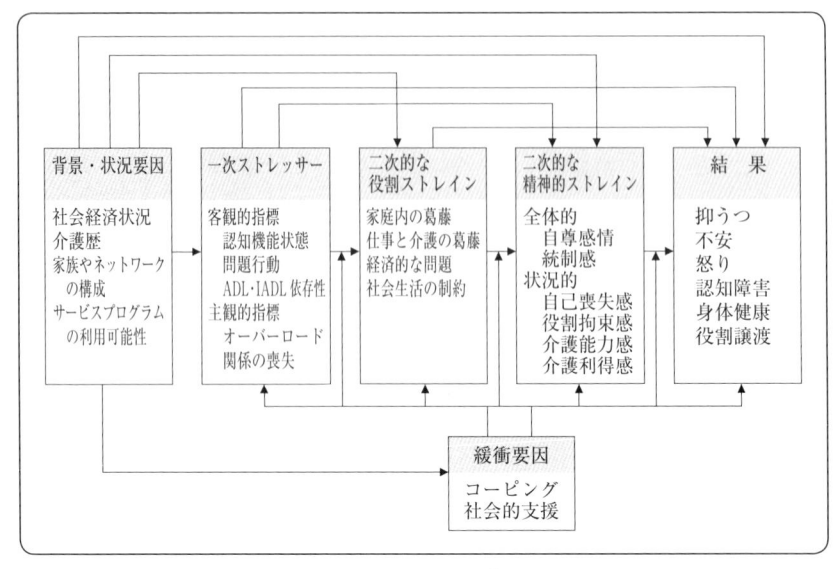

図6-7 介護者のストレスプロセスモデル

```
┌─────────────────────────────────────────────────────────────────────┐
│  背景・状況要因    一次ストレッサー    二次的な       二次的な        結　果    │
│                                    役割ストレイン   精神的ストレイン            │
│  社会経済状況      客観的指標        家庭内の葛藤    全体的         抑うつ      │
│  介護歴            認知機能状態      仕事と介護の葛藤  自尊感情      不安       │
│  家族やネットワーク  問題行動          経済的な問題    統制感        怒り       │
│  の構成            ADL・IADL依存性   社会生活の制約  状況的        認知障害    │
│  サービスプログラム  主観的指標                      自己喪失感    身体健康    │
│  の利用可能性      オーバーロード                    役割拘束感    役割譲渡    │
│                    関係の喪失                       介護能力感              │
│                                                    介護利得感              │
│                              緩衝要因                                      │
│                              コーピング                                    │
│                              社会的支援                                    │
└─────────────────────────────────────────────────────────────────────┘
```

出典：Pearlin, L. I., Mullan, J. T., Semple, S. J., & Skaff, M. M.：Caregiving and the stress process：An overview of concepts and their measures. Gerontologist 1990；30；586.

への影響が強いことが報告されている。ストレスプロセスモデルは、主に施設入所のようにストレスの結果として位置づけることが可能なサービスの利用に対して適用されるが、在宅での介護サービスであったとしても、そのサービスの利用をストレスの結果生じる現象として考えることが可能な場合は、ストレスプロセスモデルが適用されることがある。

（4）サービス利用の効果

アンダーセンらは、当初は公平なサービス利用をめざしていたため、サービスの利用状況を行動モデルの目的変数としていたが、その後は、効果的および効率的なサービス利用という観点からも考察できるよう、概念枠組みの中に「健康への結果（health outcomes）」を加えている[2]。健康への結果は、主観的健康状態、客観的健康状態、消費者満足度で構成されている。

アンダーセンらは，利用者本人の健康に対する影響をサービス利用の効果指標としているが，介護サービスに関しては，利用者本人に対する効果だけでなく，介護者に対する効果も考慮する必要がある。介護者に対するサービス利用の効果を評価する際には，ストレスプロセスモデルが適用される場合が多い。ストレスプロセスモデルの中では，サービス（主に在宅介護サービス）は社会的支援として位置づけられており，抑うつなどのストレス結果を直接的に低下させる直接効果（direct effect），一次ストレッサーや二次ストレッサーを低下させることによって間接的にストレス結果を低下させる間接効果（mediating effect），および一次ストレッサーや二次ストレッサーがストレス結果に与える影響を調節する緩衝効果（buffering effect）を有する可能性がある。

サービスの効果は，以上のような直接効果，間接効果，緩衝効果に加えて，サービス単独ではなく，私的支援と組み合わせることで双方の効果を補い高め合うという補完効果（supplementation effect），あるいは在宅介護を行いやすくする条件（居住環境など）がある場合にサービスを利用すると効果が高まるという促進効果（facilitating effect）の可能性が指摘されている[9]。また，在宅介護の渦中にあるときだけでなく，在宅介護が終了した後の生活も視野に入れて，在宅介護時に介護者が支援を受けていた場合は，被介護者との死別後に生じる問題が少なく，生活の再調整を図りやすいという遅発効果（lagged effect）の可能性も指摘されている[10]。

在宅サービスが介護者のストレス結果に及ぼす影響については，直接効果に関する検討が多い。しかし，先行研究においては，介護者の精神的ストレスや施設入所を防ぐような在宅サービスの直接効果は，ほとんど検出されていない。一般的に，在宅サービスを利用していたとしても家族による介護を基盤としており，サービスの利用量にも制限がある場合が多いため，在宅サービスの利用は介護者のストレスを直接的に軽減するほどの効果を示さないのかもしれない。このように，在宅サービスが介護者のストレスを軽減する直接効果には限界がある可能性が高いため，間接効果や緩衝効果，補完効果などの多様な側面からの効果測定が提案されている。

効果の測定方法とともに、効果の指標をどのように設定するかによっても結果は異なる。しかし、福祉サービスに関しては、効果の指標化そのものが困難な場合が少なくないと考えられている[11]。そのため、サービスの効果評価は重要であるものの、特に福祉サービスや介護サービスについては、効果や効率という次元からの評価だけでなく、一定のサービス理念などに照らした実施過程の評価（process evaluation）も重要であることが指摘されている[11]。

（5）今後の検討課題

保健・医療・福祉サービスの利用を規定する要因については、アンダーセンらの行動モデルやパーリンらのストレスプロセスモデルのように、主に個人や家族側の要因について検討が行われてきた。しかし、居住地域によってもサービスの利用状況は大きく異なることが指摘されており、サービス資源の分布や社会文化的背景がサービス利用に及ぼす影響は小さくないと考えられる。個人や家族側の要因とともに、規範や制度、サービス資源の分布などの社会文化的、あるいはサービスのシステムに関する要因の影響についても研究の蓄積を図る必要がある。

保健・医療・福祉サービスについては、必要としている人がサービスを利用できるというのは第一義的に重要であるが、サービスの効果評価、さらには効率の評価も社会的・政策的に求められている。しかしながら、効果や効率の測定方法と評価指標については、課題が多く残されている。科学的な評価方法や評価指標の開発、中長期的な効果も測定できるような研究デザイン、さらには多様化するニーズに対応する多様なサービスに即した評価指標の開発などが求められている[11]。また、サービスのニーズや利用のプロセス、アウトカムは個別性が強いことから、量的な分析のみでは限界があり、質的なデータに基づく分析も必要である[12]。

近年、日本では介護保険制度の導入など、高齢者に対するサービス供給体制の再編が進められている。このような制度改革に伴うサービス供給体制の変化が、高齢者のサービス利用や利用の効果に対して、どのような変化をもたらし

ているかについても検討が必要である。しかしながら，制度改革に伴う変化や結果を分析するのに活用できるようなデータ，すなわち制度改革前後の状況を比較できる統計データが不足しているという問題がある[12]。また，高齢者が利用しているサービスの量や給付実績について正確な情報を得るには，高齢者や家族を回答者とした調査では限界があり，自治体の業務データを利用することが必要となってくる[12]。しかし，個人情報保護の観点から，自治体の業務データの活用は困難な場合が多い。保険者との協力関係を築きつつ，高齢者や家族から得た情報と自治体が保有する業務データを結びつけたデータセットを用いた分析が，この分野の研究では望まれている。

◇文　献◇

1) Andersen, R., & Newman, J. F.：Societal and individual determinants of medical care utilization in the United States. Milbank Memorial Fund Quarterly. Health and Society 1973；51；95-124.

2) Andersen, R. M.：Revisiting the behavioral model and access to medical care：Does it matter? Journal of Health and Social Behavior 1995；36；1-10.

3) Bass, D. M., & Noelker, L. S.：The influence of family caregivers on elder's use of in-home services：An expanded conceptual framework. Journal of Health and Social Behavior 1987；28；184-196.

4) Cantor, M. H.：Neighbors and Friends：An Overlooked Resource in the Informal Support System. Research on Aging 1979；1；434-463.

5) Sussman, M. B.：The family life of old people. In：Handbook of Aging and the Social Sciences, Binstock, R., & Shanas, E. (Eds.), NY：Van Nostrand Reinhold, 1976, p218-243.

6) George, L. K.：Easing caregiver burden：The role of informal and formal supports. In：Health in aging：Sociological issues and policy directions, Ward, R. A., & Tobin, S. S (Eds.), NY：Springer, 1987, p133-158.

7) Litwak, E.：Helping the elderly：The complementary roles of informal networks and formal systems, NY：The Guilford Press, 1985.

8) Pearlin, L. I., Mullan, J. T., Semple, S. J., & Skaff, M. M.：Caregiving and the stress process：An overview of concepts and their measures. The Gerontologist 1990；30；583-594.
9) Newman, S. J., Struyk, R., Wright, P., & Rice, M.：Overwhelming odds：Caregiving and the risk of institutionalization. Journal of Gerontology 1990；45；S173-183.
10) Bass, D. M., Bowman, K., & Noelker, L. S.：The influence of caregiving and bereavement support on adjusting to an older relative's death. The Gerontologist 1991；31；32-42.
11) 冷水豊：高齢者保健福祉サービス評価研究の動向と課題．老年社会科学　2005；27；55-64.
12) 平岡公一：介護保険サービスに関する評価研究の動向と課題．老年社会科学　2005；27；65-73.

第7章 高齢社会への対応

1. 医療・保健と福祉

(1) 高齢化と保健・医療・福祉

1) 高齢化の地域格差と保健・医療・福祉

わが国の高齢化は予想を越えるスピードで進行しており,最新の推計によれば(2006年9月15日現在総務省推計),全人口に占める65歳以上の人口は2割を越えるまでに至っている。しかし,この高齢化の波は全国一律に起きているわけではない。2004年の都道府県別老年人口割合に注目してみると,47都道府県のうちその2/3に相当する33県は既に全国平均の19.5%を上回っているのである。老年人口割合がとくに高いのは,秋田26.1%,山形24.9%,岩手23.9%などの東北地方,島根26.7%,山口24.3%,鳥取23.6%,新潟23.3%などの山陰・北陸地方,高知25.3%,徳島23.9%,大分23.8%,鹿児島24.3%などの四国・九州地方であることがわかる。このような傾向は,高齢化問題の表出は過疎的地域に顕著であることを示している。一方,低い県は埼玉15.5%,神奈川16.2%,愛知16.6%,千葉16.8%,大阪17.5%,東京18.0%などの大都市部およびその近郊に集中している。このような高齢化の地域差は,市町村別に比べればさらに大きくなる。2000年の国勢調査データによれば最も高齢化が進んでいたのは山口県東和町の50.62%,最少地区は千葉県浦安市の

7.64％であった。これらのデータに見るごとく，高齢化の進展は地域差が大きく，各市町村が抱える保健・医療・福祉ニーズにも相当の地域差があることが伺える。

　高齢化の進展は，地域の保健・医療・福祉的な諸問題とどのようなかかわりにあるのだろうか。図7-1は，都道府県の老年人口割合と保健・医療・福祉指標との関連の程度を相関係数で示したものである。地域の老年人口割合と平均余命は，あまり関連していない。本来，平均余命の長い地域ほど老年人口割合が高くなっていいはずであるが，そうならないのは若年層の都市部への人口移動が地域の老年人口割合を規定しているためである。一方で，老年人口割合の高い地域はむしろ出生率が高い傾向にあり，少子化は都市部においてより顕著であることも伺える。健康上の問題で「日常生活に影響がある者の率」，医

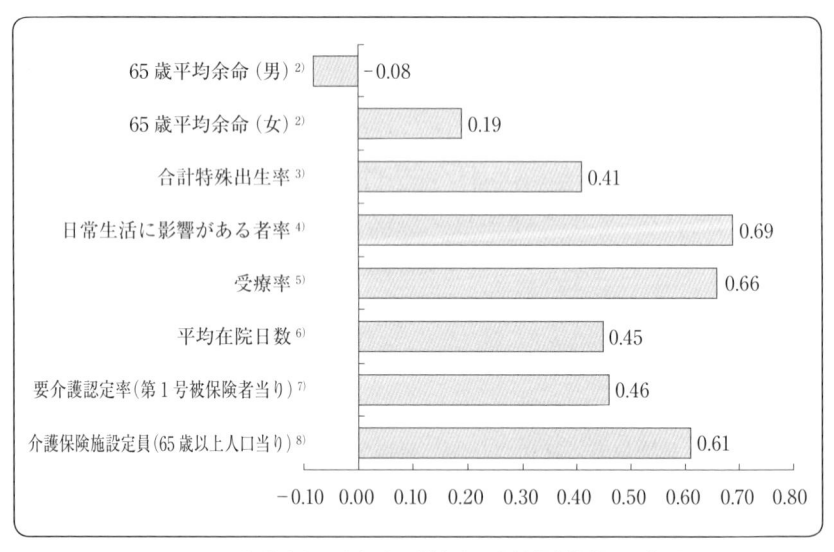

指標	相関係数
65歳平均余命(男)[2]	-0.08
65歳平均余命(女)[2]	0.19
合計特殊出生率[3]	0.41
日常生活に影響がある者率[4]	0.69
受療率[5]	0.66
平均在院日数[6]	0.45
要介護認定率(第1号被保険者当り)[7]	0.46
介護保険施設定員(65歳以上人口当り)[8]	0.61

図7-1　都道府県の老年人口割合[1]と保健福祉指標との相関

（資料：1) 総務省「平成16年10月1日現在推計人口」　2) 厚生労働省「平成12年都道府県別生命表」　3) 厚生労働省「平成15年人口動態統計」　4) 厚生労働省「平成16年国民生活基礎調査」　5) 厚生労働省「平成14年患者調査」　6) 厚生労働省「平成15年病院報告」　7) 厚生労働省「介護保険事業状況報告（平成17年6月分）」　8) 厚生労働省「介護サービス施設・事業所調査（平成16年10月1日現在)」）

療機関への「受療率」,「介護保険施設定員（病床数）」,「要介護認定率」および「平均在院日数」は，老年人口割合と高いプラスの相関を示している。これらのことは，老年人口割合の高い地域ほど抱えている保健・医療・福祉的課題も大きいことを示している。老人保健事業の実施主体や介護保険制度の保険者が市町村に委ねられていることを考えると高齢者を取り巻く保健・医療・福祉サービスを全国一律に論じることができないことは明らかである。

2) 介護保険制度の利用者の実態

介護問題は老後の最大の不安要因であり，ここに高齢者の保健・医療・福祉的課題が集約されているといっても過言ではない。このような状況の中で，老後の介護に対する不安を解消し，要介護者の自立支援や介護者の負担軽減を図ることなどをねらいとして，2000年度から介護保険制度が施行されるにいたった。同制度創設の背景には，後期高齢者人口の増加に加えて，女性の社会進出や核家族化の進展および介護する家族の高齢化など家族介護力の脆弱化もあげられている。ここでは介護保険制度の利用者すなわち，要介護認定者に視点をあてて，その実態を整理してみることにしよう。

a. 要介護認定者の推移　介護保険事業状況報告によれば，要介護認定者は介護保険がスタートした2000年4月末に2,182千人であったが，その後2004年9月末には4,024千人と1,842千人(1.8倍)も増加している。とくに，軽度の支援を必要とする「要支援」「要介護1」レベルの要介護者の増加は著しく，2000年に比べて2004年にはそれぞれ2.2倍，2.4倍となっている。

b. 介護が必要となった原因　どのような原因が要介護状態をもたらしたのであろうか。図7-2は，国民生活基礎調査による「介護が必要となった原因」を示している。最も多いのは，脳血管疾患(25.7%)であり，次に衰弱(16.3%)，転倒・骨折(10.8%)と続く。これをさらに，要介護度別にみると増加の著しい「要支援」「要介護1」レベルでは，高齢による衰弱がそれぞれ，21.1%，19.2%と第1位を占め，脳血管疾患は14.0%，17.8%にとどまる。高齢による衰弱の他に転倒・骨折および関節疾患を併せると「要支援」「要介護1」者の約半数に及ぶことが報告されている[1]。衰弱，転倒・骨折などは「廃用症

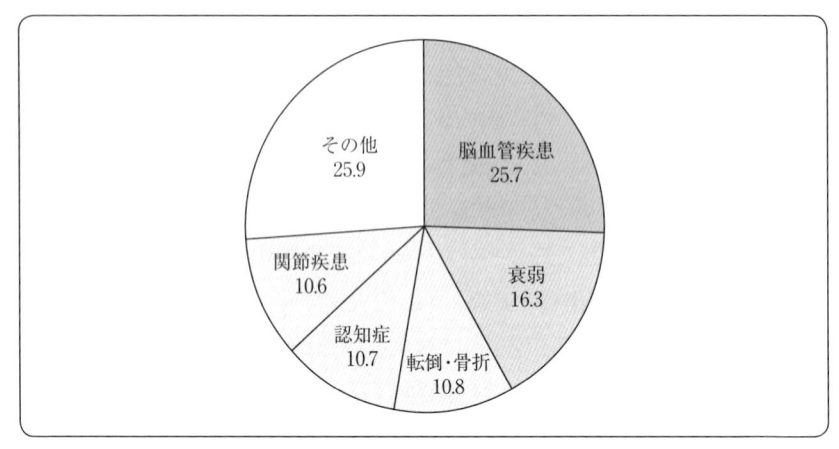

図7-2 介護が必要となった原因
出典：厚生労働省「国民生活基礎調査」2004年

候群」に関連して起こる全身の心身機能の低下を意味している。これらのことから，2006年度からスタートした介護予防事業では従来の生活習慣病対策だけでは予防効果をあげることができないことから，生活の不活発状態から生じる廃用症候群対策に重点がおかれることとなった。

c. 要介護者の性・年齢階級別分布　2004年国民生活基礎調査によれば，要介護者を性別に見ると，男性32.7％，女性67.3％で女性が圧倒的に多いことがわかる。また，年齢別にみると要介護者の割合は年齢とともに増えるが，とくに後期高齢者層で顕著で75〜79歳（18.0％），80〜84歳（24.6％），85歳以上（34.4％）となり，これらを併せると全体の77％にも及んでいる。また，要介護認定者の後期高齢者層への偏りは男性（67.5％）に比べて女性（81.5％）に顕著であることがうかがえる。

（2）介護予防の展開

1) 経緯と新たな枠組み

「介護予防」の用語が登場したのは，つい最近のことである。それ以前は，脳血管疾患の後遺症としての「寝たきり」予防として対策が講じられていた経

緯がある。1990年度からスタートした「高齢者保健福祉推進十ヵ年戦略（ゴールドプラン）」の中で，その主要な柱の1つとして「寝たきり老人ゼロ作戦」として位置づけられていたものである。その後，予想を上回る高齢化が進展する中で，2000年に介護保険制度が施行されることとなったが，それを契機として「要介護認定者」の増加とそれに伴う「介護予防」への関心が高まってきたといえる。

　介護予防とは，「寝たきりなどの要介護状態に陥ったり，要介護状態がさらに悪化することがないようにすること」であるが，そのための国の戦略として介護予防・地域支えあい（生活支援）事業として介護予防が取り組まれてきた。しかし，高齢化の進行の影響が大きく要介護者の急増を緩和するにはいたらず，2006年度から新たな介護予防戦略が展開されることとなった。図7-3にその概念枠組みを示す。新たな介護予防の枠組みは，介護保険で「要支援1」または「要支援2」と判定された者を対象として行われる「新予防給付」と要介護

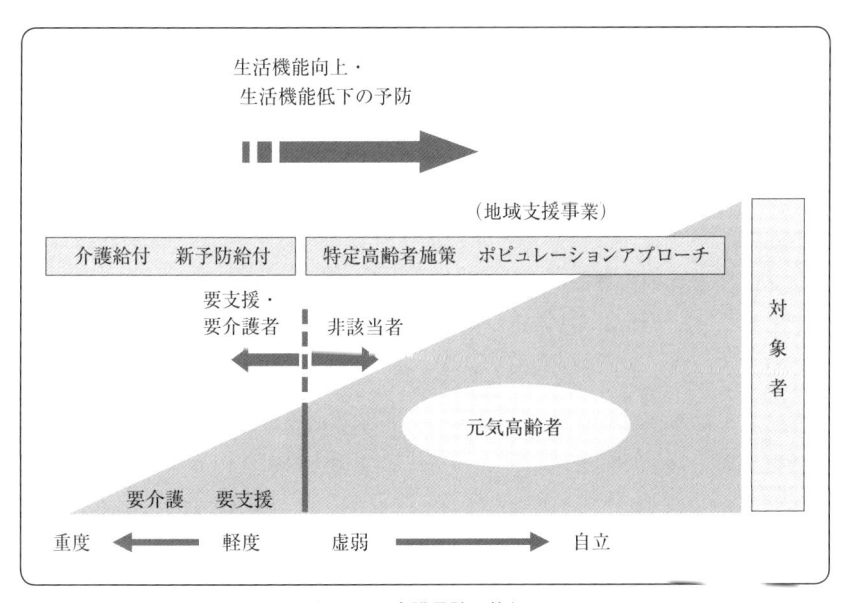

図7-3　介護予防の枠組み

出典：三浦公嗣，公衆衛生，69巻 p624　2005年に掲載の図を著者改変

認定における非該当者等の虚弱高齢者を含む「地域支援事業」とから成る。地域支援事業における虚弱高齢者施策を「特定高齢者施策」と呼び「新予防給付」とともに新たな介護予防の主要な柱として位置づけている。しかし，これらのハイリスク者対策だけでは介護予防は十分とはいえない。いわゆる「元気高齢者」を対象とする積極的な健康・生きがいづくり対策としてのポピュレーションアプローチにも力点が置かれるべきである。すなわち，ポピュレーションアプローチとしての一次予防，特定高齢者施策としての二次予防そして，要支援者施策としての三次予防から構成される包括的な介護予防システムの展開が求められている。

既に述べたように，「要支援者」となった最大の理由は，衰弱や転倒・骨折などの老化に伴う生活機能の低下に起因するものであった。これまでも老人保健事業の中心課題として取り組まれてきた脳血管疾患予防に加えて，虚弱高齢者，元気高齢者を含めた生活機能の維持・向上のための施策をいかに展開するかが介護予防プログラムに最も期待されていることである。

2) 高齢者の生活機能

活動能力は，人間の成長にともない「身体的自立（ADL）」→「手段的自立（IADL）」→「状況対応」→「社会的役割」へと発展・拡大するとされている。一方で，老化にともなう活動能力の低下は，「社会的役割」→「状況対応」→「手段的自立」→「身体的自立」の順に推移すると考えられている（ロートン：Lawton）[2]。身体的自立の低下はすなわち要支援，要介護状態への移行を意味している。より人間的で積極的な意味での生活空間の拡大は「手段的自立」以上の高次の活動能力に期待されている。即ち，「手段的自立」は，在宅で一人でも生活を維持し得る能力，「状況対応」は余暇活動や探究心・好奇心などの知的な活動能力，「社会的役割」は人々との親密な付き合いや他への支援などの能力を表している。このような自立した生活を送るのに必要な活動能力の全般は生活に必要な機能という意味で「生活機能」とも呼ばれている。これらの高次の活動能力を含む生活機能の維持・改善策を展開することこそ積極的な意味での介護予防策と考えることができる。

生活機能の評価尺度としては，老研式活動能力指標[3]が知られている(表7-1)。これは，前述した，ロートンのモデルを理論枠組みとして開発されたものであり，13項目（13点満点）で構成されている。地域の在宅高齢者を対象とした疫学研究[4]において，生活機能低下の予知因子として「健康度自己評価（低い）」，「心臓病や脳卒中の既往（あり）」，「体力レベル（低い）」，「喫煙習慣（あり）」，「たんぱく質の摂取（少ない）」，「友人とのつきあい（少ない）」などが指摘されている。従ってこれらの生活機能低下の要因に着目した地域高齢者への介護予防プログラムの展開が求められているといえよう。しかしながら，生活機能の低下予防を目的とした実証的研究は緒についたばかりであり，科学的根拠に基づいた介護予防プログラムの展開は今後の課題でもある。

表7-1　老研式活動能力指標

（手段的自立）
1. バスや電車を使って一人で外出できますか ・・・・・・ 1. はい　0. いいえ
2. 日用品の買い物ができますか ・・・・・・・・・・・ 1. はい　0. いいえ
3. 自分で食事の用意ができますか ・・・・・・・・・・ 1. はい　0. いいえ
4. 請求書の支払いができますか ・・・・・・・・・・・ 1. はい　0. いいえ
5. 銀行預金，郵便貯金の出し入れが自分でできますか ・・ 1. はい　0. いいえ

（知的能動性）
6. 年金などの書類が書けますか ・・・・・・・・・・・ 1. はい　0. いいえ
7. 新聞を読んでいますか ・・・・・・・・・・・・・・ 1. はい　0. いいえ
8. 本や，雑誌を読んでいますか ・・・・・・・・・・・ 1. はい　0. いいえ
9. 健康についての記事や番組に関心がありますか ・・・・ 1. はい　0. いいえ

（社会的役割）
10. 友達の家を訪ねることがありますか ・・・・・・・・ 1. はい　0. いいえ
11. 家族や友達の相談にのることがありますか ・・・・・ 1. はい　0. いいえ
12. 病人を見舞うことができますか ・・・・・・・・・・ 1. はい　0. いいえ
13. 若い人に自分から話しかけることがありますか ・・・ 1. はい　0. いいえ

出典：古谷野亘他：日本公衆衛生雑誌　1987；34：109-114

3）介護予防事業の実態と評価

　介護予防・地域支えあい事業としてこれまで市町村が取り組んできたメニューは介護予防教室などの直接的な事業から生活習慣病予防のための運動指導事業，配食サービスなどの「食」の自立支援事業，さらには外出支援サービスや住宅改修まで多様である。その中でも狭義の介護予防事業に限局して全国の市町村における実施状況[5]を概観すると，実施率の高かった事業は，「生きがい活動支援通所事業」(87.6%)，「食の自立支援事業」(71.0%)，「転倒・骨折予防教室」(70.7%) であったが，事業の評価まで行っている自治体は極めて少なかった。評価している自治体は，「生きがい活動支援通所事業」で24.5%,「食の自立支援事業」で21.6%,「転倒・骨折予防教室」で41.9%に過ぎなかった。評価していない理由として「具体的な評価方法が分からない」とする自治体が6割にも及んでいた。科学的根拠（evidence）に基づいた保健福祉サービスの展開が求められている昨今，この実態はやや寂しい。

　介護予防に有効なプログラムの開発や評価の仕方までを含む事業実施のためのマニュアルの整備の遅れが，現場での介護予防事業を実施するうえでの戸惑いの原因になっているとも考えられる。

4）一次予防，二次予防としての介護予防活動

a．**地域介入型プログラムの基本**　　地域での効果的な介護予防事業の実践が求められているが，その進め方についてはしばらく試行錯誤の状態が続くと予想される。行政担当者と研究者の協働による模範となるべき効果的プログラムの開発が急務であるが，筆者は，以下の3点を活動の基本として提案したい。

○地域全体を視野に入れた介入プログラム

　従来型の介護予防事業は，多くの場合，中央開催型（通所）で，一部の希望者を募っての「運動教室」や「転倒予防教室」等のような教室型のプログラムがほとんどである。しかも，3～6ヶ月程度の期間限定であり，その後の活動の継続までを支援するものではなかった。特に，介護予防の直接の対象となりうる体力が低下傾向にある高齢者にとって中央開催型の教室には移動手段確保

の問題もあり参加しづらい。高齢者全体を視野に入れた生活圏に根ざした介入プログラム（Community Based Intervention Programme）の展開が必要である。例えば，活動の拠点を地区集会所などとすることによって，遠方までは出かけられない閉じこもり傾向の高齢者でも参加しやすくする，などである。

○参加型行動研究を取り入れた活動

効果的な活動を展開するためには経過評価や効果評価は避けられない。また，地域に根ざした活動であるためには，行政や大学などからの一方向的な指導に基づく活動は好ましくない。プログラムの基本に参加型行動研究の手法を取り入れるべきである。この手法は，市民，研究者，行政が協働して取り組むことを基本としており，問題分析的視点よりも，現実の問題解決を重視した活動である。また，研究・活動のプロセスで生じる問題を速やかに解決するためのフィードバックの視点を大切にしている。このような活動は，参加者個々の自己創造や自己変革能力の開発をも意図している[6]。

○高齢ボランティアを中核とする活動

介入プログラムの中心的な役割を担うのは，研究者や行政の担当者ではなく，地域の高齢自身であることが望ましい。とくに近年は，元気高齢者のボランティア活動への関心も高まっており，元気高齢者がボランティアとして介入プログラムに主体的に参加することが大いに期待されている。

b. 地域介入型プログラムの効果　　前述の地域介入型プログラムの基本にのっとって行われた宮城県S町の転倒予防活動[7]は，地域の後期高齢者を対象とし，高齢ボランティアによる地区集会所単位での定期的な運動指導を中心とするものであった。行政の担当者や研究者の役割は，毎月定期的に開催される高齢ボランティアとの定例会に参加し，活動継続のための支援を行うことである。図7-4に示す効果が確認されている。転倒予防プログラムは町の半分の地区に対して2000年から開始され，残り半分の地区は1年遅れて2001年から開始された。最初にスタートした地区は，1年目から転倒率の改善がみられた。一方，遅れてスタートした地区は，最初の1年間はむしろ転倒者は増加傾向にあったが，介入を開始した2年目には顕著な改善が

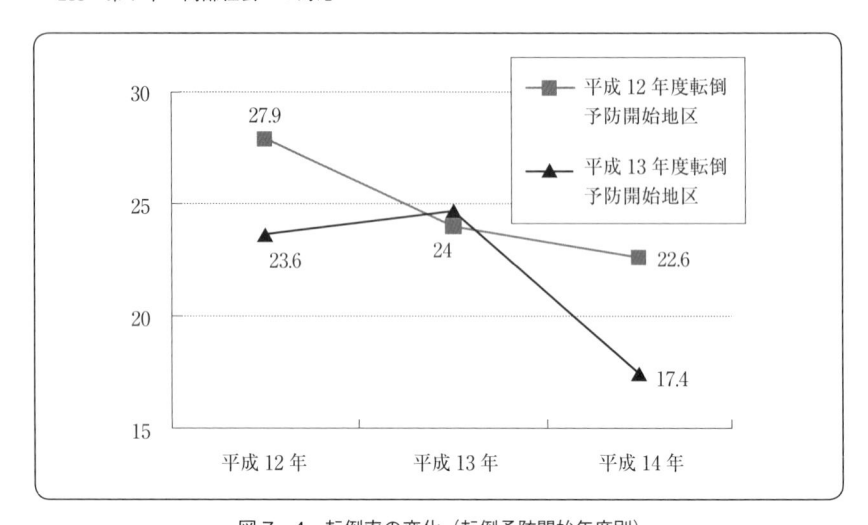

図7-4 転倒率の変化(転倒予防開始年度別)
出典:芳賀博,リハビリテーションスポーツ 2006;25:18-23

示されている。これらのことは、地域ぐるみの転倒予防活動が高齢者の転倒の危険性を軽減する上で有効であろうことを示唆している。

これは農村部での介入プログラムの1例であるが、このような実証的なプログラムに基づく体系化されたマニュアルの開発が今後求められている。

(3) 高齢者の社会参加と地域福祉活動

1) 高齢者の社会参加と役割

社会参加や社会活動が高齢者の健康や生きがいあるいは生活の質の維持・向上に大きく貢献することはよく知られている。「社会参加とは社会的役割の遂行」であると言い換えることもできるが、この社会的役割は「高齢者の生活機能」の項で述べたように人間にとって最も高次の活動能力でもある。したがって高齢になっても役割を持ち社会との交流を保ちつづけることは、正に高齢者の健康や生きがいの源泉でもあるといえよう。

一方で老年期は、壮年期までに獲得したさまざまな役割の喪失期でもある。「定年退職」に代表されるように社会的役割の喪失は多くの場合、本人の意志

というよりも社会の仕組みがそのようにさせているのである。まわり（他者）からの役割期待があってこそ役割の遂行や継続は可能なのである。したがって，高齢者の社会参加を促進するには高齢者に担ってもらいたい，あるいは，高齢になっても担える役割期待を数多く準備することであり，そのような地域づくりを進めることである。本人が望めば地域の中で何らかの役割が担えたり，ボランティア活動や趣味・学習活動などに参加できるような支援体制づくりに力点が置かれるべきである。そのためには老化と高齢者に対する人びとの誤った理解（エイジズム：ageism）を変えるとともに，地域の人びとに役割を持つことの重要性を認識してもらう必要がある。

また，一般に「役割」といえば元気高齢者を対象として論じられることが多いが，虚弱な高齢者でも「留守番・電話番」「簡単な掃除」などの家庭内役割はその半数以上が担っているとの報告もある。家族や周囲の人が高齢者の体力や趣向に合わせた役割期待をすることで，その人らしい役割が持てるようになると考えられる。

2）地域福祉活動とボランティア

在宅高齢者の8割あるいはそれ以上が自立したいわゆる"元気高齢者"であることはよく知られている。「国民生活選好度調査」(内閣府：2000年)によれば，とくに60歳代前半の層については7割強がボランティア活動に参加してみたいとしており，高齢者のボランティア活動への参加意欲は高い。また，最近では高齢者による福祉関連の活動すなわち，地域福祉活動への関心も高まっている。活動内容としては，例えば，高齢者等の話し相手，外出の手伝い（移送サービス），配食サービス，子育て支援，レクリエーション活動の支援などである。さらには，地域の介護予防活動の支援者としての役割も大いに期待されている。

ボランティア活動は，老年学におけるソーシャルサポート概念の中では提供サポートに位置づけられものである。ソーシャルサポートと健康とに関する研究では，受領サポートより提供サポートのほうが高齢者自身の健康度の維持・向上には有効であるとされている。先に紹介した宮城県S町では，在宅高齢者を対象として高齢ボランティアリーダーによる運動指導を中心とした転倒予

第7章 高齢社会への対応

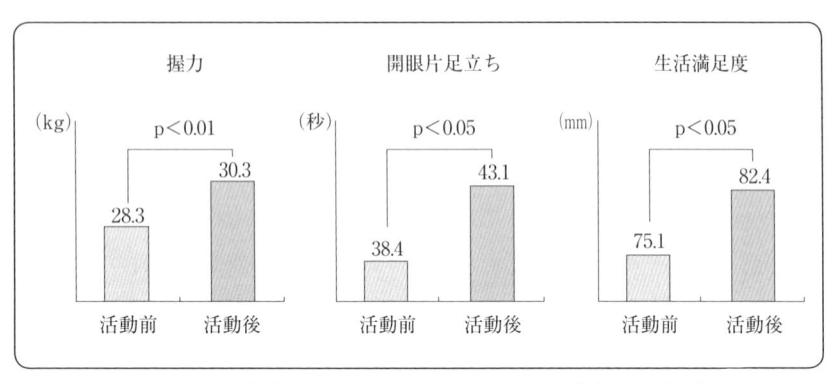

	握力	開眼片足立ち	生活満足度
活動前	28.3 (kg)	38.4 (秒)	75.1 (mm)
活動後	30.3	43.1	82.4
	p<0.01	p<0.05	p<0.05

図7-5　運動指導ボランティア活動がボランティア自身に及ぼす影響
（8〜9ヶ月の追跡調査，N=56，宮城県S町）
出典：芳賀博，健康長寿と運動，長寿科学振興財団，p123, 2006年

防活動を展開しているが[7]，このようなボランティア活動に参加することで，ボランティア自身の握力や開眼片足立ち時間，生活満足度等の改善が確認されている（図7-5）。ここでの高齢ボランティアリーダーの役割は，地区集会所での体操・レクリエーション指導を始め，転倒予防に関する知識の普及，転倒予防教室への参加呼びかけ等多岐にわたるが，このような役割を担うことによる身体活動量の増加が自らの体力だけでなく生活への満足感の維持，向上にも有用であることが示唆されたといえよう。

◇文　献◇

1) 三浦公嗣：介護予防と老人保健事業の見直し．公衆衛生 2005；69（8）；620-625.
2) Lawton MP：Assessing the competence of older people. In Kent DP et al.(eds)；Research planning and action for the elderly：Power and potential of social science, Behavioral Publications, 1972, p122-143.
3) 古谷野亘，柴田博，中里克治ほか：地域老人における活動能力の測定—老研式活動能力指標の開発—．日本公衆衛生雑誌 1987；34；109-114.
4) 芳賀　博：地域高齢者における生活機能の特性とその規定要因．長期プロジェクト研究報告書　中年からの老化予防に関する医学的研究，東京都老人総合研究所，

2000, p86-93.
5) 安村誠司：介護予防事業の有効性の評価とガイドラインの作成．厚生労働科学費補助金　長寿科学総合研究事業平成15年度報告書，2004，p39-57.
6) 保健・医療・福祉連携システムに関する調査研究報告書：島根医科大学環境保健医学教室，1995，p1-2.
7) 芳賀　博：大学・自治体・地域住民の連携による介護予防事業の可能性．リハビリテーションスポーツ 2006；25：18-23.

2. 老年学の教育

(1) はじめに

第1章に述べたように老年学はきわめて学際的な学問である。老年学の一部ではなく、その全体の学校教育や社会教育を問題とするとき、アメリカの圧倒的優位性を認識せざるを得ない[1]。各国の状況を通り一遍に観察するのではなく、アメリカの歴史と現状を十分観察してわが国の方向を考えることが大切である。

老年学の教育の歴史は老年学の研究の歴史と密接に関連している。研究の成果が公表されること自体1つの社会教育的な意義をもつ。しかし、教育全体にとって、それはきわめて限定された意義である。アメリカの歴史をみると、研究の成果を社会に還元していくための仕組みづくりに意識的な努力が感じられるのである。

(2) アメリカ

周知のとおり、1974年、アメリカに高等教育老年学会 (Association for Gerontology in Higher Education、以下 AGHE) が設立され、老年学教育を系統的かつ組織的に行う仕組みをつくった。ここでは、AGHE の設立されるまでの歴史とそれ以後の歴史に分けて解説したい。ただし、この時代区分はあくまで便宜的なものであり、AGHE の設立により特に大きなコンセプトの転換があったことを意味するわけではない。

1) AGHE (1974年) 前史

わが国がまだ敗戦の痛手から回復しえないで喘いでいた1950年代、アメリカではもう老年学の取り組みが始まっている。1955年に Inter-University, Training Program in Gerontology (本部 Michigan 大学) という組織が結成された。その組織の調査によると、老年学を正式の単位取得科目として開講してい

る大学は 50 校に達している。また老年学の研究を行っている大学は 70 校にのぼっている。とくに，この当時に老年学の研究・教育をスタートさせた Michigan 大学 (1950 年スタート)，Duke 大学 (1955 年スタート)，Chicago 大学 (1957 年スタート)，Southern California 大学 (1964 年スタート) 等は今日でも老年学の研究・教育で指導的な地位を保っている[2]。

1965 年に制定された Older Americans Act (高齢アメリカ人法) により老年学の教育は本格化した。それまでは，単発的なコースワークが各大学に存在したに過ぎないが，この法律の制定後学際的なプログラムがスタートした。1967 年 North Texas State 大学，その翌年 South Florida 大学に修士課程がスタートしたのである。この法律により設立された高齢化行政局 (the Administration on Aging, AOA) は約 8,000 万ドルを 185 の単科大学，コミュニティ大学 (地域住民に短期大学程度の職業技術を与える機関) および総合大学に分配し，老年学教育に 1,500 万ドルを費やした[3]。

Gerontology (ジェロントロジー，老年学) の研究としてのスタートは，1937 年に結成された加齢研究クラブ (Club for Research of Aging) に始まるといわれている。この団体の目的は，生物学，臨床医学，心理学の領域の専門家が一堂に会し，高齢期の研究のみでなく，広く加齢 (aging) のプロセスを踏まえ，人間を総合的に捉えようとするものであった。1945 年，アメリカ老年学会 (Gerontological Society of America, GSA) が設立された。アメリカでは，老年医学会のみは別個であるが，他の老年学領域の研究発表はこの GSA の年次総会で行われている。後で述べるように，わが国の場合は，個別の老年学関連学会の連合体の傘組織として日本老年学会が存在している。その是非は別として，アメリカの場合は，最初から存在した学際的なクラブの発展形として学会 (GSA) が存在するという点に大きな特徴がある。

2) AGHE (1974 年) 設立以後

1974 年に設立された AGHE は 3 つの大きな目標を掲げている。第 1 に研究，教育，サービスプログラムを助長すること，さらに，加齢にかかわる高等教育の諸機関の力量を向上させること，そして，それら機関の資源力をより広域な

表7-2 アメリカの老年学博士課程のある大学

University of Kansas	University of Massachusetts Boston
University of Kentucky	University of Southern California
University of Maryland Baltimore	University of South Florida

地域や社会に還元するために支援するということである[4]。狭いアカデミズムの中に老年学教育を閉じ込めるのではなく，社会に広めていくことが企図されている。事実，AGHEの年次総会では，学校教育のみでなく，生涯学習教育の問題も扱われている。

AGHEに参加している，単科大学，総合大学，コミュニティカレッジは300を超えており，アメリカおよび海外の会員は3000名を超えている。ここに参加している大学のうち，学部レベルで老年学の学位を取ることのできるのは30くらい，修士号は40近くの大学で取得できる。博士号は表7-2にあげた6つの大学で取得できる。AGHEは，1999年，アメリカ老年学会（GSA）に加盟した。教育と研究を有機的に結合しようという狙いであろう。しかし，実際には，GSAとAGHEの年次総会は別な日時，別な場所で開催されており，真の有機的交流は達成されていない印象を受ける。

興味深いことに，AGHEが設立された1974年は，アメリカの国立老化研究所（National Institute on Aging, NIA）が設立され，初代所長として有名なButler博士が就任した年でもある。アメリカの教育と研究の歩みのバランス感覚を見習う必要があろう。

（3）わが国の老年学教育

1）日本の老年学教育の特徴

わが国の老年学教育の特徴は老年医学の教育が優先されたことである。1964年東京大学に開設された老年医学の講座を皮切りに，現在，全国80の医科大

表7-3　日本老年学会 (設立年月日 1959.11.7)

	会員数	設立年月日	日本老年学会への加入日
日本老年医学会	6,400	1959.11.07	1959.11.07
日本老年社会科学会	1,403	1959.11.07	1959.11.07
日本基礎老化学会	521	1981.05.15 (1977.02.02)	1981.10.16
日本老年歯科医学会	1,859	1990.09.29 (1986.09.13)	1991.11.03
日本老年精神医学会	2,451	1986.06.01	1999.06.17
日本ケアマネジメント学会	1,261	2001.07.14	2003.06.19

(　) は私的研究会としてスタートした年月日を示す．会員数は2003年10月現在

学（あるいは医学部）のうち23に老年医学の講座に近いものが確立している．学際的老年学のコースをこれほど拡充してきたアメリカが，老年医学に関してはわずか3つの部門（department）しかつくらなかったことと好対照をなしている．日本の老年学教育は，日本老年学会に参加している6つの学会（表7-3），あるいはここに参加していないが，日本看護学会や日本福祉学会などを通じ行われてきた．病者，障害者，経済的弱者に関する研究や手立てのための老年学教育が中心となってきたことは否めない．

表7-3に示す6学会のうち，唯一，人間の正常老化や生涯発達を扱いうる学会は日本老年社会科学会のみであるが，第1章で述べたように，この学会についた科学の名前が仇となり，人文学（歴史学，哲学，宗教学など）の展開を阻んでしまった[5]．

1972年，アメリカの国立老化研究所（NIA）に2年先立ってスタッフ200名から成る東京都老人総合研究所が設立され，アメリカのNIAとの交流を行ってきている．そして，2004年，国立長寿医学センターがナショナルセンターとして設立された．それに先立つ1989年には国の老年学研究助成のための長寿科学振興財団が設立されている．アメリカの歩みと比較してみると，研究に

対するサポートと比較し，教育に対する行政的サポートがいかに立ち遅れているかを痛感させられる。アメリカの場合，1965年のOlder Americans Actは教育に重点を置いており，国立老化研究所（NIA）の設立に10年近く先行しているのである。

2) 日本における学際的老年学の教育

わが国に，アメリカ型の学際的老年学の修士課程が初めて桜美林大学に確立したのは2002年のことであり，アメリカに40年近い遅れを取ったことになる。図7-6にそのカリキュラムの構造を示しておく。2004年に老年学の博士課程も桜美林大学に開設された。しかし，その後，志願者の増加傾向がみられるにもかかわらず，桜美林大学以外の大学の老年学専攻課程が認められない。アメリカより文部科学省の認可の基準が厳しいこと，老年学教育の専門家の人材不足，大学の財政事情など困難な要因は山積している。ユタ大学方式というべきいくつかの大学の連携による連合大学院の構想も視野に入れるべきであろう。

社会的にはますます老年学教育のニーズが高まっている。それは学校教育に限らず，社会教育の場にも老年学教育が求められている。産・官・学・民の連携の場を用意するため，日本応用老年学会（2006年10月28日）も設立された[6]。

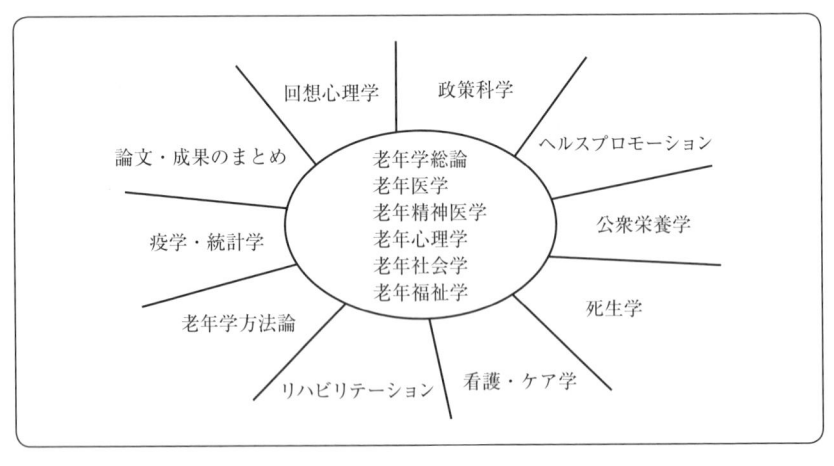

図7-6 桜美林大学老年学修士課程のカリキュラム

老年学のコンセプトとスキルを社会化するために大きな役割を果たしていくであろう。いずれにせよ，国レベルでも省庁の壁を超えて老年学教育を拡充するための手立てを確立する必要がある。

◇文　献◇

1) 柴田　博・前田大作・井口明久・佐々木英忠（司会）：（座談会）老年学の現状と展望―研究・教育の国際比較，Gerontology. New Horizon 1999；11：8-18
2) 前田大作：アメリカのシステム―社会老年学の領域に焦点をおいて―，Gerontology. New Horizon 1999；11：25-30
3) 高橋　亮・柴田　博：アメリカ合衆国の老年学教育，老年社会科学　1999；21：358-371
4) AGHEのホームページ URL：http://www.aghe.org/
5) 柴田　博：社会老年学のあり方，老年社会科学　2004；26：351-358
6) 日本応用老年学会のホームページ URL：http://www.sag-j.org/

索　引

【欧文】

ADL	284
AGHE	292, 293
BADL	70, 84
BMI	114
DALE	84
DALY	84
gerontology	1, 293
GSA	294
HALE	84
HDL コレステロール	114, 116
IADL	72, 284
MCI	156
NPO	245
NPO 法	245
QOL	108, 132
QOL 概念	136
QOL 構成要素	137
QOL 測定指標	135
QOL 点	109
QOL プロモーション	110
WHO	69, 81, 108, 109
WHO 憲章前文	133
WHOQOL	135

【あ】

悪性新生物	91
アクティブ80ヘルスプラン	110
アッチェリー	46
アメリカ老年学会	294
アルツハイマー型認知症	101
アルツハイマー病	156

【い】

医学的リハビリテーション	124
生きがい	177
生きがい研究	178
生きがい論	178
医原性疾患	96
意識障害	104
医師法	126
一次ストレッサー	273
遺伝要因	36

【う】

ウェクスラー	156
ウエルビーイング	208, 214, 251
ウエルビーイングプロモーション	110
うつ病	102
運動	112

【え】

エイジズム	202, 289, 239, 240
栄養	112
栄養改善	120
栄養改善プログラム	114
エラー蓄積説	35
エリクソン	172

【お】

横断研究	9
横断研究法	7
親孝行規範	221
親子関係	221

【か】

カーン	57
介護負担感	187
介護保険施設定員	281
介護保険法	126
介護予防	282
介護予防活動	286
介護予防事業	286
回想	194
階層	204
階層的補完モデル	271
回想法	197
学際的老年学	296
家族形態	218
家族資源	269
家族制度	220
活動理論	46, 55, 225
家庭内役割	230
カミング	56
加齢	1, 2, 33, 141, 214
加齢効果	13
加齢変化	11, 12, 38
感音性難聴	145
環境要因	36, 247
感情	176
感情規制	212, 213
緩衝効果	275
緩衝要因	273
感染症	95
カンター	271

索　引　299

【き・く】

記憶障害 ……………… 90,100,101
義肢装具士法 ………………… 126
基礎調査 ……………………… 8,9
基本的日常生活動作
　　　　　　　　　　　　 70,84
客観的ニード ………………… 269
嗅覚 …………………… 146,150
キューブラー・ロス ………… 63
近代化理論 …………………… 49
勤務時間 ……………………… 234
グループ活動 ………………… 262

【け】

ケア
　………… 121,123,125,126,127
ケアワーカー ………………… 190
継続性理論 ………………… 47,56
継続理論 ……………………… 264
軽度認知障害 ………………… 156
血液疾患 ……………………… 96
結婚満足度 …………… 219,220
血色素量 ……………………… 116
結晶性能力 …………………… 17
血清アルブミン ……… 114,116
血清脂質構成 ………………… 114
血清総コレステロール
　　　　　　　　　　 114,116
限界寿命 …………………… 16,79
幻覚妄想状態 ………………… 105
健康座標 ……………………… 108
健康寿命 …………… 65,79,84
健康長寿 ……………………… 112
健康調整平均余命 …………… 84
健康二次元論 ………………… 108
健康日本21 …………………… 107
健康余命 …………………… 84,86
言語聴覚士法 ………………… 126
見当識障害 ………………… 100,101

【こ】

光覚 …………………………… 144
口腔機能向上 ………………… 120
合計特殊出生率 …………… 24,25
高血圧症 ……………………… 92
高脂血症 ……………………… 93
公的年金 ……………………… 230
行動モデル …………………… 269
幸福感 ………………………… 264
高齢化社会 …………………… 20
高齢化率 ……………………… 21
高齢者雇用促進政策 ………… 227
高齢者総合機能評価 ………… 119
高齢者の疾病 ………………… 87
高齢者の精神疾患 …………… 98
高齢者保健福祉推進
　十ヵ年戦略 ………………… 283
高齢者問題 …………………… 7
高齢者リハビリテーション
　　　　　　　　　　　　 127
ゴールドプラン ……………… 283
ゴールドプラン21 …………… 263
呼吸器疾患 …………………… 94
国際障害分類 ………………… 76
国際生活機能分類 …………… 76
国勢調査 ……………………… 21
国民生活基礎調査 …………… 282
国立社会保障・
　人口問題研究所 …………… 22
国立長寿医学センター ……… 295
国立長寿医療センター研究所
　疫学研究部 ………………… 34
国立老化研究所
　………………… 294,295,296
骨・運動器疾患 ……………… 93
骨粗鬆症 ……………………… 87
コホート ……………………… 203
コホート研究法 …………… 9,83
雇用管理調査 ………………… 231

暦年齢 ………………………… 34
コンボイモデル ……… 209,210

【さ】

サード・エイジ …………… 27,28
サード・エイジャー ………… 30
サード・エイジ論 …………… 30
サービス ……………………… 275
サービス利用
　………………… 269,271,273
在宅介護職 …………………… 190
サクセスフル・エイジング
　……… 42,46,55,166,203,241
サクセスフル・エイジング
　概念 ………………………… 57
作動記憶 ……………………… 153
サポート ……………………… 222
サンプル ……………………… 7

【し】

ジェロントロジー
　………………………… 1,14,293
視覚 …………………… 143,149
視覚機能 ……………………… 143
色覚 …………………………… 144
時系列的研究法 ……………… 12
資源 …………………………… 262
自己責任性 …………………… 76
仕事志向 ……………………… 227
仕事満足度 …………………… 231
自己の死 ……………………… 62
死生学 ………………………… 62
施設介護職 …………………… 189
時代効果 ……………………… 13
視能訓練士法 ………………… 126
死別後の悲嘆 ………………… 64
死への直面 …………………… 63
死亡率 ………………………… 23
視野 …………………………… 144
シャイエ ……………………… 158

社会貢献 59, 242	消化器疾患 95	ストレス要因 234
社会貢献能力 17	状況対応 284	ストレッサー 184, 273
社会構造的特性 269, 270	状況要因 247	**【せ】**
社会参加 204, 255, 264	少死化 25	
社会情緒的選択理論 210, 211	上部消化管出血 96	生活機能 284
	将来人口 25	生活史的要因 136, 137
社会的の活動 255	食育 5	生活習慣病 108
社会的の統合 255	職業的リハビリテーション 124	生活の質 59, 60, 65, 132
社会的役割 60, 255, 284, 285	視力 143	生活満足度 46, 264
社会的リハビリテーション 124	視力障害 90	生活満足度尺度 135
	人格 174	性差 264
社会福祉士及び介護福祉士法 126	人格の側面 166	生産性 239
社会老年学 44, 255	人口学の基本構造 22	政治経済理論 51
ジャンケレヴィッチ 62	人口学的特性 270	正常老化 42
就業確率 233	人口学的要因 136, 137	精神保健福祉法 126
就業継続 228	人口減少社会 22	生存曲線 16
縦断研究 9	人口転換 23	生物学的年齢 35
縦断研究法 8	人口動態統計 22	生物学的老化 40
終末低下 15, 17, 159	人口ピラミッド 22	生理的機能低下 146
主観的健康感 82	心疾患 91	生理的老化 33
主観的幸福感 57, 135	身体介護 125	世界人口 19
主観的幸福感尺度 135	身体的自立 284	世界保健機関 69, 133
主観的ニード 269	身体的老化 38	セカンド・エイジ 28
手段の自立 284, 285	腎・泌尿器疾患 94	せん妄 104
手段的日常生活動作 72	新予防給付 284	前立腺肥大 87
熟達 163	心理学的加齢 38	**【そ】**
出生コホート 203	心理学的老化 38	
出生コホート差 11, 12	心理的危機 173	素因 269
出生率 23	心理メカニズム 214	創造性 166
寿命 79	**【す】**	ソーシャルサポート 207, 215
寿命の性差 81		ソーシャルネットワーク 207, 213, 214
受療率 281	睡眠障害 90, 104	尊厳死 65
シュロック 17	ストレーラー 15, 33	**【た】**
生涯現役 242	ストレス 183	
障害調整生存年数 84	ストレス結果 273	第一次予防 113
障害調整余命 84	ストレス認知 214	第1の人口転換 24
生涯発達心理学 41	ストレスプロセス 273	第三次予防 113, 121
生涯発達理論 15, 27	ストレスプロセスモデル 273, 274, 276	対象 10
		対処行動 188

索　引

第二次予防 ……… 113,117
第2の人口転換 ……… 24
団塊の世代 ……… 27
短期記憶 ……… 153

【ち】

地域介入型プログラム
　　　　　……… 286,287
地域支援事業 ……… 284
地域資源 ……… 269
地域福祉活動 ……… 288
知恵 ……… 163
置換効果 ……… 231,232
知的側面 ……… 166
知的能力 ……… 159,160
知能 ……… 156
知能能動性 ……… 285
遅発効果 ……… 275
遅発性パラフレニー ……… 105
聴覚 ……… 144,149
聴覚障害 ……… 90
長期記憶 ……… 154
長期縦断研究 ……… 34
超高齢化社会 ……… 25
超高齢社会 ……… 21,25
調査対象 ……… 7
長寿科学振興財団 ……… 295
超少子・超高齢社会 ……… 22
直接効果 ……… 275
賃金 ……… 234
賃金構造 ……… 236

【て】

低栄養 ……… 87,95,114
低栄養予防 ……… 115
定点観測 ……… 12
定年制度 ……… 233
定年退職 ……… 228,234,288
デカルト ……… 1
適応 ……… 194

【と】

東京都老人総合研究所
　　　　　……… 34,295
糖尿病 ……… 93
特殊予防 ……… 113,117
特定高齢者施策 ……… 284
特定非営利活動促進法 ……… 245
特別養護老人ホーム ……… 190

【な・に】

難聴 ……… 145
ニード要因 ……… 269,273
二次ストレッサー ……… 273
日本応用老年学会 ……… 296
日本型生きがい ……… 60
日本人口 ……… 21
日本老年学会 ……… 295
ニューガーテン ……… 176,200
尿失禁 ……… 87
認知機能 ……… 39
認知症 ……… 87,99

【ね】

年金システム ……… 236
年金制度 ……… 227
年少人口 ……… 25
年齢コホート ……… 50
年齢差別 ……… 239
年齢層化理論 ……… 50

【の】

脳血管疾患 ……… 91
脳血管性認知症 ……… 101
脳卒中モデル ……… 129

【は】

パーソナリティ ……… 172
パーリン ……… 187,276
バーンアウト ……… 188

背景要因 ……… 273
廃用症候群モデル ……… 129
ハイリスクストラテジー
　　　　　……… 117,118
ハヴィガースト ……… 172
白内障 ……… 87
発達 ……… 172
ハッピーリタイアメント ……… 233
バトラー ……… 194,239
パネル ……… 10
パネル調査 ……… 250
パラメーター ……… 10
バルテス ……… 17,41,42,165

【ひ】

ピアジェ ……… 172
非遺伝要因 ……… 36
ピック病 ……… 102
皮膚感覚 ……… 147,151

【ふ】

ファースト・エイジ ……… 28
夫婦関係 ……… 220
福祉サービス ……… 269
ブレスロー ……… 83
フロイト ……… 172
プログラム説 ……… 35
プロダクティビティ ……… 239
プロダクティブ・エイジング
　　……… 202,239,240,241,242,248

【へ】

平均在院日数 ……… 281
平均寿命 ……… 22,65,80,84
平均余命 ……… 80,84
ベースライン ……… 8,9,11
ペック ……… 172
ヘルスプロモーション
　　　　　……… 107,110
ヘンドリックス ……… 45,48,51

ヘンリー ……………………… 56

【ほ】
ホームヘルパー ……………… 190
補完効果 ……………………… 275
保健師助産師看護師法 ……… 126
保健福祉サービス …………… 286
母集団 …………………………… 7
ボランティア活動
　……………… 241,242,248,250,
　　　　　　　　257,261,290

【ま】
前向き研究 ……………………… 8
マクロ理論 …………………… 48
マクロレベル ………………… 262
マズロー ……………………… 177

【み】
味覚 …………………… 147,150
ミクロ理論 …………………… 46
耳鳴り ………………………… 146
味蕾 …………………………… 147

【め・も】
メチニコフ ……………………… 1
モーガン ……………………… 45
目的指向性 …………………… 76
モラール ……………………… 46

【や・ゆ】
役割期待 ……………………… 289
有効求人倍率 ………………… 231
有償労働 ……………………… 241

友人関係 ……………………… 223
有病期間 ……………………… 116
有病率 ………………………… 116

【よ】
要介護者 ……………………… 116
要介護状態 …………………… 65
要介護認定 …………………… 74
要介護認定者 ………… 281,283
要介護認定率 ………………… 281
要支援者 ……………………… 284
欲求階層説 …………………… 177
予防活動 ……………………… 121

【ら】
ライチャード ………………… 175
ライフイベント
　……………… 115,174,183,184,
　　　　　　　　249,251,262
ライフコース
　……………… 203,209,235,249,
　　　　　　　　251,262,264
ライフスキル ………………… 29
ライフスタイル
　………………………… 28,112,264
ライフステージ ……………… 257
ライフスパン ……………… 9,219
ライフレビュー ……………… 195
ライリー ……………………… 201

【り】
理学療法士及び作業療法士法
　……………………………… 126
罹患率 ………………………… 116

リソース ……………………… 262
離脱理論
　………………………… 48,55,225
リハビリテーション
　………………… 121,123,126,127
リハビリテーション分野
　……………………………… 124
リビング・ウィル …………… 65
流動性能力 ………………… 17,39
利用促進要因 ………………… 269

【れ・ろ】
レビー小体病 ………………… 102
老化
　………………… 2,7,141,199,200
老化概念 ……………………… 17
老化学説 ……………………… 35
老化指標 ……………………… 34
老化度 ………………………… 34
老化モデル ………………… 14,16
老人性難聴 ………………… 87,145
老衰 …………………………… 33
老年学 ……………… 1,3,14,293
老年学教育 …………………… 292
老年社会学 ……………… 44,235
老年症候群 …………………… 114
老年人口 ……………………… 25
老年的超越性 ………………… 173
老年病 ………………………… 87
ロー …………………………… 57
ロソー ………………………… 201

【わ】
ワークシェアリング ………… 31

執筆者・執筆担当 (2007年5月現在)

〔著者・編集委員〕　所　属　　　　　　　　　　　　　　　　　執筆担当

氏名	所属	執筆担当
柴田　博（しばた　ひろし）	桜美林大学大学院老年学研究科教授	第1章，第2章-2，第3章-4，第7章-2
長田久雄（おさだ　ひさお）	桜美林大学大学院老年学研究科教授	第3章-2，第5章-1～3, 5, 6
杉澤秀博（すぎさわ　ひでひろ）	桜美林大学大学院老年学研究科教授	第3章-3，第6章-1～4
野尻雅美（のじり　まさみ）	千葉大学名誉教授　前桜美林大学大学院老年学専攻教授	第2章-1，第4章-5
新野直明（にいの　なおあきら）	桜美林大学大学院老年学研究科教授	第3章-1，第4章-4
渡辺修一郎（わたなべしゅういちろう）	桜美林大学大学院老年学研究科教授	第4章-1～3, 6

〔著　者〕（執筆順）

氏名	所属	執筆担当
丹下智香子（たんげちかこ）	国立長寿医療センター研究所　疫学研究部研究員	第3章-5
柴　喜崇（しば　よしたか）	北里大学医療衛生学部講師	第4章-7
西田裕紀子（にしたゆきこ）	国立長寿医療センター研究所　疫学研究部研究員	第4章-8
植松芳信（うえまつよしのぶ）	アイエムエフ株式会社相談室	第5章-2
髙橋　亮（たかはしりょう）	日本赤十字北海道看護大学専任講師	第5章-2
植田　恵（うえだめぐみ）	帝京平成大学健康メディカル学部専任講師	第5章-3
佐藤美和子（さとうみわこ）	東海大学課程資格教育センター非常勤講師	第5章-3
髙山　緑（たかやまみどり）	慶應義塾大学理工学部教授	第5章-4
今井忠則（いまいただのり）	茨城県立医療大学保健医療学部　作業療法学科専任講師	第5章-5
鈴木貴子（すずきたかこ）	早稲田大学保健センター　心理専門相談員	第5章-5
針金まゆみ（はりがねまゆみ）	（財）ダイヤ高齢社会研究財団研究助手	第5章-5
小川まどか（おがわまどか）	帝京科学大学生命環境学部非常勤講師	第5章-6
福川康之（ふくかわやすゆき）	聖徳大学人文学部准教授	第5章-6
長田由紀子（おさだゆきこ）	聖徳大学短期大学部教授	第5章-7
杉原陽子（すぎはらようこ）	東京都健康長寿医療センター研究所　福祉と生活ケア研究チーム主任研究員	第6章-5～7
芳賀　博（はが　ひろし）	桜美林大学大学院老年学研究科教授	第7章-1

老年学要論―老いを理解する―

2007年（平成19年）5月25日　初 版 発 行
2019年（平成31年）4月10日　第4刷発行

　　　　　　編者代表　柴　田　　　博
　　　　　　発 行 者　筑　紫　和　男
　　　　　　発 行 所　株式会社 建 帛 社
　　　　　　　　　　　　　　　KENPAKUSHA

112-0011　東京都文京区千石4丁目2番15号
ＴＥＬ (03) ３９４４－２６１１
ＦＡＸ (03) ３９４６－４３７７
https://www.kenpakusha.co.jp/

ISBN 978-4-7679-1849-5　C3036　　　　教文堂／愛千製本所
©柴田博ほか，2007.　　　　　　　　　　Printed in Japan

本書の複製権・翻訳権・上映権・公衆送信権等は株式会社建帛社が保有します。
JCOPY〈出版者著作権管理機構　委託出版物〉
本書の無断複製は著作権法上での例外を除き禁じられています。複製される場合は，そのつど事前に，出版者著作権管理機構（TEL03-5244-5088, FAX03-5244-5089, e-mail : info@jcopy.or.jp）の許諾を得て下さい。